新编
大学生就业与创业指导

Xinbian Daxuesheng Jiuye yu Chuangye Zhidao

主　编　张晖怀
副主编　蒋娇容　翁坤海　卢明忠
编　委　杨丽芳　陈三明　齐　艳

高等教育出版社·北京
HIGHER EDUCATION PRESS　BEIJING

内容提要

本书针对当前就业指导与创业教育的最新发展趋势，融合国内外就业与创业指导的先进成果，以就业和社会需求为导向，融入丰富的案例，从知识上引导学生合理认知自我、了解就业形势、明确社会对人才的需求，了解创业环境，掌握创业知识，理解创业规律和要求；从态度上帮助大学生端正就业观念、树立正确的求职择业方法和自我雇佣的就业理念；帮助大学生掌握求职择业与创业、适应未来工作岗位需求的能力，提升自我发展的核心竞争力。

本书既是一本就业与创业指导方面的教材，又可作为学生增长阅历、丰富知识的自学读物，也可以作为高校就业指导老师实施教学的参考资料。

图书在版编目(CIP)数据

新编大学生就业与创业指导/张晖怀主编. —北京：高等教育出版社，2011.3(2012.2 重印)
ISBN 978-7-04-029315-9

Ⅰ.①新… Ⅱ.①张… Ⅲ.①大学生-职业选择-高等学校：技术学校-教材 Ⅳ.①G647.38

中国版本图书馆 CIP 数据核字(2011)第 025897 号

策划编辑 杨利平　责任编辑 孙 璐　封面设计 于文燕　责任校对 俞声佳
责任印制 毛斯路

出版发行	高等教育出版社	咨询电话	400-810-0598
社　　址	北京市西城区德外大街4号	网　　址	http://www.hep.edu.cn
邮政编码	100120		http://www.hep.com.cn
印　　刷	北京中科印刷有限公司	网上订购	http://www.landraco.com
开　　本	787×1092 1/16		http://www.landraco.com.cn
印　　张	16	版　　次	2011年3月第1版
字　　数	386千字	印　　次	2012年2月第2次印刷
购书热线	010-58581118	定　　价	30.00元

物 料 号　29315-00

序

就业与创业教育对于开展大学生就业与创业工作具有十分重要的基础性作用。就业与创业教育是素质教育的一个重要方面，它着力培养学生的专业和实践能力、创新思维以及提高学生的创业精神和职业素质；就业与创业教育是一种职业生涯教育，它可以帮助学生了解劳动力市场供需关系，树立正确的就业观和创业观，培养学生创业意识和敬业精神，做好就业与创业的心理准备和职业生涯规划；就业与创业教育是一种开放式教育，它不同于一般常规课程的教学，而是以能力培养为目的，以学生为中心，采用参与式教学方法，与各种实践活动密切相关。

近年来，随着就业与创业教育的开展，许多高校积极从理论和实践上进行了一系列有益的探索，促进了就业指导工作的全程化、全员化、信息化、专业化，特别是多种版本教材大量问世，日渐丰富多彩，这项重要工作呈现喜人景象。

《新编大学生就业与创业指导》从大学生成长与就业的实例入手，通过案例分析、思考讨论、模拟演练、实践拓展等形式，激发学生的成长动力，引导和促进学生自我探索、自我规划、自我成长、自我完善。该教材既承载了知识和技能，又注重创新创业意识的培养和就业力、职业发展力的提升，体现了大学生职业发展教育的最新理念；在内容编排的思路与呈现形式等方面进行了许多开创性和前沿性的探索，有效地满足了体验性、实践性课程的需要，在同类教材中因创新的架构与鲜明的特色而独具魅力。

相信这本凝聚众多编者心血的教材，必能为高校大学生职业发展与就业指导教育体系建设与具体实践提供更多参考，为大学生正确认清形势、认识自我、规划大学生活、推进职业发展提供有益指导。同时希望更多的就业指导教师在实践的基础上深入研究大学生职业发展与就业指导的理论和方法，更多的专家学者能够加入到就业指导行列中，把更多的优秀成果奉献给从事就业指导工作的同仁和广大学生，把全国高校就业创业教育和就业指导服务工作推向一个崭新的阶段。

全国高等学校学生信息咨询与就业指导中心主任　刘大为

2011 年 3 月于北京

前　言

就业是民生之本。高校毕业生就业工作关系千家万户，关系学校的生存与发展，关系社会的和谐与稳定。促进毕业生充分就业是各级政府和学校义不容辞的重要职责。于是，推行“全程化、全员化、信息化、专业化”的就业指导，研发一套具有鲜明时代特征和大学生就业特点的教材就显得尤为重要。这也是本书编写的初衷。

本书与就业指导教材市场上琳琅满目的其他图书相比，更具有针对性、系统性和实践性。本书的主要特色和创新点在于：

1. 内容系统化。本书遵循教育部《大学生职业发展与就业指导课程教学要求》（教高厅〔2007〕7号），结合当前高等院校就业指导课程实施的实际需要，按照大学生学习和生活不同阶段的不同需求，系统规划编排课程内容体系。

2. 体例新颖化。理论与实践的结合是就业指导课程的灵魂。本书采取理论联系实际的编写体例，在陈述理论知识的基础上，穿插案例分析、实践拓展等体验性训练，注重针对性和实效性。

3. 主体多元化。多元主体参与教材的研发与编写，包括就业指导专家学者、一线就业指导教师、政府就业主管部门领导等，确保了教材的专业性、科学性和针对性。

本书采用模块化结构设计，结合学校必修课课程大纲和课程实施实际需要，按大学生学习阶段来安排不同的学习内容，框架结构如下：

每章设有：

【本章要点】直接列出该章知识要点，明确学习目标，便于制订有针对性的学习计划。

【学习目标】从态度、知识和技能三个方面确定学习目标，全面具体，针对性强。

【实践练习】针对该章内容，设置练习题，通过实践练习，提升就业力和职业发展力。

【案例思考】结合该章内容给出具体案例，并进行思考讨论，从实际出发，在具体情境中解决问题。

本书由张晖怀担任主编，蒋娇容、翁坤海、卢明忠担任副主编。经全体编委反复讨论、修改，最终由张晖怀统筹定稿。

本书共分为八章，具体分工如下：第一章第一、第二节由蒋娇容负责编写，第三节由翁坤海负责编写；第二章由张晖怀负责编写；第三章第一、第二、第三节由齐艳负责编写，第四、第五节由翁坤海负责编写；第四章由陈三明负责编写；第五章由张晖怀负责编写；

第六章由杨丽芳负责编写；第七章第一、第二、第三节由卢明忠负责编写，第四、第五节由齐艳负责编写；第八章第一、第二节由张晖怀负责编写，第三、第四节由卢明忠负责编写。

本书借鉴和参考了国内外一些专家学者的研究成果或理论观点，我们尽可能地在书中做了说明或者列在参考文献中。本书在编写过程中，得到了福建省公务员局就业工作中心、福建省教育厅高校学生处领导的关心与指导，并得到了北京中青创想教育科技有限公司的大力支持与帮助，书中引用的案例与材料主要改编自集美大学等院校的实例和报刊、网络的相关报道，这里未能一一列出，在此，一并表示衷心的感谢。

本书在编写过程中难免有疏漏不妥之处，敬请广大师生提出宝贵意见，多多批评指正，以便进一步修订、完善。

编 者

2011 年 3 月

目　录

第一章
大学生就业政策与就业市场

本章要点

我国高校毕业生就业制度改革正处于关键阶段，市场机制在毕业生资源配置中发挥着越来越重要的作用。面对竞争日趋激烈的就业市场和当前减员增效的社会大环境，高校毕业生就业形势出现了新趋势、新特点。因此，对于即将走出校门的大学毕业生来说，正确认识当今大学生就业现状，了解就业政策，把握市场规律是就业前十分关键的一步。

本章从大学生当前的就业形势出发，以大学生的就业制度与政策为准绳，阐述了大学生就业市场与人才需求，使同学们对就业形势有一个宏观的了解，进而准确把握就业与创业选择的大方向。

学习目标

通过本章的学习，大学生应当在态度、知识和技能三个层面达到以下目标：

学习目标
- 态度 → 了解就业形势，用好政策，应对挑战
- 知识 → 了解当前大学生就业形势与就业市场；熟悉毕业生就业政策及法律法规
- 技能 → 分析形势与政策，学会利用就业市场

第一节　大学生就业形势与职业发展趋势

一、高等教育大众化背景下的大学生就业

随着高等教育的迅速发展，我国高等教育规模不断扩大，毛入学率已经达到23%，高等教育由精英教育步入大众化教育时代。高校扩招后，招生规模和在校生规模逐年增长，随之而来的是大学毕业生数量迅猛增长的高潮，从而加大了就业市场的压力。人才市场供求关系转换速度之快出乎人们的意料，供求矛盾的白热化程度超出了人们对高等教育大众化的预期。

（一）当代大学生就业背景

我国是世界人口第一大国。大量的人口会带来巨大的就业压力。随着市场经济的进一步发展，我国城镇失业人口呈现不断上升的趋势。2004年4月26日，国务院新闻办公室发表的首部《中国的就业状况和政策》白皮书指出：受人口基数、人口年龄结构、人口迁移及社会发展进程等因素影响，21世纪前20年我国仍将面临较大的就业压力。未来20年，我国16岁以上人口将以年均550万人的规模增长，到2020年，劳动年龄人口增长迅速，年均增长1360万人。在劳动年龄人口持续增长的同时，目前尚有1.5亿农村劳动力需要转移，有1100万以上的下岗失业人员需要再就业。而据有关部门统计，目前每年社会新增就业机会大约为700万至800万个。同时，劳动素质与岗位需求不相适应的结构性失业问题也日益凸显。

目前，我国正处在改革开放后的第四次人才流动期。在这次流动中，中国劳动力市场的四个趋势最为引人注目：一是大学毕业人数激增；二是农村劳动力向城镇转移的步伐还将进一步加快；三是随着我国加入世界贸易组织五年过渡期的结束，国企改革力度的加大和经营机制的转换，下岗工人的数量会继续增加；四是海外留学归国人员人数增加。

可以预测，今后我国国民经济将按照国际通行的规则健康发展，国民经济产业结构调整和优化升级基本完成，国有企业改组、改造接近尾声，现代企业制度逐步建立，民营经济和外资企业在法制化、规范化的轨道上阔步前进，社会主义市场经济越来越规范，整个经济总体运行良好，社会用人也更加规范且比较平稳。

2010年我国经济进一步复苏，国内生产总值仍将保持平稳较快的增长态势，带动对劳动力的需求增加。总体来说，2010年就业形势好于2009年，但劳动力供求的结构矛盾更加突出，技能型人才供不应求的矛盾将进一步加剧，非技能型低端劳动力也将短缺，进而推动低端劳动力工资水平上升。

【扩展阅读】

季羡林的就业难

我国著名的古文字学家、历史学家、东方学家、思想家、翻译家、佛学家、作家季羡林在1934年从清华大学毕业的时候同样遇到了类似的问题，以下是他的自述：

1934年夏季，我毕业于清华大学西洋文学系（后改名外国语文系）。当时社会上流行着一句话："毕业即失业。"可见毕业后找工作——当时叫抢一只饭碗——之难。对我来说，这个问题尤其严重。家庭经济已濒临破产，盼望我挣钱，如大旱之望云霓。而我却一无奥援，二不会拍马。我好像是孤身一人在荒原上苦斗，后顾无人，前路茫茫。心中郁闷，概可想见。这种心情，从前一年就有了。一句常用的话"未雨绸缪"或可形容这种心情万一。

但是，这种"未雨绸缪"毫无结果。时间越接近毕业，我的心情越沉重，简直到了食不甘味的程度。如果真正应了"毕业即失业"那一句话，我恐怕连回山东的勇气都没有，我有何面目见山东父老！我上有老人，下有子女，一家五口，嗷嗷待哺。如果找不到工作，我自己吃饭都成问题，遑论他人！我真正陷入走投无路的绝境。

然而，正如常言所说的那样"天无绝人之路"，在这危机存亡的时刻，好机遇似乎是从天而降。北大历史系毕业生梁竹航先生，有一天忽然来到清华，告诉我，我的母校山东济南高中校长宋还吾先生托他来问我，是否愿意回母校任国文教员。经过一场思想斗争以后，接受济南高中之聘，我心里想："你敢请我，我就敢去！"实际上，除了这条路以外，我已无路可走。于是我就于1934年秋天，到了济南高中。

（引自《季羡林自传》）

在就业难的大背景下，大学生就业虽然出现了一些问题，但总体上说，目前高校毕业生的数量与各行各业的需求量相比还远远不够。目前所谓的就业难主要表现在毕业生在地区分布和结构的不平衡上，包括专业结构、地域结构、学历结构等方面的矛盾。

在这种情况下，大学生应以正确的心态积极面对高等教育进入大众化阶段后就业形势发生的根本性变化和呈现出的新规律和特点。具体来说，变化有以下几方面：

1. 大学毕业生由"精英"走向"大众"

马丁·特罗的《从英才向大众高等教育转变中的问题》一文分析了英才、大众和普及三个阶段高等教育的特征：其中在英才教育阶段，高等教育是稀缺资源乃至社会特权；而在大众化教育阶段，接受高等教育将成为相对多数人的权利。因此，大众化教育阶段与英才教育阶段相比，普通大众均可进入大学，大学生由"天之骄子"变为"普通"老百姓。

进入高等教育大众化阶段后，上大学不再需要“千军万马过独木桥”，相对多数人享有接受高等教育的权利，大学生不再是计划经济体制下的“宠儿”，大学生的就业同普通老百姓一样，不再享受统包统分，而是要公平地参与社会竞争。这样一来，一部分大学生通过竞争进入社会的精英岗位，同时也必然会有一部分人从事与大众化相适应的“蓝领工作”，成为高级蓝领。在高等教育已经大众化的国家，特别是德国，这已是一种普遍的就业现象，大学生所从事的也都是基层的一般性工作。

2. 大学生就业市场进一步由“卖方”走向“买方”

当高等教育处在“精英教育”阶段时，高等学校毕业生供给小于社会需求，是毕业生的“卖方市场”。随着高等教育的迅速发展，大学毕业生数量急剧增加，大学毕业生供给紧缺的时代已经一去不复返了。大学毕业生与社会需求之间的关系由“供不应求”转为“供需平衡”，直至“供大于求”，大学生就业基本趋于市场化，价格机制在就业市场的调节作用越来越大。大学生就业工作由过去的“卖方市场”转向“买方市场”，这是一个不以我们个人意志为转移的、历史性的转化，也是大学毕业生就业工作所面临的新形势的一个重要标志。在今后一个相当长的时间内，高等学校毕业生就业都将处于“买方市场”，在社会需求总量增加不大的一段时间内，各层次毕业生之间挤占岗位的现象将呈增多的趋势：同层次、相同专业毕业生的名牌校与普通校之间，培养质量和特色的竞争将格外激烈；毕业生整体求职的成本和时间将扩大和延长；毕业生整体的薪酬水平也将有所下降。

3. 高校毕业生就业向第三产业倾斜

从世界经济发展看，随着科学技术水平的提高，第三产业的职业数量迅速增加，其就业人数在发达国家均已超过整个就业人数的80%，我国2008年这一比例仅为34%。但在“全面建设小康社会”的时期，第三产业必将有突飞猛进的发展，将会从现在占国内生产总值的不到30%，上升到50%左右。现代化的第三产业是以知识和高科技为支撑的，其中的金融保险业、法律、审计、财会、投资、心理、职业、出国留学等方面的咨询服务业，各类经纪人和中介机构，文化教育业等服务产业的发展，要求其从业人员绝大多数拥有大学学历。应当说，在这些行业中的从业人员多数是在第一线工作的。大学毕业生大量转移到第三产业一线岗位就业，也是大学毕业生就业“大众化”的表现。

4. 大学生毕业初期失业率相对较高

根据西方一些国家在高等教育由精英教育向大众化转变过程中的经验和特点来看，大学生毕业后1～5年内失业人数比较多，失业率较高，有时甚至高于社会平均失业率，但是总体上受过高等教育的人的就业率要高于社会的平均就业率，而且待遇高于社会其他未受高等教育的人。我国近几年大学毕业生初次就业率约为70%。2001年有30万毕业生在离校时未落实或未完全落实就业岗位，2002年有40万，2003年约有60万，到2004年以后，这一数字超过100万。今后几年内，大学生待就业的人数将会逐渐增加。

【扩展阅读】

我国促进就业税收扶持政策 2011 年起实施

据中国之声“新闻和报纸摘要”报道，支持和促进就业，财政部、国家税务总局等联合部署，我国促进就业税收扶持政策 2011 年起实施。

新的支持和促进就业的税收优惠政策从 2011 年 1 月 1 号起正式实施，适用对象范围扩大到纳入就业失业登记管理体系的全部人员。此外，新政策将主要针对个体经营者，积极扶持个人自主创业。财政部副部长王军介绍，税收扶持以在公共就业服务机构登记失业半年以上作为基本条件。

王军表示：“下岗失业人员、高校毕业生、农民工、就业困难人员以及零就业家庭、享受城市居民最低生活保障家庭劳动年龄内的登记失业人员等就业重点群体，皆可涵盖在内。”

值得注意的是，应届高校毕业生也纳入了自主创业税收优惠政策适用范围，同时，保持原有政策优惠力度。财政部副部长王军介绍，以《就业失业登记证》作为享受优惠政策的主要依据，“通过设置行业限制、加强对《就业失业登记证》和《高校毕业生自主创业证》的管理等方式，进一步提高了优惠政策的操作性和可控性，避免产生税收征管漏洞。”

（二）大学毕业生就业率近年的变化

1. 近年高校就业率

2001—2009 年我国高校毕业生数量逐年增加，就业率有起有伏。具体就业情况统计见表 1-1：

表 1-1　近年高校毕业生数量及其就业率情况

年　份	毕业生人数（万）	毕业生增长率（%）	就业人数（万）	毕业生就业率（%）
2001 年	110.41	9.48	77.3	70
2002 年	141.82	28.45	113.5	80
2003 年	212.2	49.63	176.1	83
2004 年	280	31.95	235.2	84
2005 年	338	20.71	287.3	85
2006 年	413	22.19	297	72
2007 年	495	19.85	351	71
2008 年	559	12.90	363.3	65
2009 年	611	9.30	415.5	68

2. 不同层次高校的就业率

目前毕业生就业率统计数据显示，高等院校主要按就业率分化成三个层次：重点高校（即“211”工程大学和“985”工程重点建设高校）、中央部属院校和地方所属院校。以2000年毕业生一次就业率统计为例，教育部直属高校达到86%，专科生为45%；中央部委院校一次就业率为69.3%，其中本科生为76.2%，专科生为45.7%；地方院校毕业生一次就业率60%，本科70%左右，专科30%左右。教育部直属高校与地方院校毕业生的就业率相差20多个百分点。

3. 不同学历层次毕业生的就业率

从统计数据来看，学历与毕业生就业率一般成正比，即学历越高，就业率也就越高。自2000年起，“研究生供不应求，本科生供求基本平衡，专科生就业率低”的形势持续了好几年。

然而，2007年全国有10个省份的高职院校应届毕业生初次就业率超过了本科。目前一个比较普遍的趋势是，研究生、本科生的初次就业率在下降，专科、高职毕业生就业率在上升，出现了学历与就业率“倒挂”的现象。近年来，很多高职高专学校采取订单式培养方式培养职业能力强、专业对口的人才。专业对口的高技能人才紧缺是高职高专毕业生走俏的主要原因。研究生、本科生大多注重就业质量，对职业稳定性等条件要求较高，这也是造成其就业率走低的原因之一。

（三）未来职业发展趋势

21世纪是知识经济的时代，当今社会知识经济已经开始占据国民经济的主导地位，对人才的要求开始打破传统的模式，呈现出新的特点。

1. 打破传统职业模式，逐步实现智能化

工业革命前，人类以体力劳动为基础的职业为主；工业革命后，科学技术的发展逐渐出现了学校形式的职业教育。体力劳动者与脑力劳动者之间逐步形成新类型的“中间人才”，这是与社会经济发展相适应的人才类型。

2. 转变职业时空概念，职业岗位转移更加频繁

传统职业是在时空变化不大，不需要过多考虑单位的变更和职业的前景发展。现在同一职业或职位对就业者的要求也不断发生变化，使得时空变化大。体力劳动脑力化和专门化会使部分职业或职位对就业者的某些要求发生变化。

3. 第三产业的兴起，对职业技能要求更高

我国职业的种类按性质分为三类：农业、工业与第三产业。第三产业是伴随现代工业社会的发展而崛起的一类新兴行业，它包括交通运输业、邮电通信业、商业、服务业、金融保险业、卫生、体育、教育和文化艺术等。分布于第三产业中的职位的比重在不断增加。在我国，信息服务业、咨询服务业、租赁业和广告业等行业发展很快，为社会提供了更多的新职位，对职业技术的要求开始走向信息化和专业化。

4. 人才类型的规格要求和比例结构发生显著变化

21 世纪，我国仍将保持四种人才类型，即学术型、工程型、技术型、技能型（其中后两种人才由职业技术教育培养）。技术型人才在劳动力结构中所占比重一直在上升。这一方面由于很多原来技能型人才的工作岗位实现智能化后改由技术型人才担任，另一方面，在信息技术发展后，原来由工程型人才担任的设计、管理等工作也有一部分采用信息技术，改由技术型人才担任。技能型人才可能是变化最大的一类人才。技术工人变换工作岗位的情况将愈来愈频繁：一部分技术工人的工作将被技术员所代替，如像在钢材轧制的自动生产线上，原先的轧钢工人已被计算机前操作的技术员所代替；还有不少技术工人转向第三产业或更高的技术岗位，这些变化导致技能型人才总人数趋于减少。

5. 复合型人才的需求，成为本世纪的重要特点

由于科学技术的发展，在 20 世纪，已经出现跨学科、跨技术的新技术，例如机电一体化技术和生化技术等，21 世纪必然出现更多更新的突破。各种新技术的广泛应用必将又一次根本改变人们的工作、生活、学习、娱乐等面貌。技术要靠人掌握，社会迫切需要掌握多种新技术的复合型人才，这是必然趋势。

【扩展阅读】

近年就业热门行业需求特征分析

1. 从经济类型看，国有经济单位、集体经济单位、其他经济类型单位人员需求接近六成，其中有限责任公司、私营企业和外商投资企业人员需求较多。

2. 从产业结构看，第三产业仍为人员需求的主体。分行业看，租赁和商务服务业人员需求居各行业之首，制造业居第二位，建筑业居第三位。此外，批发与零售业，交通运输、仓储和邮政业、住宿和餐饮业人员需求也有增长。上述六个行业人员需求占到人员需求总量的 1/4。

3. 中小企业是就业岗位的增长点，其人员需求占总需求的 80%左右。

4. 从地域分布看，近郊区城镇单位人员需求高于城区单位及远郊区城镇单位人员需求。

二、一分为二看待就业形势

（一）有利因素

大学生就业难问题既反映了市场经济运行的特点，也暴露出现行教育体制、高校人才培养模式和结构以及大学生就业制度、就业观念与市场经济要求尚存在一些不适应。大学生应以积极的心态对待这一现象。大学生就业形势纵然严峻，也应看到当前大学生就业形势具有很多有利因素。

1. 大学生就业问题得到了前所未有的重视

党和国家对大学毕业生就业高度重视。根据不同的就业形势，国家每年都出台了相应的就业政策和措施，为引导、协调、安排毕业生就业提供了有力的保障。各级党委和政府，因势利导，扩宽就业渠道，最大限度地保障毕业生优先就业。各地人才政策越来越利于毕业生就业，一方面严格职业资格准入制度，用人单位招聘新进人员优先考虑高素质的高校毕业生，另一方面，取消了限制毕业生流动的政策。

2. 就业市场逐步完善

毕业生就业市场已经形成规模并逐渐规范。伴随着知识经济时代的到来，就业信息的传播方式将发生根本性的变化，这种变化不仅使毕业生就业逐渐实现信息化、网络化的远程服务，而且也促进了毕业生就业市场从传统的劳动密集型管理向以信息技术为基础的现代管理模式转变。随着毕业生就业人才市场的建立和完善，有关的规章制度也相继出台，这样大学生就业便有了法律依据和保障。

3. 社会需求总体上仍供不应求

根据国家统计局的统计，中国受过高等教育的人数仅占全国人口比例的5.7%，而发达国家中这一比例在30%～50%，如美国占60%，日本、韩国占30%，而不发达国家中这一比例为8.8%，中国在世界上的排名还没有达到不发达国家的平均水平。因此，目前中国并不存在大学毕业生已经多得分不出去的问题，中国仍是人才奇缺的国家。相当一部分单位存在着人员老化、文化素质偏低、办事效率不高、人才出现断层等问题，这种“假饱和”最终必定会被良性的人才配置所替代，低年龄、高素质的大学毕业生在这种配置关系中占据着明显的优势。由于各行各业的各级各类单位都需要大学毕业生去补充科技管理干部队伍，提高职工文化素质及水平，因此中国目前并不存在大学生已经多得就不了业的问题。

4. 中国经济飞速发展使就业空间进一步加大

中国经济的快速发展提供了广阔的就业空间。国内生产总值到2020年要比2000年翻两番，要求今后5至10年国民经济生产总值每年至少要保持7%的增长速度。专家预测每增加一个百分点，就会提供80万至100万个就业岗位。

随着科教兴国和可持续发展战略的逐步实施，我国经济体制和经济增长方式已在进行转变。优化产品结构，提高产品质量，提高企业的经济效益，加大科技在国民经济中的贡献率已成为人们的共识。而要实现这些要求，归根结底，要提高劳动者的素质，优化从业人员的知识与技能，改善经营管理，这就为大学毕业生提供了一个广阔的就业空间。

5. 非公有制经济单位对高校毕业生的需求急剧增加

随着社会的迅速进步、知识经济的突起、各种经济成分的共同发展，社会对人才的需求愈来愈大，非公有制企业、乡镇企业、广大基层和经济欠发达地区更为毕业生提供了施展才华的广阔天地。非公有制经济作为市场经济的重要组成部分，正飞速发展，在国民经济领域中所占比重越来越大，目前非公有制单位对人才的需求已超过了国有单位。

6. 高新技术企业对高新技术人才的需求量非常大

高新技术企业对与高新技术有关专业的毕业生的需求非常大。与高新技术产业相关的专业，如计算机及应用、计算机软件、通信工程等专业在需求量排序中名列前茅。另外无线电技术、电气技术、电子工程、工业电气自动化、自动控制等专业的需求量也很大。各地各行业目前都在积极吸引高新技术人才，争相提供优惠条件，为其创造良好的工作、生活和学习环境。这种日益浓厚的尊重知识、尊重人才的风气，必然为毕业生就业带来更多的机遇。

7. 高等院校努力促使毕业生充分就业

高等院校在加快学科专业结构的适应性调整的同时，也在改变教学模式，积极对毕业生进行就业指导与管理服务工作，努力促使毕业生充分就业。

8. 西部大开发需要大批人才

西部大开发是我国跨世纪发展的战略，西部的生态重建、资源开发和城市化进程，需要大批德才兼备的人才来完成。西部大开发在为大学生就业提供了新舞台的同时，也出台了一系列人才优惠政策，用以吸引有志之士。

(二) 不利因素

目前，大学生就业仍然有一些不利因素，主要有：

1. 传统的毕业生就业主渠道吸纳能力下降

国有企业目前依然处于转轨改制、减负增效的改革过程中，生产经营尚未完全走出困境，下岗问题仍很突出。国有经济在原有经济结构、产业结构上继续保持快速增长的余地已经不大，因而很难为社会提供更多的就业机会。还有许多事业单位在改革中实行各种承包任期制、经费包干制，接受大学毕业生的积极性不高，另外，国有企业的改革正处在深化阶段，转轨改制和减员增效仍在进行，接纳毕业生的能力有限。这样就使传统的毕业生就业主渠道的吸纳能力下降，大量接收毕业生存在一定困难。

2. 一些单位对于毕业生学历层次的需求越来越高

目前我国中高层次的人才严重短缺，社会对高层次的复合型、外向型和开拓型人才的需求日益迫切，呈现对人才结构的需求层次重心上移的趋势。高校、科研单位、大机关、大公司已经基本上以接收硕士生博士生为主，甚至连一些中小型单位都开始希望多接收研究生。这种社会现象致使现在不少用人单位存在“人才高消费”的错误观念，盲目追求高学历人才，因而对毕业生的需求出现扭曲，人为地制造了就业难。

3. 毕业生的能力素质与用人单位的要求存在较大差距

现在用人单位对高校毕业生的敬业精神、职业道德、思想道德觉悟和能力素质水平都提出了越来越高的要求，看重“人品”和能力，对专业反而越看越淡。不少单位对接收毕业生持“宁缺毋滥”的态度。因此，学生干部和学生党员以及那些综合素质好、动手能力强、敬业精神好、有各种特长的毕业生越来越受欢迎。

4. 毕业生就业期望值与社会需求之间存在着巨大反差

许多毕业生无法明确自身的职业定位，盲目从众。目前，我国高等教育的毛入学率已达“大众化”水平，而毕业生的择业观仍停留在原有的高等教育“精英化”阶段，就业平台太高。另外，部分学生进入大学时，以委培生、定向生的名义，享受国家的有关优惠政策，而毕业时，又以各种理由拒绝按原定计划和需求就业（一些委培和定向单位往往放纵甚至支持毕业生的这些行为），这一问题在个别边远地区和艰苦行业尤为突出，从而扰乱了毕业生就业工作的秩序，严重妨碍了国家号召毕业生到西部地区、艰苦地区和行业创业的指示精神的落实。

5. 高等教育改革不适应市场经济发展的需要

目前高校改革的速度和力度远不适应社会发展的需要。高校的专业设置、学科结构、毕业生的学历层次和知识结构，都不适应社会需要，特别是在招生、培养、就业等一系列工作中面临着许多亟待解决的问题。高等教育在社会发展过程中同时具有超前性和滞后性，招生录取并培养四年是高等教育的超前性，但几年以后学生毕业时却又常常会发现所学专业已经落后于市场的发展和变化，这又是高等教育的滞后性。随着毕业生就业市场发展改革的不断深化，高校面临着如何根据社会发展变化而进行专业设置调整等一系列问题。这些年毕业生就业分配工作中反馈的信息表明，有一些专业的毕业生属于社会发展大量急需的，但是高校未能及时调整招生计划，增加招生，致使社会急需专业的毕业生总是供不应求；另一方面，也确有一些专业已经不大适应社会需要，但高校也不能及时缩减招生，导致这些专业的毕业生供过于求而就业困难。

6. 社会对于毕业生的需求存在着结构性矛盾

简单讲就是对于毕业生“需而不求”的矛盾。例如我国目前有一些行业正处于发展的困难阶段，像林业、地质、矿产业以及部分地区的农业经济，由于科技落后，经费不足，各方面的人才稀缺，但同时又几乎没有条件和能力接收农林地矿等专业的大学毕业生，这属于“需而不求”的现象之一。当前我国的旅游、司法等属于正处在快速发展阶段的行业，从业人员素质、水平良莠不齐，急需补充各种高级人才，但由于编制有限，没有余地接收具有专业知识的大学毕业生，这是“需而不求”现象之二。再比如这几年的环境保护、环境监测、安全工程等，本来就属于应当受到高度重视并积极建设的项目，但由于一些领导不重视这些方面的工作，资金投入不足，机构编制欠缺，使这些在我国本已属相当落后的工作发展仍很缓慢，致使这些行业对口专业的毕业生求职困难，这属于“需而不求”现象之三。还有一些高校在毕业生就业分配工作中常常受到各种“行业限制”和“行业保护”政策的约束，导致毕业生求职困难。

第二节 大学生就业制度与政策

一、大学生就业制度概述

目前，我国已建立起“双向选择、自主择业”的大学生就业模式。现行的大学生就业制度由毕业生就业有关方针政策、管理和服务体制等内容组成。

（一）人才聘用制度

人才聘用制度是我国国有企业、事业单位人员选拔任用、聘用的一系列规章制度的总称。其核心内容是以公平、平等、竞争、择优为导向，建立有利于优秀人才脱颖而出、充分施展才能的选人用人机制。

我国国有企业已建立了企业与专业技术人员和管理人员双向选择的人才聘用制度。除应由出资人管理和应由法定程序产生或更换的企业管理人员和专业技术人员外，企业可以在全国范围内招聘各类人才。凡聘用人员，都要签订劳动合同。

我国许多事业单位已实行人员聘用制度。其基本内容是事业单位与职工都要按照国家法律法规，在自愿、平等、协商一致的基础上，通过签订聘用合同，确定单位和个人的人事关系，明确单位和个人的义务和权利。通过推行此项制度，由行政依附向法制管理转变，由行政依附关系向平等人事主体关系转变，从而实现用人上的公开、公平、公正，促进单位自主用人，保障职工自主择业，维护单位和职工双方的合法权益。

（二）人事代理制度

人事代理制度就是指政府人事部门所属的人才交流服务机构，依据国家有关规定，接受用人单位或个人的委托，对其人事业务事宜实行集中、规范、统一的社会化管理和服务的一种人事管理方式。此项制度的实施为毕业生到非公有制企业就业解决了后顾之忧。人事代理机构的主要职责是：为企业接收高校毕业生接转、托管人事档案、考核档案，办理就业、转正定级，为委托代理人员计算工龄、调整档案工资，办理流动人员的人事接转手续及因私出境的政审，代办专业技术职称申报评审手续，党团组织关系的接转及管理，办理集体户口落户手续等。

（三）就业准入制度

就业准入制度是根据我国职业资格证书制度的要求，依据《职业教育法》和《劳动法》规定，对从事技术复杂、通用性广，涉及国家财产、人民生命安全的职业劳动者，要求必须经过培训并取得职业资格证书后方可上岗就业的制度。目前，我国已经对一部分职业实施了就业准入制度。

随着社会经济的发展，社会对许多大学毕业生不再仅仅要求具备一定的基础理论知识和专业知识，而且要求具备一定水平的实际动手操作能力。可以说，只有毕业文凭并不一定能够在某个岗位上顺利就业，胜任该岗位工作。因此，大学生们应该在学好基础知识，获得学历文凭的同时，参加相关的职业/岗位培训，考取相关的职业资格证书（或培训证书）/岗位合格证书。

（四）国家公务员制度

1994 年 6 月《国家公务员录用暂行规定》的颁布，标志着公务员考试录用制度正式建立。随后，各地区各部门根据工作实际又制定下发了相应的实施办法和细则，形成了涵盖笔试、面试、体检、考核、监督等诸多环节的考录法规体系，考试录用公务员工作开始步入规范化、制度化轨道。2007 年 11 月 6 日，人事部发布《公务员录用规定（试行）》，进一步完善了公务员的录用工作。

2006 年 1 月 1 日开始施行的《公务员法》规定：录用担任主任科员以下以及其他相当职务层次的非领导职务公务员，采用公开考试、严格考察、平等竞争、择优录取的办法。至此，公务员考录工作正式进入法制化轨道。

公务员录用制度是指国家行政机关为补充主任科员以下的非领导职务的公务员，按照一定的标准和法定程序，采用公开考试、严格考核的办法，将非公务员身份的人员选拔进入公务员队伍的一种人事管理制度。

公务员录用制度是在改革我国传统的干部录用制度的基础上确立的，其目的在于保证国家机关能选拔到真正优秀和适合的人才。录用公务员，有以下几个基本特点：坚持公开、平等、竞争、择优的原则，按照德才兼备的标准，采取考试与考察相结合的方法进行。

公务员的录用程序在《公务员法》和《公务员录用规定（试行）》中有严格的规定，主要包括发布招考公告、报名、资格审查、考试、资格复审、考察、公示、审批或备案、体检、录用和试用等。

普通高等学校应届毕业的研究生、本科生、大专生（包括计划内自费生，不含委培、定向生）均可报名参加公务员录用考试。报考公务员，必须具备下列资格条件：

（1）具有中华人民共和国国籍；

（2）年龄为十八周岁以上，三十五周岁以下；

（3）拥护中华人民共和国宪法；

（4）具有良好的品行；

（5）具有正常履行职责的身体条件；

（6）具有符合职位要求的工作能力；

（7）具有大专以上文化程度；

（8）省级以上公务员主管部门规定的拟任职位所要求的资格条件；

（9）法律、法规规定的其他条件。

其中（2）、（7）项，经省级以上公务员主管部门批准，可以适当调整。

【扩展阅读】

报考公务员应具备的基本素质

公务员素质的高低，直接影响着国家机关的效率和威信，关系着政府事业的成败。因此，机关对报考公务员的大学毕业生在素质上有较高的要求。

一、较高的思想政治素质

有一定的思想政治理论水平，能用马克思列宁主义、毛泽东思想、邓小平理论、“三个代表”重要思想和科学发展观去分析问题、解决问题。坚决贯彻执行党的基本路线，坚持社会主义方向；坚持理论联系实际、实事求是的思想路线，一切从实际出发，按事物发展的客观规律办事。

二、良好的职业道德修养

公务员应具备的职业道德修养主要包括：全心全意为人民服务、实事求是，秉公执政、勤政廉洁，禁绝奢华，严于律己，宽以待人。

三、较强的业务能力

只有熟悉本职工作业务，才能胜任本岗位的工作。因此，公务员应全面掌握与本职有关的专业知识，以及法律、经济、行政管理等基础知识，具备从事本职工作的基本业务能力。主要包括：调查研究能力、决策和计划能力、综合协调能力、语言文字表达能力、精通公文的撰拟与办理规则。

四、健康的身心素质

健康的身心素质是从事公务活动的前提，也是国家招考公务员的基本素质要求。主要包括健康的体魄、良好的适应能力、合群的性格、多方面的兴趣爱好等。

（五）社会保险制度

1. 住房公积金制度的建立与发展

住房公积金是职工及其所在单位按规定缴存的具有保障性、互助性、长期性的属职工个人所有的住房储金。我国住房公积金制度是1991年由上海市率先建立的。1994年11月23日，财政部、国务院住房制度改革领导小组，中国人民银行联合下发了《建立住房公积金制度的暂行规定》，标志着我国住房公积金制度的建立。建立住房公积金制度，是我国住房制度改革的重要内容，对促进城镇住房建设，改善城镇居民居住条件，提高城镇居民的生活水平，保障住房制度改革的顺利进行，具有重要意义。

2. 养老保险制度

基本养老保险亦称国家基本养老保险，它是按国家统一政策规定强制实施的，为保障广大离退休人员基本生活需要的一种养老保险制度。在我国，20世纪90年代之前，企业职工实行的是单一的养老保险制度。1991年，《国务院关于企业职工养老保险制度改革的决定》中明确提出：“随着经济的发展，逐步建立起基本养老保险与企业补充养老保险和职工个人储蓄性养老保险相结合的制度。”从此，我国逐步建立起多层次的养老保险体系。

3. 医疗保险制度

国务院1998年底下发《关于建立城镇职工基本医疗保险制度的决定》，全面推进医疗保险制度改革。医疗保险制度改革的初衷，是解决原公费劳保医疗制度的弊端，在市场经济条件下满足广大群众的基本医疗保障需要。目前，我国基本医疗保障制度体系框架基本形成，医疗制度覆盖范围迅速扩大、基金运行良好，推动了医疗服务领域的竞争和健康发展。

二、大学生就业方针政策

中央以及省、市各级党委政府制定了许多关于推进毕业生就业的文件、制度，形成了引导和鼓励高校毕业生到基层、艰苦地区，到中小企业、非公有制企业就业等一系列明确的就业方针和较为完善的就业制度。

（一）鼓励和支持高校毕业生到农村基层参与支教、支农、支医、扶贫、基层挂职锻炼等工作方针

毕业生经过两三年基层锻炼，根据工作需要从中选拔优秀人员或到县、乡（镇）机关和学校或事业单位担任领导工作，或充实到基层金融、工商、税务、公安、审计等部门，并明确规定以上单位的领导和专业工作岗位原则上都应由具备大学及以上学历并具有相关专业证书的人员担任。

（二）鼓励和支持高校毕业生到西部地区或欠发达地区工作的方针

对原籍在中、东部或发达地区的毕业生到西部或欠发达地区工作的，实行来去自由的政策，根据本人意愿，户口可迁到工作地区也可迁回原籍，由政府主管部门所属的人才交流机构提供免费人事代理服务，并根据实际情况可提前定级或适当提高工资标准。

（三）促进人才合理流动的政策和落实企业用人自主权的政策

鼓励用人单位根据实际需要多招聘高校毕业生，取消对接受高校毕业生收取的城市增容费、出省（市）费、出系统费等不合法、不合理的收费政策，省会以下城市要放开对吸收高校毕业生落户的限制，省会及以上城市也要根据需要，积极放宽高校毕业生就业落户的规定，简化有关手续。公安部门凭用人单位和毕业生签订的《就业协议书》、《普通高等学校毕业证书》、《就业报到证》为应届毕业生办理落户手续。

（四）增大和支持毕业生到非公有制单位就业和自主创业、灵活就业的政策

到非公有制单位就业的毕业生，公安机关要积极放宽建立集体户口的审批条件，及时、便捷地办理落户手续；用人单位要按照国家有关规定与所聘的毕业生签订劳动合同，为其办理社会保险手续，缴纳社会保险费，保障其合法权益；对从事个体经营和自由职业者提供灵活就业的劳动和社会保险政策，为灵活就业人员提供帮助和服务；对自主创业的毕业生，银行、工商和税收部门要简化审批手续，给予贷款、税收等方面的照顾和支持。

（五）建立毕业生失业登记政策

毕业生在9月1日前未能就业并要求就业的高校毕业生，可持学校证明到入学前户籍所在城市或县劳动保障部门办理失业登记。劳动和社会保障部门所属的公共职业介绍机构和街道劳动保障机构应免费为其提供服务。对已进行失业登记的高校毕业生，有条件的城市、社区可组织其参加临时性的社会工作、社会公益活动，或到用人单位见习，给予一定

的报酬。对于因患病等原因短期内无法工作且无生活来源的，由民政部门参照当地城市低保标准予以临时救济。

【典型案例】

某高校毕业生小王，从了解就业政策入手，对当地和就业目标区域的就业政策和就业信息进行深入调查研究，顺利找到了理想的工作。她首先到图书馆查阅各地报纸，然后在网上查询相关信息，再加上其他一些渠道，凡是有关就业方面的政策信息，都收集起来分析研究。通过一段时间的研究，她对就业形势和就业政策都熟悉了。

从毕业前一年的11月份开始，小王就参加了很多供需见面会。在见面会上，小王看到很多单位"要求本科及以上学历"的条件，对一般院校的毕业生主要接收本地生源。对此她虽有准备，可还是感到了心凉了大半。受挫后，她及时调整了自己的求职方向，把眼光投向更大的范围。她从众多的资料中发现在三水、新会一带仍然有许多适合自己的机会。那些地方的人才需求表明，今年仍需要一些大学毕业生，而且，那里的人事政策仍能容许接收部分外地生源毕业生。经过艰苦的努力，小王找到了比较理想的就业岗位。

点评：

小王求职的成功经历充分证明在就业问题上需要积累信息，政策上的积累也很关键。在求职择业的关键时刻，一定要注意政策方面的信息，尤其是各地接收毕业生的基本条件，包括生源、层次、专业等方面的要求都要做一定的分析、对比，从中寻找符合自身条件的政策信息，有的放矢地求职，把握政策带来的机遇，从而获得求职的成功。

三、大学生就业程序

（一）主管就业部门的工作程序

全国普通高校毕业生就业工作程序和时间安排由教育部统一部署。中央各有关部委和各省、自治区、直辖市按照教育部的统一部署指导和管理所属高校毕业生就业工作。根据国家教育部的规定，高校应届毕业生的就业工作从学生在校的最后一学年开始。一般来说，最后一学年的第一学期是就业准备时期，第二学期进入就业行动、就业签约和就业派遣时期。

1. 就业准备

学校将对毕业生开展就业指导活动，有的高校开设就业指导选修课。学校就业指导的专职人员，将向毕业生介绍全国和当地高校毕业生就业的状况和形势；邀请用人单位代表，向毕业生介绍企业和公司的选人要求；向毕业生宣传国家、地方和学校毕业生就业工作的法规政策和规定；使毕业生基本掌握如何寻找和处理毕业生就业信息，如何写就业自荐信，如何应聘工作岗位，如何签订就业协议书以及如何处理就业中遇到的困难等。就业准备是就业活动中帮助毕业生了解就业和就业常识的重要阶段。

2. 就业行动

寒假前后一个月左右，毕业生进入就业行动阶段。这一阶段，用人单位对大学毕业生的需求信息将不断出现，一直持续到毕业生派遣前一段时间，这是毕业生就业的关键时期。毕业生通过社会发布的就业信息参加就业招聘活动，了解用人单位的招聘专业和条件，参加用人单位的面试和笔试，收到用人单位的录用通知书，与用人单位签订就业协议书等。

3. 就业派遣

毕业生与用人单位就业协议书签订完毕，学校将依据就业协议书，制订本校毕业生的就业建议方案上报地方就业主管部门和国家教育部，地方就业主管部门或国家教育部根据上报的就业方案审批后下达该年的高校毕业生就业方案。每年毕业生离校前，学校将根据毕业生的就业协议，向毕业生核发就业报到证，办理人事档案、户口迁移等有关手续，毕业生根据就业报到证上的单位、地点和时间，到录用单位报到就业。

（二）毕业生的就业程序

毕业生在就业前除了要了解主管部门与学校的就业工作程序外，还应对自己如何走好就业之路做到胸有成竹。

1. 毕业生就业前准备

应该说就业准备是大学生在校期间的全程工作，在这里我们特指毕业前夕的就业准备。毕业生在就业前要做的准备十分重要，基础工作也很多，其中主要应做好以下准备：

一是要做好就业价值取向的准备，明确求职择业的目标与方向。

二是要认真分析就业形势，了解必要的就业政策，特别是拟就业地区和本校的就业形势与相关就业政策，这直接关系到毕业生择业的成败。

三是要积极收集就业信息，就业信息是毕业生求职择业的前提和必备条件。毕业生应当及时、全面地掌握有关就业方面的各种信息，并认真地对这些信息进行分析、筛选、整理，最终作出正确判断。

四是要结合收集的信息理智地进行自我分析，按照自己的择业方向认真准备推荐材料。

2. 接受就业指导和咨询

在传播媒介、网络信息发达的当今社会，毕业生获取就业指导的途径很多，但对高校毕业生而言，收益最多的有以下几个途径：

（1）学校毕业生就业机构。开展就业指导、进行就业咨询是高校毕业生就业机构的重要职责和工作内容，高校进行就业指导的主要途径是开设就业指导课，同时就业指导教学也是学校教学工作的重要组成部分。学校开设的就业指导课内容全面，包括思想教育、政策指导、形势分析、信息指导、心理辅导、技术指导等，且对本校毕业生的针对性强，因此就业指导课对毕业生的指导具有不可替代的作用。

同时，由于高校的就业机构同上级主管部门和有关用人单位保持着广泛、长期、密切的联系，因此，他们掌握的政策、信息数量大，针对性、准确性、可靠性都较强，对毕业生的就业具有较高的参考价值。

（2）家长及亲朋。毕业生的家长及亲朋好友由于熟悉毕业生本人的各种情况，有着不同程度的社会关系和对毕业生最真诚的关爱，因此，能够对毕业生提供最大限度的指导与帮助。

（3）专业报刊、杂志及网上信息。目前国内有许多专门针对大学生就业的报刊，比如《中国大学生就业》杂志以及各地方、高校的就业专题报刊，不仅提供了大量的就业需求信息，而且对国家的就业政策、规定都有详尽的介绍、分析，并有丰富的就业案例与分析。同时，互联网为我们带来了大量的信息，同时也提供了快速便捷的信息查询方式，成为毕业生接受就业指导的重要途径。

3. 参加供需见面，进行双向选择

供需见面、双向选择是高等学校和用人单位协商落实毕业生就业计划而进行的一系列相互沟通的活动，是实现毕业生就业的重要手段。

4. 签约

毕业生与用人单位达成就业意向后，签订就业协议书，经当地就业主管部门鉴证送交学校毕业生就业机构，列入就业方案。

5. 积极主动地配合学校做好毕业生资格审查、体检、鉴定等工作

需要特别说明的是，毕业生鉴定是一项关系毕业生能否顺利毕业的重要工作，要给予高度重视。毕业生鉴定是指毕业生在毕业前要填写国家教育部统一印制的“高等学校毕业生登记表”，是对毕业生在校期间的全面考核与鉴定，主要从德、智、体三个方面进行考核和鉴定，重点放在对政治觉悟、道德品质以及学习成绩、健康状况等方面的评定。该表是毕业生档案中重要的内容，如缺少此表，用人单位一般不认可毕业生的毕业资格。

6. 领取就业报到证、毕业证等，报到上岗

毕业生在就业过程中除了要掌握主管就业部门、学校的工作程序以及自己所应遵循的基本步骤外，还应该熟悉用人单位招聘毕业生的程序，做到知己知彼、从容应对。

【扩展阅读】

应届毕业生就业年历

时间（月份）	择业阶段	主要工作内容
8—9月	基础准备	择业中所有个人佐证材料的整理与收集（如获奖证书、发表论文或作品、参加各种重要活动的照片等）
10—11月	就业信息收集	填写信息表格，了解就业政策，分析各种就业形势，锁定就业意向

续表

时间（月份）	择业阶段	主要工作内容
11月	择业前准备	就业技巧的培训与提高，个人自荐材料的准备，面试的物质准备（如服饰和资金等）
12月—次年1月	第一择业高峰	应用获得的就业信息，开始有针对性地择业应聘
1—2月	调　整	总结和反思择业中的得失，调整择业心态和目标，力争择业能力的再提高
3—5月	第二择业高峰	再次为择业成功而努力。同时，这一阶段也是考研失利的同学择业的最佳时期
6—7月	就业准备	根据已确定的职业角色要求，做好岗前准备，办理毕业离校手续

四、用人单位招聘程序

了解用人单位的招聘程序，并把自己的择业活动调整到与用人单位的招聘活动较为一致的步调，有利于择业活动的高效进行。

一般而言，用人单位的招聘活动要经历如下程序：

1. 确定需求和招聘计划

用人单位根据自身的建设和发展状况，确定当年需要招聘毕业生的岗位、人数和条件等，同时将根据要求制订详尽的招聘计划。

2. 发布就业信息

用人单位在确定了需求后会及时向外发布就业信息，传递给大学生。其主要渠道有：

（1）向政府主管部门登记；

（2）向高校毕业生就业工作部门登记；

（3）在自己的网站上发布信息，供学生上网浏览；

（4）通过电视、报纸、广播等媒体发布需求信息。

3. 举办单位说明会

为在大学生中进行广泛宣传，一些用人单位（主要是企业单位）还会到学校举办单位说明会，介绍单位的发展建设情况、人才需求情况及发展机遇、用人制度及企业文化等，并回答大学生们关心的各种问题。单位说明会是大学生全面了解招聘单位的好机会。

4. 收集生源信息

用人单位要招聘到优秀大学生，需要广泛收集学生信息。收集学生信息的主要渠道有：

（1）从政府教育主管部门所属高校毕业生就业指导中心及学校就业工作部门获取学生

信息；

(2) 在供需洽谈会（招聘会或就业市场）上收集学生信息；

(3) 在网站上收集学生信息；

(4) 通过学生的自荐获取学生信息；

(5) 有的学生通过报纸杂志等媒体发布“求职广告”，也是用人单位获取学生信息的渠道之一。

5. 分析生源资料

对收集的学生信息进行分析处理，初选出符合自己条件的学生，以便进行下一轮筛选。一般而言，用人单位对学生分析的内容包括：性别、专业、知识水平、综合能力及素质。

6. 组织笔试

为了考核学生是否具有在本单位工作所需的基本知识、能力和素质，一些用人单位以笔试的形式选拔学生。

7. 组织面试

面试是许多用人单位考核学生综合素质的最后一关。有的用人单位还要组织几次面试，每次面试参加人员及考核的侧重点是不相同的。一般而言，有经验的用人单位招聘人员不会故意提一些很难、很偏的问题，而是会创造一种较为宽松的氛围，与你进行双向沟通与交流，从中发现你的兴趣、特长，以及你所愿意从事的工作等。

8. 签订协议

签订就业协议书。有些用人单位还要与毕业生签订劳动合同，明确双方的责、权、利。

9. 上岗培训

每一个用人单位对新员工都有一套培训计划。培训的内容因用人单位而异，但其目的都是相同的，即通过培训，让你明确单位的创业精神、规章制度和企业文化，让你掌握成为一名称职工作人员所需要的知识和技能，以使你尽快适应新的工作和生活环境。

第三节　大学生就业市场与人才需求

一、大学生就业市场概述

大学生就业市场属于人才资源市场的一种，它是毕业生与用人单位进行双向选择的重要场所，也是引导毕业生调整择业期望值，合理优化社会人才配置，实行公开、公正竞争、优胜劣汰的场所。它的工作职责和主要任务是为高校毕业生举办各种类型的双向选择会、洽谈会，开展就业咨询和为用人单位提供相应的招聘服务等，通过这一系列的就业活动最终为高校毕业生找到合适的工作岗位，满足高校毕业生对就业的需求和用人单位招收大学生人才的需求。

我国大学生就业市场经过发展，已初步形成了以市场为导向、政府宏观调控、学生与用人单位双向选择的市场机制。它对我国人力资源的合理配置及优化人才结构起到了积极作用。学校应主动走出校门，明确本校学生的就业定位，建立起以学校所在省市为中心、以周边省市、沿海发达地区为辐射区、覆盖全国的就业网络工作体系，进一步拓宽各学科就业领域，加强与对口单位的密切联系，介绍专业的设置和生源情况，主动邀请用人单位来校招聘，形成具有特色的大学生就业市场。

【典型案例】

两个人即将进入森林探险，走到森林边上的时候A从背包里取出一双轻便的运动鞋换上，B问他："你干什么呢?""万一碰到老虎呢，可以跑得快些。"A低头仔细地系着鞋带，B听了立刻笑弯了腰："傻瓜！老虎要是来了，你再换一百双鞋也跑不过老虎呀!""我只要跑得比你快就行了！"A说。

点评：

生活在21世纪对于人类来说最大的危机就是没有危机感。工作中、生活中我们都面临着太多不可预料的变数，当毕业求职来到你面前的时候，你是否为自己准备好了跑鞋?

"统包统分"的制度早已远离我们，当前高校毕业生就业实行"双向选择，自主择业"。就业的竞争，归根结底是素质的竞争。"有备无患"，机会总垂青于有准备的人。

大学生就业市场可分为有形市场和无形市场两大类。

(一) 有形市场

有形市场指有其固定场所、地点、举办时间及特定对象参加的，在某一时间内把用人单位与毕业生组织在某一场所，为双方进行交流和双向选择提供的就业平台。目前大学生有形市场大体有以下几种。

1. 以学校为主体单独举办的毕业生就业市场

这种就业市场一般以招聘会、供需见面会等形式出现，也是大学生就业市场中最主要的一种。由学校单独出面举办就业市场的优点在于邀请的用人单位有很强的针对性，与学校专业相结合，与高校形成固定用人关系。

2. 学校联办的毕业生就业市场

这主要是指由两所或若干所高校联合举办的就业市场。这种就业市场最大的特点是，集中各高校用人单位的资源，优势互补，市场规模大，参会单位较多，招聘涉及的专业也较齐全，具有一定的代表性。比如教育部在沪直属的四高校，即上海交通大学、华东师范大学、华东理工大学、东华大学每年12月联合举办的毕业生双向选择会，无论在规模上还是用人单位层次上，在上海、甚至在华东地区各高校毕业生中都有一定的影响力。这种类型的就业市场具有很强的辐射性和影响力，招聘质量较高，因此就业市场的效能也较高。

3. 地区性、区域性的就业市场

地方教育主管部门或人事局举办的、为本地毕业生就业服务或为本地用人单位招聘服务的就业市场。这种就业市场最大的优点在于能准确反映本地区的人才需求趋势。

4. 企业的专场招聘会

企业的专场招聘会也称宣讲会，由用人单位以招聘本企业所需人才为目的来高校举办的小型招聘会。这种就业市场目的性强，招聘效果明显，以知名企业、跨国公司为主。

（二）无形市场

与有形市场相反，无形市场没有固定的场所和地点，由用人单位和毕业生自主选择，通过某种媒介和交互平台进行交流和沟通。高校的无形市场发展非常迅速，在大学生就业市场中所占的地位日显重要，作用也越来越大。目前无形市场已经不是简单的通过电话、邮件、报刊和计算机网络及其他通讯和传播手段来完成双方的交流和联系，而是借助信息技术的高技术手段，利用互联网建立起各类就业网站、求职网站，为大学生就业市场提供了更宽阔的发展领域。凭借信息快速、便捷和方便灵活的特点，使用人单位和毕业生之间可以打破时间、区域、场所的限制进行交流，提高了就业工作效率，降低了招聘成本，深受广大高校毕业生和用人单位的欢迎。

大学生就业市场是劳动力市场的重要组成部分，具有与一般劳动力市场不同的特征，主要体现在：

1. 初次性

大学毕业生学成后初次就业，缺乏就业经验，而就业的愿望又比较迫切，对就业的期望值一般都比较高，理想与现实容易产生矛盾，对此要特别引起注意。

2. 专门性

大学毕业生均具有较强的专业知识水平和能力，具有较高的学历层次，在就业竞争中处于比较有利的地位，具有广阔的就业前景。与一般的劳动力市场相比，大学生就业市场的就业率相对比较高。

3. 时效性

大学生就业具有一定的季节性，由于全国大学生毕业的时间基本一致，要让大多数大学毕业生在此期间就业，任务十分艰巨。毕业生一定要抓住时机及时择业。

4. 群体性

全国每年有上百万名高校毕业生第一次进入社会就业，这是一个庞大的群体。为此，学校及教育主管部门必须精心组织安排，做好工作，才能实现大学毕业生的充分就业。

5. 多样性

为满足用人单位和毕业生的需求，毕业生就业市场形式灵活，既有有形的，也有无形的；既有主管部门举办的，也有高校自己举办的；既有规模大的，也有规模小的；既有综合的，也有分类的；既有区域的，也有部门的；等等。

根据毕业生就业市场的上述特点，毕业生可以从自己的实际出发，选择不同的市场就业。市场是变化的，毕业生的就业策略也应该是变化的。当市场需求大时，毕业生可提高期望值，好中选优；当市场需求小，毕业生应降低期望值，低中选高。当然，劣与优、低与高都是相对的，毕业生可酌情而定。

【扩展阅读】

常见的大学生就业市场的横纵对比

大学生就业市场对比分析

类别	优势	劣势
国家及各级政府举办的大学生就业市场	组织市场容易 可信度高 组织保障有力	针对性不强，市场效率低 建设力度不够，运行成本高 地区间发展不平衡
高校举办的大学生就业市场	针对性强，签约率高 可信度高，权威性高 方便，学生求职成本低	邀请单位和组织市场难 成本高，加重学校负担
人才中介机构举办的就业市场	经验丰富 可投入精力多 市场基础好	针对性差，效率低 监管力度差，可信度低
网络举办的大学生就业市场	方便、快捷、灵活 不受时空限制 信息量大 资源易共享	信息化建设投入大 网上信息信度低

二、大学生人才市场现状与变化

目前我国毕业生就业市场建设还不够完善，主要表现在：一是公开、公平、竞争、择优的市场运行基本原则还未能充分体现；二是就业信息资源的及时共享程度还很低，突出表现在人才需求和供给双方的信息严重不对称，社会需求信息发布量严重不足，市场在人才资源中的导向作用还没有完全发挥；三是无形网络市场建设滞后，毕业生择业费时、费力、费财；四是用人单位和高校自觉通过市场平台的连接和反馈不够，市场化的人才培养机制还未充分形成。

当前大学生就业市场的现状表现在如下几个方面。

1. 供需形势总体上存在诸多的不平衡现象

近年来，随着我国各项改革的不断深入，经济形势的逐步好转以及“尊重知识、尊重人才”观念的增强，社会对大学毕业生的需求量呈现出“行情看涨”的趋势，然而仍然存在着学科专业、学历层次、地区、院校及用人单位等方面的不平衡。

(1) 学科专业之间。随着高新技术产业的迅猛发展和国家对基础设施投资的加大，社会对计算机、通信、电子、土建、机械、自动化、医药等专业的大学毕业生需求旺盛，而对哲学、社会学、经济学、法学、农学、林学等专业毕业生的社会需求时有波动。

(2) 学历层次之间。社会对高层次的复合型、外向型和开拓型的人才需求日益迫切，出现了对人才结构、学历层次“重心”上移。在毕业生就业中，一些地方形成了研究生需求旺盛，本科生供需基本持平，而专科生、高职生供给大于需求的局面，但同时又有学历与就业率“倒挂”的现象。

(3) 地区之间。东部沿海经济发达地区和中心城市对毕业生的社会需求比较旺盛，呈现出供需平衡或供不应求的局面。随着西部大开发战略的实施，中西部地区的需求也有所增加，而一些边远省区及经济欠发达的地区需求明显不足。

(4) 院校之间。重点大学、名牌院校、名牌专业的“名牌”效应呈现出优势，社会需求增长，其就业率也较高；而一般院校、一般专业的需求相对较弱。

(5) 用人单位之间。作为传统毕业生就业主渠道的国有大中型企业，引进毕业生的比例在逐年下降。政府机关及事业单位，用人指标有限，难以接受大量毕业生。而三资企业、民营企业及高新技术产业企业（尤其是信息产业）的需求数量却连年增加。

2. 社会对毕业生的素质要求提高

目前毕业生就业形成了“买方市场”，就业竞争愈加激烈，用人单位对毕业生的素质要求标准越来越高，选择毕业生也更加理性。许多用人单位已将综合素质作为评价毕业生“实力”的主要依据和择人标准。

3. 就业竞争日益激烈

一方面大学生择业受毕业时间相对集中，选择职业时间较短的影响，另一方面，近几年随着高等教育大众化，毕业生的数量不断增多，而社会的有效需求却在短期内增加有限，因而就业岗位有限，就业压力增大。

4. 以学校为基础的毕业生就业市场已基本形成

以学校为主体的就业市场，由于学校与用人单位常年保持较密切的联系，供需双方专业较对口，学校的中介作用可以得到充分发挥等，这样就使得学校的就业市场签约率较高，市场的效益发挥较好，因其高效、可靠、真实、规范而受到了毕业生和用人单位的普遍欢迎。

5. 就业管理工作进一步规范

(1) 以学校为基础的毕业生就业市场和就业指导服务体系已经建立，并为毕业生和用人单位提供了多方面的帮助、指导和服务。

(2) 市场机制在毕业生就业工作中的作用愈来愈明显。公平竞争、优胜劣汰得以充分体现，公开、公正、公平竞争的择业氛围正在形成。

(3) 毕业生就业市场正从传统的管理向以信息技术为基础的现代化管理模式转变。就业指导的手段正在向信息化、网络化迈进。各高校积极创造条件，依托全国毕业生就业信息网站，为毕业生提供网上信息交流和服务。

（4）就业关系合同化。无论是企业、事业单位，还是国家机关、社会团体，只要录用毕业生，都必须签订就业协议，这从客观上反映了毕业生就业工作已进入规范化、法制化的轨道。

三、产业结构变迁中的人才需求

（一）社会对毕业生的素质要求

用人单位对毕业生的素质要求是大学生就业市场成为“买方市场”的必然结果。供求不平衡，大学生就业竞争激烈，用人单位能够从一个更加宽泛的范围，通过多种形式去挑选最适合的、高素质的毕业生。一般说来，社会用人单位对毕业生的素质要求主要体现在以下几个方面。

1. 毕业生的品质

人品，即个人品德修养，这是毕业生素质要求的核心。德才兼备、品学兼优是绝大部分用人单位的招聘标准之一。毕业生的诚信程度、吃苦耐劳精神、事业心和责任感已经成为用人单位招聘的首选条件。大部分的企业用人时都会把“具有良好的个人操守和职业道德修养，勤奋敬业”，即人品，放在首位。

2. 专业水平和知识结构

毕业生经过大学阶段的专业学习和训练，应该具备扎实的专业基础和广博的知识。专业知识和技能最直接的体现就是学习成绩。学生的天职和首要任务就是学习，学习成绩是衡量学生专业水平和知识结构的第一标准。大部分用人单位会通过大学生在校期间的成绩单，来判断该学生的态度和专业水平。要注意的是：社会活动再多，实践能力再强，如果没有拿出手的成绩，在竞争中同样处于劣势。

3. 社会经历和工作经验

用人单位普遍看重毕业生的社会经历和工作经验。诚然，这些要求对毕业生而言是不利的。大学生可以通过在校期间积极参与各种社会活动，提高自己的交际能力和领导能力，充分利用假期或者周末，主动寻找单位进行专业或非专业实习。通过努力，完全可以积累具有高含金量的社会经历和工作经验。

4. 实际操作能力

如今，一些用人单位对毕业生的要求比较“急功近利”，除了对毕业生知识结构有较高要求外，对操作技能和实际能力有更高的要求。拥有各种技能等级考试证书的应用型人才越来越受到用人单位的青睐。“实习证书”、“职业资格证书”、“毕业证书”，从侧面反应了毕业生的实际操作能力，这些都是求职应聘的重要砝码。

5. 创新精神

企业需要具有创新能力的人才。创新是赢得成功的一个重要保证，创新能力是每一个求职者都应该努力培养的素质。在面试中，企业招聘人员可能会问："在以前的工作中，你有没有做成功过一件其他同事从来没做过或者根本没想过的事情？或者你是否对一些新鲜的事物感兴趣？"这样的问题就是在探寻你的创新能力和创新思维水平。企业更需要那些既掌握丰富的知识，又具备独立思考和解决问题的能力，善于将学到的知识灵活运用于生活和工作实践的创新型人才。

【典型案例】

"我是班长我的班"

某学院数学系0601班班长王可，把班上20多名同学"包装"后放到淘宝网上"拍卖"，还起了个很时髦的网店名"我是班长我的班"，帮助许多同学找到了工作。

王可在淘宝网店铺"我是班长我的班"，店主名是自己名字的汉语拼音"wangke"。第一批"挂拍"的15名同学，每人都贴了几张个性鲜明的生活照，还有学习简历，并"标价"从2000元至3000元不等，算是月薪要求。

这种新颖的求职方式，引起都市媒体的极大关注。王可一夜窜红，用人单位也蜂拥而至。"群众演员、卖保险"之类的"项目买家"被淘汰，许多原本愁眉不展的同学，纷纷到相中的一些用人单位前去"试用"。

这是一个用创意求职成功的典型案例。创新精神贯穿于求职就业的全过程。拥有创新精神的同学，总是能够快速地脱颖而出。

（二）用人单位青睐的毕业生

从近年人才市场和就业调查反馈的信息看，具有以下条件的大学毕业生备受用人单位的青睐。

1. 了解岗位和企业的人

如果对所应聘的目标岗位是什么、做什么、需要什么条件、职位发展路径等一些基本常识很了解，那么你在求职应聘的众人中就占得了先机。假设和同学一起去面试市场助理的岗位，如果你对这个岗位有充分的了解，懂得该工作是做什么的、怎样才能干好等，那你的胜算就要大得多。

如果对自己求职的目标雇主一无所知或所知不多，面试官会觉得你不是很重视这个机会，或者说明你不是非常喜欢这个单位，给用人单位的第一印象会大打折扣。相反，如果你能记得企业的全名、了解企业的核心业务和运作模式、了解企业的发展战略和用人理念等信息，在同等条件下，你会更受雇主的青睐。

2. 职业规划明确的人

许多求职的大学毕业生并不清楚自己到底喜欢什么、自己适合什么职业、自己的优势和劣势所在。也就是说，没有清晰的职业发展目标，职业定位和发展方向模糊、不确定。这样的人会给人感觉逻辑思维混乱，没有上进心。连自己的发展都规划不好的人，何谈专注服务于企业，专心为公司创造价值呢？用人单位更喜欢有目标、有追求的人，不怕要求多，就怕与岗位不匹配。所以大学生在校期间就应对自己的职业发展有较明确的规划，这样才能准确定位，找到适合自己发展目标的单位。

3. 有实践实习经验的人

有相关实践经验或实习经历，至少可以证明两点：一是你对目标职位有感性认识，或多或少对岗位工作及其要求有了解；二是你对目标岗位有兴趣或有能力做好工作。大学生在校期间，一定要做好职业探索和规划，通过各种努力寻找实践和实习机会，增加职业经验值，为求职胜出增加筹码。

4. 有核心优势的人

俗话说："一招鲜，吃遍天。"如果在某个领域有专长，或者具备别人所没有的特殊技能，或者具有比其他人强的某些竞争优势，这些都有助于更快更好地找到工作。在激烈竞争的职场，具有独特优势的人才少，因而具有职业竞争力。有专长就有专业，就可发展为核心优势，提升职业竞争力。专注于一个方面，塑造一项特长，不失为一个职业发展的策略。求职应聘时，要善于挖掘并展示自己的核心优势，以提高自身竞争力。

5. 和企业目标一致的人

俗话说："道不同不相为谋。"一般来说，企业是个人发展的平台，个人目标与企业目标一致时就会有较大的发展空间和更多的发展机会。相反，为企业创造的价值也会相应增多，实现个人与团队的双赢。对于刚毕业的大学生来说，接受企业的发展目标，将自己的目标与企业目标结合，是很必要的。因为，在这个阶段你没有独立发展、改变企业目标的能力和资格，顺应企业目标是现实可行的。两者目标一致，个人才能为企业服务得更长远。

6. 勤奋敬业的人

只有勤奋敬业的人，才能创造自己的事业。勤能补拙，勤奋可以帮助毕业生快速缩短个人能力与岗位要求之间的差距，可以更快更好地适应新环境。做好一份工作，光凭能力是不够的，往往需要勤奋敬业来获得更好的工作结果。调查发现，"敬业精神"在用人单位最看重的指标中列第二位，而在用人单位认为大学生最欠缺的指标中高居第一。可见，大学生的工作态度、职业操守是当前比较突出的问题，值得学校、社会、家庭和大学生本人好好思考，认真对待。

现在很多人把工作只当做工作，仅仅是谋生的手段。在此心态下，应付工作、得过且过就顺理成章了。敬业是把工作当做事业，是对工作的高度负责的态度，是严谨认真的表现。敬业者凡事追求完美、全力以赴、精益求精，所负责的工作都能高质量高效率地完成。敬业者在为企业做出突出贡献的同时，自身职业价值也获得迅速提升，具有更强的职场竞争力，可获得更好的发展。

7. 有激情的人

激情是创造力的源泉。有激情的人，可以创造条件、创造性地完成工作，拥有更持久的工作动力。团队的工作激情，是企业发展的原动力。激情，源于喜欢，源于自信，源于热诚。有人说，一个有激情的员工要胜于两个普通的员工。有激情的人，才会有感染力和影响力。要想在激烈的竞争中胜出，没有工作激情，没有对事业的执著追求，是不可能实现的。激情无法伪装，只有出于发自内心的热爱，才会痴狂地去工作、去努力。只有找到你的真正兴趣所在、目标所在，才有可能迸发出工作激情。

【扩展阅读】

容易被炒鱿鱼的几种人

1. 不够稳重、成熟。刚工作的职场新人，对突发事件往往措手不及，容易过分急躁，处理事情不够稳重。不能准确理解工作任务，分不清工作重点，给老板一种稀里糊涂、很难调教的感觉。

2. 只说不练，眼高手低。喜欢夸夸其谈，一旦真正操作时，往往发现许多困难，却又找不出原因何在。

3. 斤斤计较，分不清主次。只看重眼前区区小事，无法透过现象去把握实质，没有主次之分，往往贻误很多机会。

4. 考虑问题不够严谨、全面。对工作匆忙做出决定，朝令夕改，顾前不顾后，工作中纰漏百出，造成不良影响或公司损失。

5. 与周围环境不能相融。总是自行其是，无法沟通，不能与同事、领导融洽相处，协作分工。

6. 办事拖沓，无时间观念。需要定时完成的任务，总是找借口拖后，不能按时完成，工作效率极低，不思改进。

7. 恃才傲物。自认为在某一方面有别人无法比拟的特长，便对其他人视而不见，甚至盛气凌人，自觉高人一等，一副“除我之外谁也不行”的态度。

8. 缺乏创造力，因循守旧。工作中总是重复同一种方式，缺乏自我独立创造的能力。不能适应企业的发展，自主学习意愿不强，学习能力差。

9. 刚愎自用，固执己见。不能听取别人的建议，自以为是，对别人提出的善意批评也不能接受。

10. 缺乏团结协作精神。有好的建议不与别人分享，缺乏团结互助、相互协作的团队精神。

四、学会应对就业市场变化

面对纷繁复杂的就业市场，大学毕业生应学会应对就业市场的变化，主要注意以下几点。

1. 从思想上彻底认清就业形势

当前很多企业受经济形势的影响，人才市场上真正招聘的企业不多，工作比较难找，人才市场不太景气的情况下，大学毕业生应认清就业形势，别再做“我要薪水再高点”、“我要福利更好些”、“我要干活不累”之类的美梦了。适应市场需求，把握好时机，才有胜算。

【典型案例】

赵某是一名2008届法学专业本科毕业生，学习成绩中等。从大一开始他就常常幻想自己身穿律师袍在法庭上舌战群儒的场景，他的梦想是能进公检法系统，做一名大法官或大律师，工作稳定、待遇较高且受人尊敬。于是，他选择在某区法院进行专业实习。11月份大学生求职期一开始他就把近百份简历投向了大大小小的律师事务所，并准备报考公检法系统公务员。他苦苦等待，那些发出的简历却如石沉大海，仅有两个规模较小的律师事务所对他进行了面试，问了诸如“专业课成绩如何”、“在哪些律师所实习过”等问题之后就再也没消息了。倒是来学校招聘的一民营企业相中了他，该企业的行政办公室招聘一名男性文员，待遇还不错。赵某为难了：他认为如果去做这个文员的话，四年的专业课就白学了。因此最终他还是不甘心放下自己的专业，放弃了这个机会。后来赵某发现公务员入口“紧缩”，公务员的招收人数很少，录取比例大约是90∶1。他曾经实习过的某区法院一个都不招。法院、检察院招聘人数有限，而律师事务所一般都倾向于招聘有工作经验或已取得律师资格证的人，自己的专业成绩和社会经历几乎没有什么优势可言，直到毕业他依然没有找到合适的职位。

点评：

赵某所学的专业是一个“大众化”的文科专业，几乎所有院校都会开设法学专业，仅从专业上来看他的竞争对手就会有很多，他所希望的显性的专业对口机会本来就不多，如此这般等待下去恐怕失望会远远多于希望。其实在市场日趋规范的大背景下，企业行政事务中有许多方面会涉及法律知识，赵某到企业去未必就没有将专业转为优势的可能。记住：第一份工作仅仅意味着职业生涯的开始。

2. 别让薪资待遇左右你的选择

找到一份薪水高且又是自己喜欢的工作，那自然是好事，但不要让薪水待遇左右你的选择。人才市场的劳动力价格，会受供求变化和各种客观因素的影响而波动。大学生找工作，应顺应市场变化，做出明智的选择。找一份与自己的兴趣、特长相一致，具有高经验价值的工作，远比单纯的薪水收入高来得更有意义，因为经验是财富的源泉。

3. 给自己快速而准确的定位

准确定位，也就是要明确自己到底找什么样的工作，这可以帮助你在茫茫人才市场中，节约找工作的时间、精力、金钱和机会成本。通过扫描人才市场，看准人才需求的风向标，结合自身状况，快速而准确地找到自己的切入点和着力点，力争使自己的求职择业达到运筹帷幄、事半功倍之境界。

4. 充分认识自身的价值

企业为什么花钱雇佣你，而不是你的同学？愿意花多少钱雇佣你？这些都取决于你的经验和能力，你能为公司创造多少价值？企业的天职是创造利润，如果雇佣你不能产生剩余价值，即你不能为企业创造利润，或者不能创造足够的利润，即使你能胜任这个岗位，企业也不会雇佣你。大学毕业生在人才市场上，就是商品，用人单位就是消费者。能否把自己“卖”出去，“卖”多少钱，取决于你“值”多少钱。客观评价自己，认识自身的价值，给自己标上合理的“价格”，才会顺利找到“买家”。

实践练习

毕业时，你“值”多少钱

现在，分析各种自我因素并给出定价，来看看自己“值”多少钱。这些因素可以是现在就有的，也可以是毕业时才具备的。比如，诚信估价100元，能力估价200元，英语估价300元，经验估价负300元。通过盘点自己的各种知识、专业技能、职业能力、奖学金、荣誉称号、工作经验等，在下面的价值自我评估表中具体列出，然后把它们加起来，最后的数字就是毕业后求职时的参考“价格”。

价值自我评估表

自我因素	估价（正、负）	备注（何时具备）
专业技能		
职业性格		
专业知识		
工作经验		
思想品德		
职业能力		
荣誉称号		
特长优势		
其　他		
合　计		

案例思考

2010大学毕业生就业形势分析

“2008年经济危机肆虐之时，我的大学之路走到了尽头。大学不再是躲避求职的港湾，那一年毕业即代表了失业。”济南某高校的小马回忆说。

“2009年大学毕业，经济危机余波意犹未尽，正巧我被保送了本校的研究生，可以躲避一下严峻的就业形势，等待三年后再寻找就业机会。”北京某高校小苏平静地说。

“2010年经济形势有了很大的转变，招聘单位增加了许多，这一年找工作我有信心。”上海某高校小孙说。

2008年美国次贷经济危机引发雷曼兄弟公司倒闭，层层蔓延，这场经济界的海啸在世界掀起了巨浪。裁员、减薪还有企业倒闭等现象随之而来。具体到中国市场，珠三角、长三角众多企业停产倒闭，金融机构宣布裁员，很多公司缩减或者不再投放招聘计划。农民工、大学生纷纷卷起行囊，开始了漫长的归家之旅。2009 年延续 2008 年的余味，毕业生选择缩在大学这个避风港中躲避严冬。2010 年经济回暖，就业形势真的到了“柳暗花明又一村”的地步了吗？

教育部部长袁贵仁在 2010 年全国普通高校毕业生就业工作视频会议上直言：国际金融危机对我国就业的不利影响还没有消除，如果说 2009 年是经济最困难的一年，2010 年可能是最复杂的一年，整个宏观层面就业形势很严峻。那么，2010 年的毕业生人数 630 万，再加上往届没有实现就业的，需要就业的毕业生数量有可能达到 700 万之多。

700 万的就业大军涌向刚刚复苏的就业市场，场面是怎样的呢？2010 年 3 月 20 日上午，在湖北省人力资源市场举办的、有 25 家国企提供 5 000 个岗位的国有大中型企业专场招聘会，因为太受求职者热捧，主办方担心踩踏事件发生，不得不中途取消。武汉招聘会之所以会受到如此的热捧，主要原因是招聘方是国企，应聘者都是冲着“国”字招牌来的。

思考并讨论分析以下问题：

1. 阅读材料，对 2011 年就业形势谈谈自己的看法。
2. 你认为在就业时，应如何看待当前的就业形势？
3. 针对当前就业形势，你认为应做好哪些方面的就业准备？

第二章
大学生职业定位与就业准备

本章要点

毕业生的初次职业选择对其一生的影响十分深远，因此，踏上社会的第一次职业选择很重要。

本章旨在帮助大学生了解就业形势和就业市场之后，能够结合自身的特点，制定合理的择业目标，进而明确自身的职业定位，选准就业方向，做好就业的各种准备。

学习目标

通过本章的学习，大学生应当在态度、知识和技能三个层面达到以下目标：

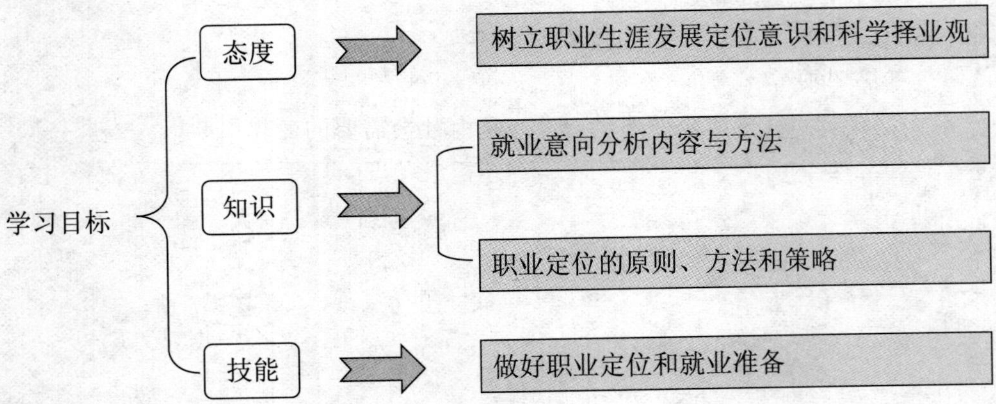

第一节 大学生的职业定位

职业定位是职业生涯规划的关键内容。不同的职业定位，意味着不同的职业选择，同时也意味着将进入不同的行业。尤其是第一份工作，它将在相当程度上影响人们的人生走向。因此，科学的职业定位是十分重要的。

一、职业定位的原则

大学生职业定位应把握四条原则：择己所爱，择己所能，择世所需，并在保证前三个原则的基础上，追求发展和收益最大化，即择己所利。①

（一）择己所爱

职业定位首先要想到自己喜欢哪种职业，或者对哪种职业比较感兴趣。研究表明，一个对所从事职业感兴趣的人，能够发挥其才能的80%～90%，且能保持长时间高效率、不疲劳；而对所从事职业不感兴趣的人，则只能发挥其才能的20%～30%，且容易精疲力竭。一般来说，只有从事自己喜爱的、感兴趣的工作，工作本身才能给你一种满足感，你的职业生涯才会变得妙趣横生。因此，择己所爱是大学生做好未来职业定位的首要原则。

（二）择己所能

在人才市场的就业竞争中，大学生必须善于从与竞争者的比较中来认清自己的所长和所短，即竞争的优势和劣势。然后在此基础上按照择己所长、扬长避短的原则进行具体的职业定位。大学生应特别注意要尽可能学以致用，发挥自己的专业特长，把职业定位在与自己所学有较密切联系的行业领域。

（三）择世所需

任何职业的兴起、发展、衰落及消亡均是由社会需要的变化引起的。因此，大学生在进行职业定位时，不仅要了解当前的社会职业需求状况，还要善于预测职业随社会需要而变化的未来走向，以便能使自己的职业定位富有一定的远见。否则，一味盯在眼前热门的职业上，可能导致不利长远发展的选择失误。

（四）择己所利

职业是个人谋生的手段，其目的在于追求个人价值。大学生在择业时，要考虑职业带来的收益，尽可能使个人价值最大化。明智的选择是在由收入、社会地位、成就感和工作

---

① 参见雷世明《绝不迷茫——青年职业心理测评与生涯规划》，华中科技大学出版社2005年版。

付出等变量组成的函数中找出一个最大值。这就是职业定位的收益最大化原则。

这里所指的利益，不是单纯的薪酬待遇等，而是要综合权衡多方面的因素，充分考虑国家和社会的需要，综合自己爱好、特长和个人需要，进而得出合理的结论。

【典型案例】

一个世代以捕猎为生的家庭，父亲希望儿子可以继承衣钵，就经常带着儿子去打猎，锻炼他们的技能，培养他们的兴趣。

有一天，父亲带着三个儿子到沙漠里去猎杀骆驼。路上，父亲想到今后等自己去世了，需要有一个孩子能够带领家人继续家族的传统，于是他就想考考几个儿子，看看谁更适合承担起这个责任。

等他们到了目的地，父亲问他的三个儿子看到了什么。老大迅速回答说他看到了猎枪、骆驼，还有一望无际的沙漠。父亲摇了摇头。

老二说看到了爸爸、大哥、弟弟，猎枪、骆驼、还有一望无际的沙漠。父亲又摇摇头。

老三最后回答说："我只看到了骆驼。"父亲听完后，满意地笑了。

想一想，这个故事说明了什么问题？对你的职业定位有何启发？你的目标有没有受无关因素的影响而迷失？

（引自《101个影响职业发展的经典寓言》，学林出版社2005年版）

二、职业定位的方法

职业定位非常重要，那么大学生应如何找到自己的职业定位呢？①

（一）兴趣倾向定位

人的兴趣在职业活动中起着十分重要的作用。大学生确定择业方向时应考虑自己的兴趣因素，进行科学职业定位，选择合适的就业岗位。

（1）喜欢同具体事物打交道，而不喜欢与人打交道者，可以选择诸如制图、勘测、工程技术、建筑、机器制造、出纳、会计等工作岗位。

（2）喜欢与人交往，对销售、采访、传递信息一类活动感兴趣者，应该选择的工作岗位是记者、推销员、服务员、教师、行政管理人员等。

（3）喜欢有规律、有秩序的活动，习惯于在预先安排好的程序下工作的人，应该选择的工作岗位是图书管理、档案整理、办公室工作和打字、统计等。

（4）乐于助人，喜欢从事社会福利和助人工作的人，相应的工作岗位是律师、咨询员、

① 参见赵新娟《浅论大学生职业方向的正确定位》，《教育与职业》2008年第2期。

科技推广人员、医生、护士等。

（5）喜欢掌握一些权力，希望受到众人尊敬和获得声望的人，可考虑担任行政官员、企业管理人员、学校班主任、辅导员等。

（6）对人的行为举止和心理状态感兴趣，喜欢研究人的行为的人，适合从事的职业是心理学、政治学、人类学等研究工作及教育、行为管理等研究人和管理人的工作。

（7）喜欢从事科学技术事业，对分析、推理、测试等活动感兴趣的人，适合的职业应该是生物、化学、工程学、物理学、地质学等相关工作。

（8）喜欢抽象的创造性工作，或者喜欢独立工作，对自己的才能比较自信，擅长解决抽象问题的人，比较适合的工作是社会调查、经济分析、各类科学研究和化验、新产品开发等。

（9）对运用一定的技术操作各种机器、机械制造新产品等感兴趣的人，适合的工作应该是各种车辆驾驶员、机器制造、建筑、石油、煤炭开采等。

（10）喜欢从事具体的工作，希望能很快看到自己的劳动成果，愿意做能看得见、摸得着的产品制作工作，并从完成的产品中得到满足的人，相应的工作则是室内装饰、园林、美容、手工制作、机械维修等。

（二）能力倾向定位

根据能力倾向来分析自己的职业定位时，不仅要考虑到自己从事各类工作所需的一般能力状况，包括注意力、观察力、记忆力、想象力、逻辑思维能力等，还要考虑胜任某一职业要求的专业技能和特殊能力。例如从事工程技术工作，就需要有坚实的专业基础和较强的动手能力；从事技术管理工作，就需要较强的技术和经济观念，对新技术产品的敏感性和鉴别能力，以及周密的思维能力。

（三）性格倾向定位

由于人们从事的职业有各自不同的特点，因而对从业人员的性格特点也会有不同的要求。一般来说，开朗、活泼热情、温和的性格，比较适合从事外贸、涉外、文体、教育、服务以及其他与人交往较多的职业；多疑、好问、倔强的性格，比较适合于从事科研、治学方面的工作；深沉、严谨、认真的性格，比较适合做人事、行政、党务工作；而勇敢、沉着、果断与坚定是管理者所需要的。让一个人去从事与其性格不相适应的工作，其结果可能会因职业与性格特征不匹配而造成职业倦怠，甚至半途而废。因此，准确判断自己的性格特征并依此来确定自己的职业定位十分重要。

（四）价值观倾向定位

俗话说："人各有志"，当这个"志"表现在职业选择上的时候就是职业价值观。如果一个人追求的是自我价值的实现，那么他就会选择那种最能发挥自己特长的职业；如果一个人更看重名与利，那么他在选择职业时，就会优先考虑所选职业的地位和经济收入。

绝大多数人的职业价值观不是单一的，会同时追求几种或多种价值。人的有些价值观是很明显、清楚的，例如对金钱的重视或不重视。但更多的情况是，价值观随着个人主观的甚至是无法解释的情绪因素而变化。大学生要尽量认清自己的价值观，找到自己的动力源泉，明确自身职业定位。

【典型案例】

某高校国际贸易专业的毕业生，在毕业的时候想选择三种工作：一是去一家大公司做跨国业务，二是去一家企业做销售，三是留校做辅导员。怎样给自己定位呢？他给自己列了一个清单：

专业：国际贸易。

经验：曾经在一家小公司打工，做过业务员。

技能：善于沟通，但英语口语表达能力较弱。

个性：喜欢和人打交道，喜欢看到实效；乐于冒险，追求新意和挑战，有时耐性不足。

希望从事的工作：受人尊重、有自由度；能够和不同的人打交道；刚开始工资可以不高，但有发展空间，多劳多得。

父母希望自己有份稳定的工作，同学认为自己有能力接受挑战。

通过这样的比较，他认为自己应该定位在第二个选择。但是他又遇到另外一个问题：选择哪个行业，做哪种业务的销售呢？

于是他又列了一个清单：

大企业：管理规范，比较容易做，可以学到很多知识，但是自由度不大。

小企业：管理不太规范，工作富有挑战，拓展空间较大，提升快，但比较辛苦。

IT 业工作富有新意，有风险，待遇较高，未来可以在这个领域发展，但工作辛苦，未来不太好预测，稳定性不足。

医药业工作刚开始很难，但未来发展的道路比较清晰，可是自己不是医学专业，未来发展可能受限……

通过这个清单，这位毕业生认为：在 IT 业的中小企业做销售是自己的优先选择。因为对他来讲，发展空间小比工作辛苦和工作不稳定更难以接受。这位同学就是这样认识自己，从而做出职业定位的。

三、职业定位的策略

大学生的职业定位通常有四种策略：[1]

---

① 参见曹晖、莫利拉《大学生职业定位的原则、方法和策略初探》，《当代教育论坛》2005 年第 7 期。

（一）单一定位策略

单一定位策略是只考虑一种职业，而不考虑其他职业。如学工商管理的只把自己未来的工作定位于职业经理人，学市场营销的只定位于销售人员，学会计的只打算今后从事会计工作，学法律的只想今后做一名律师，学计算机的只选择计算机研究与软件开发工作等。

（二）双重定位策略

双重定位策略是同时考虑两种不同的职业，如学动物药学的，把自己未来的职业优先定位于动物药品的技术研究与开发，但同时也考虑从事动物药品的营销工作；学工商管理的既考虑企业管理工作，也考虑做销售工作；学环保工程的除了从事环保技术研究与开发外，还可以从事环保产品的销售、技术支持等。

（三）多重定位策略

多重定位策略是同时考虑三种以上的职业去向。如学社会工作的把自己的未来职业定位于在政府机关工作，在高校任教，或在企业专门从事市场调研、统计工作和秘书工作等。

（四）改变定位策略

改变定位策略是根据特定的市场机会或客观形势变化改变自己先前的定位。如有位学工商管理的大学生，开始时把自己的职业定位于企业管理培训师，后改为一般的销售人员，最后又因参加公务员考试被录取，选择进入政府机关做公务员。职业定位并非一成不变，特别是在大学生刚步入职场的职业生涯初期，可能会一次或数次改变或修订当初的职业定位，以适应新的社会变化，获得更好的生存和发展空间。

【扩展阅读】

大学生在进行职业选择的时候，应该包含以下几方面的内容：通过对自我兴趣、能力、性格、价值观的全面剖析，客观全面地认识自己；对照社会环境与就业形势，找到真正适合自己的职业方向，做好职业生涯规划，避免走弯路，顺利开启职业生涯的大门。

大学生进行职业定位、选择就业方向时，必须从客观实际出发，结合自身个性对不同的职业方向进行比较，对职业与自身的匹配进行充分论证，扬长避短，选择符合自己的特长和专业的、经过努力能够很快胜任的职业。另外，还要适时进行调整。正如管理大师彼得·德鲁克所说：你所做的工作选择是正确的概率大概是百万分之一。因此，必须经过大量的、不断的探索和调整，才能发现一条真正适合自己的职业发展道路。

第二节　大学生就业意向分析

一、大学生毕业选择

（一）就业时间选择

大学生毕业后的选择主要分为即时就业、延时就业两种情况。

1. 即时就业

即时就业，即大学生毕业后直接选择求职择业，走入社会。毕业生通过学校推荐，参加各种“供需见面，双向选择”，签订就业协议后就业，这是目前大多数毕业生的选择。

在当前严峻的就业形势下，毕业生即时就业也是自信和能力的表现。大学毕业生即时就业的好处很多。

一是回报国家、社会和家庭。国家、社会、家庭为大学生求学提供了必要条件，大学生完成学业后应以自己所学的知识回报国家、社会和家庭。大学生已经依靠家庭和社会十几年的经济支持来接受教育，掌握了为社会做贡献的知识和技能，毕业后应该尽快走上社会，自食其力，用所学本领为社会做出贡献。切莫因为“高不成、低不就”错失就业机会。

二是充分利用就业良机。用人单位在招聘人才时，一般会考虑应届毕业生。如果大学生毕业时有业不就或未能及时就业，错过了最佳的就业时机，等再次就业时，用人单位就容易对其能力等方面产生怀疑，从而影响毕业生顺利就业。

2. 延时就业

毕业生在当年毕业前夕，由于暂时未能找到一个满意的工作单位，或由于其他原因未签订就业协议，延后就业时间即视为延时就业。

造成延时就业的原因一般有以下几种：

一是毕业生自身定位不准。有些毕业生自身定位不准确，难以找到合适自己的就业岗位；有些条件较好的毕业生在择业时，脚踩几只船，不能及时调整就业期望值，以致错过最佳签约时机；有些毕业生不是从自身的特点和能力出发，而是与同学盲目攀比，好像不找到一个比别人更好的单位就不能实现自身的价值，结果错失良机；有些毕业生继续学习，参加培训、考研或出国留学。

【典型案例】

小张与小林是同一所大学的同窗好友，学习成绩难分伯仲，毕业后先后找到了工作。小张进了一家国企，小林则被一家大型私企录用了，可没过多久小林就有些心灰意冷了。原来，小张在国企做的是管理职位，工作相对轻松，薪酬也比较高，颇有发展前途。而小林在私企则是个普通员工，工作劳累不算，月薪比小张还低了不少。想到自己学历、能力与小张不相上下，心下竟生起了自己的窝囊气来。心态失衡的小林则选择了辞职，可奔波了近 3 个月，不仅没找到如意的工作，连生活也只能靠借钱维持。

点评：

小林的经历让人遗憾，盲目的攀比是造成这一状况的重要原因。所以，在就业过程中，每一位毕业生都应不断调整自己原有的不切实际的就业取向，不要与他人盲目攀比，特别是要去掉“面子”观念，使自己的心理定位与择业目标要求相适应，不要成为过分的理想主义者，而要培养脚踏实地、从小事做起的积极心态。

二是择业过程中受到挫折。有些大学生一旦遇到挫折就感到脸上不光彩，心里蒙上一层阴影，甚至心灰意冷，自暴自弃，一蹶不振，对就业采取消极态度。也有因病及其他客观原因造成延时就业的。择业本身就是一场竞争，竞争必然存在优胜劣汰。因此，在择业过程中遇到一些挫折是很正常的，毕业生对此必须要有充分的心理准备，不要因第一次择业未被录用就丧失信心，要抱着豁达乐观的态度，坚信“天生我材必有用”，及时总结经验教训，调整好心态面对新的就业机会。

（二）就业途径选择

大学生毕业后有当公务员、成为企事业员工、自主创业、考研深造等多种就业途径，呈现多元化趋势。

1. 作公务员

公务员，或公职人员，是现代社会中接受人民委托，管理公共事务的人。不管公务员范围如何界定，都有一个共同特点，即依法履行公职、有人员编制限制、由政府财政保证其工资和劳保福利。据有关数据显示，近几年，报考公务员的人数每年递增 20 万左右，竞争之激烈，除了体现在报考人数多、报考者学历高以外，还出现几百人甚至几千人争一个职位的现象。

但是，并非每个人都适合当公务员。相当一部分人在走上工作岗位后发现，由于个人性格以及对政府运作机制和规律的理解偏差，自己其实并不适合当公务员。从工作负荷和岗位职责看，政府机关的职位设置有一定标准，有比较明确的工作质量和数量的规定，工作并不轻松。随着《公务员法》的实施，各地都在逐步健全完善相关的规章制度，不断提高公务员的管理与服务本领、依法执政与行政水平。另一方面，公务员岗位尽管稳定性较高，但严格的绩效考核、健全的退出机制的建立，使公务员职业不再是打不破的“铁饭碗”。大学生不必都去挤公务员这个“独木桥”。

2. 作企事业单位员工

事业单位与企业单位的划分管理是我国特有的模式。企业单位是以盈利为目的独立核算的法人或非法人单位。它的特点是自收自支，通过成本核算，进行盈亏配比，通过自身的盈利解决自身的人员供养、社会服务、创造财富。企业单位的登记在工商行政管理部门进行。企业单位与职工签订劳动合同。

事业单位是以政府职能、公益服务为主要宗旨的一些公益性单位、非公益性职能部门等。它参与社会事务管理，履行管理和服务职能，宗旨是为社会服务，主要从事教育、科技、文化、卫生等活动。其上级部门多为政府行政主管部门或者政府职能部门，其行为依据有关法律，所做出的决定多具有强制力，其人员工资来源多为财政拨款。事业单位的登记在编制部门进行。事业单位与职工签订聘用合同。

选择企事业单位就业，特别是选择各类企业就业，是高校毕业生就业的主要选择。高校毕业生要根据自己的职业生涯规划，合理确定就业方向，做好就业的区域、行业、企业及岗位的定位。

3. 自主创业

我国目前正处于创业经济的活跃期，越来越多的大学毕业生加入到自主创业的大军中，成为创业洪流中的亮点。创业不是一个被动的“等、靠、要”的过程，而是主动地自我雇佣的过程，它已成为有愿望、有条件、有能力的青年人主动就业的积极选择。

大学生有人生追求的激情和梦想，然而理想和现实却总是存在着相当的差距，真正的创业之路必然是充满艰辛和曲折的。自主创业，不同于一般意义上的就业，创业是有风险的。但是，创业是主动的，就业则是被动的。年轻人开创的事业能否真正生存下去，并得到稳定经营和有效发展，是人们所关注的焦点。良好的心理素质、必备的专业知识技能和相应的经营管理知识，以及坚韧不拔和勇于奋斗的精神，是创业的首要条件。

4. 志愿服务西部

2003 年，国家开始实施大学生志愿服务西部计划。“鼓励青年知识分子到实践中去、到基层和艰苦地区去，经受磨炼，健康成长”；“引导大学生到西部去、到基层去、到祖国和人民最需要的地方去建功立业”；促进西部贫困地区教育、卫生、农技、扶贫等社会事业的发展；拓展大学生就业、创业的渠道；培养造就一大批既有现代科学文化知识、又有基层工作经验和强烈社会责任感的优秀青年人才；弘扬“奉献、友爱、互助、进步”的志愿精神，推动经济社会的全面发展。西部计划是大学毕业生走向基层的序幕，到西部去，对许多大学毕业生来说，是一种自觉的选择。对个人来说，西部的发展空间很大，到西部能找到个人发展和国家需要的结合点。

响应国家的倡导，每年有越来越多的大学毕业生选择了到祖国西部磨炼自己。到 2005 年为止，该计划已经选派了 24 929 名高校毕业生赴西部地区 300 多个贫困县的乡镇，开展每届 1～2 年的支教、支农、支医等志愿服务。

5. 立志服务基层

国家全面、大规模倡导高校毕业生到基层就业始于 2005 年，政府人事部门采取了很多措施拓宽毕业生到基层就业的渠道，主要有组织开展高校毕业生到农村基层支教、支农、支医和扶贫工作（三支一扶）活动，推进高校毕业生进村、进社区工作，建立待就业毕业生见习基地等。

随着毕业生人数的逐年增加，毕业生在大城市就业的形势越来越严峻，但广大基层对大学毕业生却求贤若渴。我国是农业大国，要想全面建设小康社会，首先应考虑的是对农村的投入和开发。没有一批有知识、有文化的青年作为农村的骨干力量是不行的。毕业生应充分认识到基层是年轻人成长的广阔舞台，应有志于服务基层，用自己的青春和知识建设社会主义新农村。

6. 提高学历层次

许多大学毕业生为了提高自身的就业竞争力，把考研作为首要选择。面对现实的就业形势，为了提高学历层次，有相当数量的本科毕业生选择了考研。他们认为由此可以获得更强的就业竞争力、更高的收入、更大的发展潜力、空间和机会。一句话，就是希望能够获得更大的人生发展主动权。

7. 出国留学

当今世界，和平与发展成为时代的主题，随着经济全球化发展趋势，国际合作领域将不断拓宽。随着我国经济的发展和国际化人才的大量需求，出国留学已成为越来越多毕业生的选择。

【扩展阅读】

一般而言，出国留学不仅能开阔视野，也能给自己提供一个学习新东西、新理论的机会。但出国留学要注意留学的意义和效果，如果盲目出国，不考虑留学的国家和专业，也没有想过留学对今后的职业生涯会产生什么样的影响，甚至抱着“只要能出去，哪里都可以，专业也不是十分在乎”的态度，这是十分不可取的。

留学同样需要规划。准备去留学的同学必须事先思考下列问题：将来回不回国？硕士毕业马上就回国还是在国外工作和生活一段时间后再回国？是否继续攻读博士学位？如果这些问题思考不深入，将来很可能会后悔今天的决定。

出国留学选择专业很重要。不要盲目选择专业，要注意考虑自己今后所要从事的职业。不要一味追求热门专业，这样会使学习困难重重。要选择自己喜欢的以及与自己今后从事的工作对口的专业，这样就能使自己少走弯路。毕竟，毕业生的就业机会与他们在毕业之前的工作经验以及他们在学校所选择的专业密切相关，西方发达国家的企业更强调应聘者的工作经历和所读专业的优势。

二、大学生就业意向的特点

高校毕业生的就业意向主要呈现以下特点：

1. 就业单位选择

基于当前的就业形势和我国的社会经济发展，毕业生在就业单位的选择上呈现多元化。这种现象产生的原因在于大学毕业生的人才特点和竞争优势，以及社会人才的多元化需求。毕业生一般不再注重就业单位的性质，只要有发展潜力，国家机关、事业单位、外资企业、民营企业、自由职业等，都应去尝试和争取。

2. 就业行业选择

目前，高校所设置的专业大部分都是符合区域经济发展需求、具有一定操作性的应用型专业。就业选择时，大部分同学可以选择从事与本专业对口的工作，根据自己的专业技能，获得适合自己的岗位。而对口的用人单位也喜欢招收应用型院校的毕业生，因为这些学生只需通过简单培训，即可胜任岗位工作。

虽然如此，我们也要摒弃专业与岗位“绝对匹配”的择业观念，因为能找到专业对口的工作或者岗位固然好，如果找不到，也大可不必灰心，因为专业对口只是充分条件，而不是必要条件。大学学的是知识和方法，只要能发挥自己的聪明才智，不一定非要从事专业严格对口的工作。

3. 就业区域选择

部分毕业生在选择就业区域的时候，存在着“唯东部、沿海、发达地区不可”的倾向，都希望选择大中城市，而忽略了西部或者农村地区。其实在欠发达的中西部地区，发展潜力和发挥空间更大，同时这些地区对人才的需求也更加旺盛。

基层是大学毕业生建功立业的大好舞台，国家也制定了一系列的引导基层就业的优惠政策，如“三支一扶计划”、“大学生村官工程”、“大学生志愿服务西部计划”等。大学生应该积极响应国家的号召，去基层就业，实现自己的职业生涯目标。

4. 薪酬待遇选择

薪酬待遇方面，大学毕业生的期望值整体上符合社会的实际情况。但仍有部分同学就业期望值过高，目标放在大企业、薪酬福利好的行业，却往往忽略了自身实力和自身适合的职业定位，从而导致择业失败。正确的选择是先走上适合自己发展的工作岗位，通过自己的拼搏和努力获得较高的薪水和待遇。

5. 就业岗位选择

毕业生就业选择何种岗位，主要取决于自身愿望、资源条件和岗位胜任素质与能力要求。这就要求毕业生对自我的素质和能力有清晰的认识，对具体岗位的职责、任职条件和要求、职业发展路径等有深入的了解。

【典型案例】

黄某和林某是信息管理专业2007届的同学。黄某是一个个性张扬、自信的女孩，林某是一个做事谨慎、性格沉稳的女孩。工作以后，黄某非大单位不去，并常常根据单位名气的大小变换着自己的工作单位；而林某则一心一意在自己的工作岗位上做着自己的平凡工作。

当黄某换了好几个工作单位时，林某在自己的工作岗位上已经做出不平凡的成绩，被提拔为部门副经理。林某一直都在劝说黄某，让她踏踏实实地做好每一份工作，不要这山望着那山高，如浮萍似的，自己没有根基。

后来，多次跳槽的黄某终于从自己的经历中醒悟过来，当林某的单位再次招聘新人时，她去应聘，立志从小事做起，并主动让林某监督她以后的工作，一起进步。

点评：

第一次求职的大学生切忌一味追求知名公司、大型企业。找工作的关键在于找到适合自己的位置，脚踏实地，走一条适合自己发展的路，切忌这山望着那山高，在生活中失去自我。

三、就业企业的对比分析

（一）不同企业类型的比较

不同企业类型的文化是不同的，相应的工作环境与职场发展路径也不一样，不同类型企业的优势和劣势比较分析见表 2-1。在求职时，可以根据企业类型的不同特点确定不同的求职策略。

表 2-1 不同企业类型的优劣势比较

企业类型	相对优势	相对劣势
国有企业	1. 工作相对轻松，工作压力较小 2. 管理规定有一定“弹性”，竞争不那么残酷 3. 论资排辈，为此同级职工之间少有摩擦，关系较为融洽 4. 职工享有较多福利、假期 5. 没有太多的后顾之忧	1. 职位升迁有时会更重资历，而非能力，升职发展相对缓慢，模式相对固定 2. 工作效率不高 3. 存在近亲繁殖、任人唯亲的弊端 4. 企业认同感不强 5. 赏罚机制不健全
外资企业	1. 成就感和优越感强 2. 拥有成熟规范的职业生涯管理系统，注重沟通、员工福利和培训 3. 晋升机制相对透明公平	1. 工作强度大，竞争激烈，缺少个人生活 2. 规范化、流程化，抹杀个性 3. “贫富差距”较大

续表

企业类型	相对优势	相对劣势
民营企业	1. 对环境反应灵敏，发展潜力大 2. 发展机会多，发挥空间大 3. 升迁路径相对透明 4. 办公室政治较少，团队合作相对单纯而愉快	1. 职业发展稳定性较差 2. 企业自身的规模和市场地位有局限 3. 管理不够规范，培训体系不完善 4. 企业的薪资管理以及员工福利保障可能不够规范公平

选择企业类型时，要注意以下几点：

1. 根据个人目标选择企业

如果个人有明确的目标，可以依照企业类型对目标的支持程度和作用大小来确定；如果个人还没有明确的职业目标，可以结合个人的爱好、主观倾向去选择。

2. 根据企业类型文化来选择企业

每个企业类型的文化是不同的，结合个人的偏好、需要，就可以确定企业类型的选择。如国企竞争压力小，赏罚机制不健全；三资企业工作强度大，竞争激烈；民企的薪资管理以及员工福利保障不够规范等。

3. 根据个人发展空间来选择企业

在一些国有企业中，职位升迁往往会论资排辈，而较少注重能力，升职过程相对漫长，模式相对固定。外企的个人职位升迁有一定瓶颈，可能到一定高度就会停滞；而民企的限制较少，个人能力强、业绩好，升迁相对容易。

4. 根据个人当前综合情况而选择企业

选择企业类型，还要结合个人当前的能力特点，视实力而定。比如，进国企往往需要人脉关系，进外企需要较强的语言技巧和工作技能。

（二）企业规模的对比

1. 大公司有利新人成长

作为一个新人，在大公司接受严格、规范和科学的管理，对自己的个人成长是很有益处的。

在大公司里，企业的分工很细，每个人都在相应岗位上履行着相应的职责。大公司运作大项目的机会较多，大项目一般需要不同部门不同岗位的人共同合作。参与大项目的运作管理，有助于快速培养团队精神和沟通技能。

大型企业的工作经历有助于养成良好的工作习惯、培养专业化的岗位技能、养成职业化的职场心态和拓宽个人视野。

2. 做主角要去中小企业

大学生在求职择业时，不要只瞄准大公司、大企业，有些中小企业的发展机会可能更有助于实现自己的梦想。事实上，公司规模的大小与个人的发展机会并不总成正比。有些优秀的中小企业更有助于经验积累和技能锻炼，可为日后的发展打下坚实的基础。

一般来说，中小企业的制度不够规范、细致。因此，每个岗位所承担的职责较多，也相对笼统。中小企业往往要求员工成为全才、多面手、身兼数职。对员工来说，这样必然会促进个人的多方面经验成长和能力提升，获得更多实操技能。

中小企业在日常管理方面不够完善，因此对员工的管理和限制也较小，企业为员工提供独立实践的机会较多。通常，在小企业里，每个人都是主角。

经过中小企业历练的人才，往往会成长为最受企业欢迎的复合型人才。有中小企业工作经历的人自主创业，相对那些在大公司只从事单一岗位的专项人才来说，创业成功率较高。

【扩展阅读】

好公司的八条标准

以下是八条评判企业的标准，目标企业只要符合其中任何一条（符合越多就越完美），那么就值得为该企业工作。这八条标准是：

第一，不在于是否有出国培训机会，而在于培训是否能让你有锻炼的机会，能否弥补你致命的职业短板；

第二，不在乎你是否犯错，而在乎公司能否教会你不犯同样的错；

第三，不在于企业是否是世界500强，而在于你再一次选择工作时，此次的工作经历能否为你的履历加分；

第四，不在于能学到圆滑世故的处世方式，而在于有一个相对简单的人际关系能让你专心做事；

第五，不在于这份工作本身是否趣味无穷，而在于它是否能让你感受到工作激情并勇于向自我挑战；

第六，不在于能否让你立刻赚到很多钱，而在于能否让你学到可以赚钱的本领；

第七，不在于你能通过这份工作结识多少达官显贵，而在于通过这份工作能积累工作人脉，学会与人打交道的方式；

第八，不在于工作环境是否足够奢华，而在于工作氛围是否舒服，并得到应有的尊重和心灵自由。

第三节 大学生就业准备

大学生活是个人职业生涯的准备阶段。在大学阶段，大学生通过学习，掌握了自己的专业知识和职业技能，为将来的职业发展打下了基础。在准备毕业求职时，盘点好自己的大学生活和各种就业资源，为顺利就业做好铺垫。

一、盘点大学生活

（一）学业

大学教育是分科教育，专业学习，主要发展学生的专业知识和专业技能。在这个教育过程中，重点培养专业思维，从而形成未来的职业知识、职业技能和职业意识。除此以外，专业学习的过程还是大学生获得通用知识和通用技能的过程，这些知识技能对于提高大学生在相关职业中的竞争力和适应未来职场新环境至关重要。因此，盘点学业，即盘点学了什么课程，每个课程给自己带来什么，有哪些作用，与企业实际需要和岗位胜任资格之间的契合度有多大等等，将有助于重新审视自己的求职目标，调整就业心态。

（二）社会实践

参加社会活动，是大学生获得工作经验、提升素质和能力的主要途径。大学生盘点一下大学期间所参加的社会实践活动，包括课外的兼职、实习等，盘点在这些活动中自己的经历，做了什么，做到了什么，做成了什么，有哪些失败，怎样做更好，为什么那么做等，有助于增加就业自信，为润色求职简历增加素材。在盘点过程中，将相同的、重复的社会实践总结提炼成相应的职业能力，由此可以总结出个人的素质能力和核心竞争力，发现自身的缺点和不足，客观地评价自己。

（三）技能

任何职业活动都需要具备一定的技能。其中包括专业技能，即通过专业的学习和训练获得的技能；还有通用技能，比如人际交往的技能、沟通技能、自我管理、领导组织能力等。这些技能的获得，不仅需要从专业教育中获得，更需要通过不同形式的社会实践活动得到提升。在求职过程中，用人单位很注重考察毕业生参与社会实践活动方面的表现，以判断毕业生是否具备胜任工作岗位必需的一些技能。盘点一下自己拥有的各项技能，并清晰描述出所掌握技能的水平和达到的程度，是做好求职面试的关键所在。

（四）人脉

人脉就是机会。拥有一个庞大、高质量的人脉关系网络，无论是求职，还是以后的职业生涯发展都将受益无穷。在求职时，既可以利用人脉获得可靠、准确的就业信息，又可以作为咨询顾问，解决遇到的各种难题。在就业前盘点一下自己在大学中建立的各种人脉网络，找出自己的生涯发展的贵人，是非常有用的策略。大学毕业生可以根据关系远近和对自己求职、人生发展的重要性进行分类，盘点可能对自己有帮助的同学、师长、校友、亲戚、活动中结识的朋友等，为步入职场和社会做好资源准备。

二、盘点职场通行证

当前，随着经济社会的加速发展，社会分工越来越细，职业的专业化越来越强，不同职业要求有不同的职业从业资格证书，如教师资格证书、人力资源资格证、报关员证书、调音师证书、国家司法考试证书、导游资格证书等。

对于大学生来说，职场通行证最重要的是双证：毕业证和职业资格证。另外实习见习证书也是竞争制胜的法宝，可以证明实践经验及工作技能。英语和计算机证书也可以为求职就业增加砝码。

（一）职业资格证

职业资格，是对从事某一职业必须具备的职业劳动知识、操作技术和其他能力的基本要求。职业资格可以分为从业资格和执业资格两类。从业资格是指从事某一专业（工种）应具备的学识、技术和能力的起点标准；执业资格是指政府对某些责任较大、社会通用性强、关系公共利益较强的专业（工种）实行准入资格的控制，是依法独立开业或从事某一特定专业（工种）学识、技术和能力的标准。

职业资格证书，是劳动者具有从事某种职业必备的常识、技术、能力的证明，是一种社会评价制度。政府劳动和社会保障部门、人事部门、其他部门（如财政部、司法部），或由其委托的部门，通过学历认定、资格考试、专家评定、职业技能鉴定等方式对申请人进行考核，合格后颁发“职业资格证书”。求职者若持有“职业资格证书”，就证明他能够胜任某一职业，这就为用人单位提供了可靠的参考依据，也为求职者确定职业生涯目标和制订专业学习计划，提供较好的方向性参考。

我国国家职业资格通常分五个等级，即：五级（初级）、四级（中级）、三级（高级）、二级（技师）、一级（高级技师），各级都有其相应的技术能力的要求标准。高职生可直接参加三级或四级的考试，成绩合格获得证书。如果从事特殊工种岗位还需取得执业资格。

目前，我国实行执业资格证书制度的职业主要有：注册税务师、注册资产评估师、价格鉴证师、建筑监理工程师、注册结构工程师、注册建筑师、注册城市规划师、执业药师、执业医师、企业法律顾问、造价工程师、统计师、审计师、经济师、计算机软件人员、国际商务人员、珠宝鉴定师、注册会计师、律师、心理咨询人员、人力资源管理师等。

（二）实习见习证书

当我们在参加社会实践或公司实习时，公司所开具的实习、见习证书是可以证明我们具有工作经验的。这些证书中的评价，是对自我优势的最好展示。因此，盘点一下自己的社会实践，找到相应的实习见习单位，让其出具书面证明，丰富自己的求职资料，将有助于求职成功。

（三）计算机水平等级证书

当今是信息化社会，要求职业人必须具备一定的信息素养才能胜任工作。而计算机等级考试，是衡量大学生信息素养的国家标准。盘点一下自己在校期间获得的办公自动化、计算机水平证书等，是很必要的。

（四）英语等级证书

相当多的企业在招聘大学毕业生时，要求大学生有英语证书，以考查其语言能力。因此，在毕业前考取一定级别的英语证书，是求职择业的重要条件。

一般英语和计算机等通用等级证书是大学生必须取得的，这些类型证书的考取往往贯穿整个大学学习过程。职业资格证书则应根据自己所确定的目标职业的要求而定，并不是越多越好。

三、验证你的毕业选择

（一）分析毕业出路

1. 评估毕业选择的可能结果

信息不全面、不准确就会导致决策失误。如果对毕业选择后可能出现的结果没有充分的预估，就会出现后悔当初的选择或面临重新选择的可能。

确定了毕业选择之后，应尽可能多方调研，透彻分析其风险和困难，判断可行性有多大。通过调研和分析，可以初步判断当前毕业选择可能的结果。通过比较各种选择的最优结果和最差结果，结合自身水平和条件，就可以知道哪种选择最佳。

需注意的是，每个选择都有其价值和意义，对于个人而言，最重要的是选择适合你个性的职业。评估毕业选择，不但要考虑主观因素，如自己的性格、兴趣、专业优势和价值判断等，还要考虑各种客观因素，如社会需求、发展潜力、竞争状况、长期影响等。

2. 量化评估自己的毕业选择

如果能把各种毕业选择以量化的方式进行评估，那么选择的科学性和成功概率将大大增加。毕业选择的量化评估，通常细分为三个维度：时间、标准和手段。

（1）时间。通过量化分析毕业选择的实现时间，可以评估毕业选择的现实可行性。比如，毕业选择继续深造，可以把考试日期为参照，标定出当前日期与考试日期之间的时间段。然后根据考试要求和科目多少，制定出考试准备的量化的阶段目标。通过分析实现每个时间段的小目标的可能性，从而评估该毕业选择是否可行。如果时间不允许或时间紧迫，那么自己的策略和方向就需要做相应的调整。

（2）标准。量化毕业选择实现的标准，是评估毕业选择是否合适的关键因素。比如，毕业选择是直接就业，那么就业成功的标准就可以量化，具体标准应包括行业、地点、就业单位、职位名称、薪酬、入职时间等指标。根据标准的指标体系，就可以通过量化方法来逐一验证毕业选择的成功可能。

（3）手段。这是指实现该毕业选择而采取的行动方案和策略。比如，毕业选择是找一份工作，就可以通过量化实现该目标的手段来验证毕业选择的正确性。毕业生找工作的手段和途径通常包括参加招聘会、网上求职、校园招聘和人际推荐等方面。进一步量化每个手段，比如参加招聘会，要量化到毕业离校前有多少场招聘会可以参加，每场招聘会的时间、地点和特点，参加招聘会前需要做哪些准备，参加招聘会后需要做哪些总结等。没有或只有很少实现手段的毕业选择是很难顺利实现的。每个实现手段量化的程度，决定了实现毕业选择的把握程度。在实现毕业选择的过程中，采取多种手段和途径，适时修正行动策略，是实现毕业选择的重要因素。

3. 体验自己的毕业选择

实际体验毕业选择的方式，是验证选择正确与否的最佳途径。实践是检验真理的唯一标准，任何选择均要通过实习、实践的验证过程，才能最终判定毕业选择是否适合自己。毕业生在体验过程中，通过直观感受和理性分析，经过一段时间，就可以得出结论。

（二）明确差距，做好准备

1. 毕业选择差距分析

理论上的调研和实际上的体验都可以帮助大学毕业生找到自己和毕业选择之间的差距，这些差距就是阻碍毕业生实现毕业选择的主要因素。

毕业生首先要澄清到底是什么在阻碍自己，然后判断这个因素是可以通过努力改变和达到的吗？如此将毕业选择的各个因素进行逐一判断，如果是肯定多于否定，就可以通过努力接近毕业选择的目标了。

2. 毕业选择补充策略

明确自己和毕业选择的差距之后，还要制定一个补充策略。要考虑自己的时间和条件，并且要协调很多资源。可执行是制定补充策略的第一要求。制定的策略不要太高于自己的能力，否则会带来挫败感，影响执行。

实践练习

1. 我的就业目标定位是：

(1) 职业/职位：________________________________；

(2) 行业：____________________________________；

(3) 组织：____________________________________；

(4) 地域：____________________________________；

(5) 目前可以选择的是：________________，我还想通过努力达到的是：________________。

2. 就业可行途径和策略：

(1) 达到上述就业目标，我的策略是：____；

(2) 资源和条件保障是：________________________________；

(3) 我的应急措施有：________________________________。

案例思考

小林是某大学的2009届毕业生，他回忆了自己进入大四后的艰难选择。他先是想出国留学，但又觉得保研省时省力，因此放弃了出国的打算。大四参加了学校的创业计划大赛，同学的激情感染了他。他说："参加这次活动就像打开了一扇窗，我面前呈现出了一种以前不曾留意过的生活方式。"于是，他决定自主创业。然而，与父母商量后，"加上几乎所有认识的长辈都希望我继续读书"，因而他又回到读研之路。但之后他又觉得参加工作可以"很快得到收入，在公司中可以积累经验，为未来晋升打下良好基础"，便再次犹豫。这样，一波三折的几次长时间徘徊，使自己无法专一地学习和从事准备活动。经过反复考虑，依据对自己"能力、爱好、优势、劣势"的分析，才最终选定读研之路。类似的情况，在毕业生中时常出现，难怪许多毕业生说"最痛苦的是选择"。

思考并讨论分析以下问题：

1. 阅读上述案例，你对职业方向选择有什么看法？

2. 大学生在面对职业选择时，常遇到的问题有哪些？

3. 大学生应该如何及时找准自己的职业定位？

第三章
大学生求职与择业技能

本章要点

求职技能贯穿于大学生求职的全过程，包括心理调适、资料准备、面试与笔试、求职礼仪等内容。求职，是一个过五关斩六将，得到用人单位的青睐，最终“登堂入室”的过程。因此，娴熟的求职技巧、深厚的求职技能是实现成功就业的不二法门。

本章系统阐述毕业生在求职过程应注意的方方面面，既包括方法步骤，也包含细节要点，有很强的实用性和操作性。大学生对照本章的内容，检查和改进自身求职准备中的问题和不足，通过针对性的调整和修改，将为成功就业增添筹码。

学习目标

通过本章的学习，大学生应当在态度、知识和技能三个层面达到以下目标：

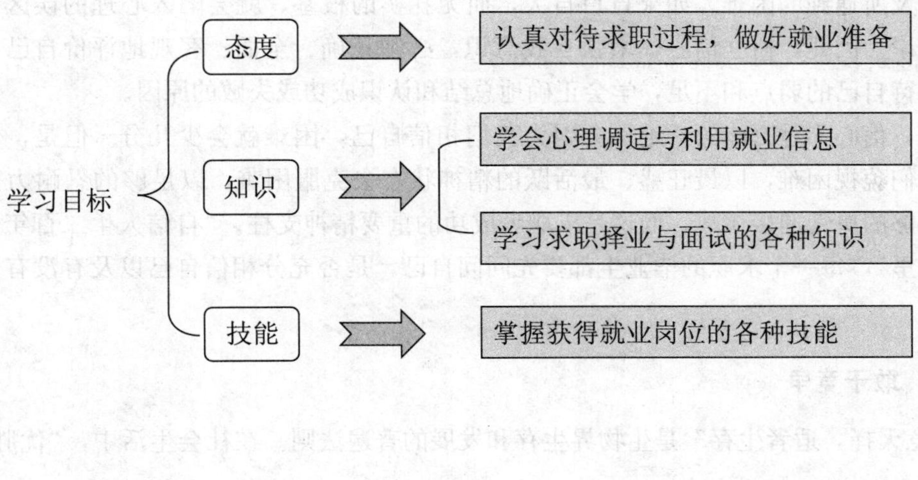

第一节 大学生求职择业心理

一、就业前的心理准备

就业心理准备，是指求职者在就业前对求职择业过程中可能发生的各种情况所做的估计和评价，以及为了解决这些问题而建立某种思想观念和强化某些心理品质的心理活动过程。良好的心理准备是一种平衡器，它可以使求职者心理平衡并迅速地帮其找回重心，可以使求职者坦然地面对各种择业机会并能充分发挥自己的聪明才智和能力，达到猝然临之而不惧，无故加之而不惊的境界。可以说，求职的心理准备是走向成功的基石。

面对严峻的就业形势，作为求职者的大学毕业生最重要的心理准备是什么呢？就是要有健康的心理准备，增强自信，敢于竞争。

（一）增强自信

自信，是对自己的实力有充分的估计和坚定的信心。增强自信是择业成功的重要因素，也是大学毕业生重要的心理素质。常言道："天生我材必有用"，就是讲的自信问题。对任何人来说，只有相信"我一定行"，相信自己的实力，相信自己的水平，相信自己能干一番事业，才会热情地、努力地投身到事业中去。一个求职者，只有坚信有实力能胜任某项工作，才能表现出坚定的态度和从容不迫的风度，才能赢得用人单位的赏识和信任。而缺乏自信或自信心不足的人则常表现出过分自责，常常因为一点小的挫折而过分自卑；或盲目羡慕别人，忽略自己的长处，拿自己的短处与别人的长处比，自暴自弃；或自尊心太强，置身陌生人之中不知所措。这些都不利于自我推荐。

在心理上增强自信，对求职谋业的毕业生是十分重要的。J. F. 克拉克说得好："自信的人力量大，怀疑的人力量弱。强烈的信念远胜于盛大的行动。"信心与自负、狂妄是有原则区别的，区别就在于是否正确地估量自己、是否正确地认识现实、是否正确地认识和估量环境以及所遇到的困难。如果盲目自大，而无扎实的根基，就会陷入心理的误区，远离成功的彼岸。因此，树立信心，增强自我意识，必须正确、全面、客观地评价自己，学会正确地看待自己的弱点和不足，学会正确地总结和认识成功或失败的原因。

当然，信心不是万能的。绝不会因为我们相信自己，困难就会少几分。但是，信心将会帮助我们藐视困难，以最旺盛、最活跃的精神状态去克服困难，以足够的忍耐力面对挫折，以足够的勇气迎接挑战，而这是求职者成功的重要精神支柱。"自信人生二百年，会当水击三千里"，每一个求职的毕业生都要先问问自己，是否充分相信自己以及有没有信心求职成功。

（二）敢于竞争

"物竞天择，适者生存"是生物界生存和发展的普遍法则。在社会生活中，"优胜劣汰"

已逐渐成为历史发展的主要趋势。竞争是在优胜劣汰这一自然法则面前，各种事物对生存权利和发展优势的争夺。竞争必然给人造成巨大压力，任何置身于竞争环境中的人，总要争取优胜，避免被淘汰。正是由此产生的危机感，推动人们不断进取，不敢怠惰。这种竞争可以发扬人们的自强、自立、自主的精神，调动人的内在潜力，增强工作和社会活动的能力。对于即将毕业或已经毕业正在谋职的大学生来说，必须强化自己的竞争意识，崇尚竞争、敢于竞争。

鲁迅先生有一句话很切合大学毕业生的实际，他说："我们目下的当务之急，是一要生存，二要温饱，三要发展。"这三者都与竞争有关。所以，对毕业生和广大求职者来说，竞争又是推动他们积极进行职业准备、求职择业和自觉提高职业素质的重要动力，只有通过竞争，"方显英雄本色"。

市场经济就是竞争性经济，竞争已成为社会生活的普通法则。职业竞争是重要的竞争之一。随着劳动力市场的全面放开，优胜劣汰作为职业竞争的法则，必然给强者带来机遇，使弱者面临危机。百舸争流勇者胜，要想在就业竞争中取胜，就必须克服焦虑、自卑、怯懦、优柔寡断等心理障碍，敢于竞争，大胆地与竞争对手一比高低。

【扩展阅读】

敢于竞争，首先应有明确的人生信念和追求目标，并为自己的信念和追求目标奋斗不息，不为一时的困难和失败所吓倒，不为压力和风险所动摇。

敢于竞争，就要有足够的自信。在了解用人单位的要求后，只要自己符合条件，就应相信自己能够胜任它，并大胆地接受挑选。

敢于竞争，就要有"敢为天下先"的精神。积极主动，当仁不让。罗尔斯在《你的降落伞是什么颜色?》一书中说："在这场竞争最好职位的比赛中，胜利往往并不属于那些强有力的人，而是属于那些积极主动、坚持不懈并懂得如何求职的人。"

敢于竞争，就要扬长避短。要从实际出发，对自己所处的环境，对自己的能力结构、专业特长、性格气质、兴趣爱好、适合什么工作等进行具体分析和评价，扬长避短，先声夺人。

敢于竞争，就要机智果断。既要有强力的竞争意识，又要有明达的理智，在瞬息万变的人才市场竞争中，要敏锐地捕捉就业信息，适时调整就业方向，果断进行决策。

敢于竞争，就要走出狭小的交际圈。市场经济具有开放性，这就要求求职者有开阔的视野，宽广的交际范围，和谐的人际关系，具备坦诚、热情、乐观、豁达、长于合作的良好心理品质。

敢于竞争，还要有经受挫折的心理准备和承受力。竞争往往是成功与失败并存。在求职竞争中失败在所难免，但只要正确对待，调节期望值，就会成为竞争中的强者。

从某种意义上说，人生就是一场竞争。对即将开始职业生涯的求职者，应该正视现实，抓住机遇，扬起理想的风帆，在竞争的激流中奋力拼搏，“不经历风雨，怎能见彩虹”。每一位大学生都应坚定信心，不断进取，用最美妙、最华丽、最精彩的画笔描绘出灿烂而辉煌的职业生涯。

二、择业常见心理问题及其调试

（一）焦躁心理的调适

要克服焦虑、急躁的心理，就需要增强竞争意识。确立了竞争意识，就不要怕风险和挫折，焦虑的心理必定能得到缓解或克服。同时，还应克服自己择业心切、急于求成的思想，否则择业失败体验又会强化沮丧和焦虑的情绪，因此要客观地分析自己，合理地设计求职目标，不盲目与他人攀比，更不应有从众心理，尽量减少挫折感，这样也会减轻焦虑的程度。此外，还可以采用合理的情绪宣泄和放松的方法来减轻焦虑。但是，宣泄一定要注意场合、身份、气氛，注意适度，这种宣泄应是无破坏性的。

【扩展阅读】

冥想放松法

通过发挥自我想象和自我暗示的能力，来达到放松的目的。

具体做法：

（1）找一件真实的物件，例如橘子；凝视手中的橘子，反复仔细地观察它的形状、颜色、纹理、脉络；然后用手触摸它的表面质地，看是光滑还是粗糙；再闻闻它有什么气味。

（2）闭上眼睛，回忆或回味这个橘子都给你留下了哪些印象。

（3）放松肌肉，排除杂念，想象自己钻进了橘子里。那么，里面是什么样子？你感觉到了什么？里面的颜色和外边的颜色一样吗？然后再假想你尝了这个橘子，记住它的滋味。

（4）想象自己走出了橘子的内部，恢复了原样。记住刚才橘子里面所看到的、尝到的和感觉到的一切，然后做深呼吸5遍，慢慢数5下，睁开眼睛，你会感到头脑轻松、清爽。

（二）自卑心理的调适

正如一句名言所说：“你之所以感到巨人高不可攀，只是因为自己跪着，不信你站起来试一试，你一定能发现，自己并不比别人矮一截。许多事情别人能做到的，你经过努力一样能做到。”因此，要消除自卑心理，至关重要的是要能够正确地评价自己，纠正过低的自我评价。

【扩展阅读】

克服自卑心理的方法

1. 优点列举法。列举自己的诸多优点，然后请同学和父母帮你写出“同学眼中的我的优点”、“父母眼中的我的优点”，综合后最大限度地挖掘自己实际存在的优点和优势。

2. 能力展示法。要克服自卑感，还必须学会恰如其分地表现自己的才能。比如，学会如何平静地与人交谈，如何接近陌生人，如何同别人握手寒暄，如何进行开场白，如何使谈话继续和终止等技巧。

3. 自我暗示法。在就业时暗示自己，不要计较别人的议论。失败、成功都是自己的事，无需担心他人的议论；在应聘中暗示自己，如果此次面试不行，还会有下一个机会，这个单位不录，还有其他的单位在等着自己；在面试场上要暗示自己，面试无非是一场谈话，尽量使自己放松。

4. 成功体验积累法。可以多参加社会实践活动、实习观摩活动的组织等，通过丰富的体验获得成功的愉悦，激励自我不断发现自己的能力，提高自信心。

(三) 自大心理的调适

大学生求职时不能没有自信，但是自信过了头，就成了自负。自负的人不能客观看待自己的优势，夸大了自己的优势，因此当心目中的高目标不能得到满足时，便会产生失望、受挫的心理。克服盲目自信的核心是正确认识和评价自我。

【扩展阅读】

自大心理调适方法

1. 社会比较。首先，要将自己与社会上其他人作比较，要通过社会上其他人对自己的态度来认识自己。如果一个人对自己的评价与他所获得的各种比较信息基本一致，那就基本可以认为他的自我认识发展比较好，比较客观；如果不一致，差距太大甚至相反，那就表明他的自我认识发展不好，不够客观，缺乏自知之明。

2. 自我静思，也叫自我反省。通过反省应当明确自己的专业发展方向是什么，自己的优势和劣势是什么，自己的爱好特点是什么，自己的性格气质是什么，自己最适合干什么工作，等等，使自己在择业过程中处于积极主动的位置。

3. 心理测验。大学生可以根据自己的需要选择质量可靠的心理测验，如能力测验、人格测验、兴趣测验等，对自己的能力倾向、兴趣和性格作一个客观评估，以帮助自己正确认识和评价自我。

（四）依赖心理的调适

依赖他人的帮助，毕业生有可能也会找到一份好工作，但是从长远来说，依赖的心理对毕业生的社会适应是有害的，因为依赖的习惯会使人逐渐丧失自信、失去自我，不相信通过自己的努力会达成自己想要的目标。在当今竞争激烈的社会，自信心、自我效能感（相信通过自己的努力可以完成任务的自信程度）对于一个人的成功越来越重要。

要克服依赖心理，一方面，要充分认识到依赖心理的危害，提高自己的动手能力，不要什么事情都指望别人，遇到问题要做出自己的选择和判断，加强自主性和创造性，学会独立思考问题；另一方面，要在生活中树立行动的勇气，自己能做的事一定要自己做，自己没做过的事要锻炼做，通过行动上不断累积的成功来强化自己动手的习惯。

（五）从众心理的调适

适度的从众即认为多数人的行为和意见是正确的而怀疑自己的判断，在一定程度上有助于人们遵从一定的规范，形成一致的行为，完成群体目标。但它的消极影响不容忽视，因为它倾向于形成标准统一的行为模式，排斥与众不同，因此，有时会压抑人们的创新精神，也不利于人们个性的发展。

在就业问题上，克服从众心理从根本上说还是要认清自我，了解自己的价值观，弄清自己的条件（优势和劣势），摆正自己的位置，根据自己的实际情况，形成一种脚踏实地的务实态度，而不是盲目随大流；其次，克服从众心理需要适当表现自己，跨越“从众”的矮墙，告别平庸，走向卓越。

（六）自责心理的调适

要克服挫折感和自责感，毕业生首先要学会积极的思维方式，学会将思维中的负性词语改为积极性词语。例如，将“我觉得很无奈，又失败了”改为“除了努力我没什么更有价值的事情做”；将“我为什么这么痛苦”改为“为了解决问题，我现在可以做什么”，“我怎样想和怎样做才最有利于问题的解决”。其次，毕业生的求职目标应保持一定的灵活性。例如，在正确了解职业要求和自己特长的基础上，制定一个分为高中低三个档次的求职目标，适时调整求职目标，然后有针对性地投放简历和参加招聘会。

（七）嫉妒心理的调适

要克服嫉妒心理，最好的方法是提高自己的能力。有这样一个故事：一位老师在地上画了一根直横线，问他的学生：“你怎样才能把这根线变短呢?”学生用手把线擦掉了一部分。老师摇了摇头，在旁边又画了根更长的线，说：“与这根线相比，刚才那根线就变短了。做人也如此啊!”学生明白了老师的用意，从此改掉了喜欢嫉妒别人的毛病。由此可见，要使自己比别人“长”，最好的办法不是把别人“擦短”，而是让自己更“长”。

其次，克服嫉妒还要学会与人协作。一个人的能力总是有限的，别人的长处你也不可能使自己全都具备。所以，有的时候你应该承认自己技不如人，在向他人学习的同时应该学会与人协作。

最后，克服嫉妒心理需要树立正确的竞争观，化嫉妒为动力。一个人在嫉妒别人时，总是注意别人的优点，却不能注意自己比别人强的地方。如果有意识地想一想自己比对方强的地方，就会使自己失衡的心理天平重新恢复到平衡的状态。总之，对别人产生了嫉妒并不可怕，关键要看能不能正视嫉妒，能不能升华这种嫉妒，把嫉妒转化为成功的动力。

【扩展阅读】

积极心态的养成方法

一、按照心中的榜样行动

如果一个人暂时没有积极的心态，不要消极地等待有了一个好的心态后再去行动，而是先按照一个心中的榜样去行动，照着榜样的样子去做。有了积极的行动，必然反过来促使积极心态的形成。要知道，心态是紧跟行动的。

二、怀着必胜的信心行动

心存疑虑，必然失败，相信胜利，方能成功。相信自己能克服困难的人，在他（她）身上必然会产生强大的必胜的力量。

三、学会称赞别人

莎士比亚曾讲过这样一句话："赞美是照在人心灵上的一缕阳光，没有阳光，我们就不能生长。"当然我们对人的赞美应该是实事求是的，而不是夸张的，是真诚的，而不是虚伪的。由于大家相互赞美，慢慢地在这个团体中的个人就都会形成积极的心态。

四、学会微笑

微笑是上帝赐给人类的专利。面对一个微笑的人，你会感到他的自信、友好，同样这种自信与友好也反过来感染自己，使自己也产生自信与友好。

五、经常使用提示语

提示语对一个人的心态有重要影响。如果一个人经常提示自己："我能行"，"我有能力"，"我肯定能成功"，他就必然会产生一种惊人的力量。

第二节 就业信息的挖掘和利用

就业信息是指通过各种媒介传递的与就业有关的消息和情况。它包括就业政策、就业机构、人事制度、劳动力的供求状况、劳动用工制度、经济发展形势与趋势、国家发展规划、就业方法和招聘信息等。

一、就业信息的内容和来源

(一) 就业信息的内容

就业信息有三个方面的内容。一是就业政策，包括国家就业方针、原则和政策、相关就业法律法规、地方用人政策、学校的有关规定等。二是就业方法，要了解就业体制，知晓毕业生就业是由国家、地方及学校的哪些部门和机构来负责的，同时要明确就业范围和程序。三是供求信息，包括国家政治经济建设的方针、任务和发展战略，产业与职业的分类与结构，当年毕业生的供求形势，本专业的培养目标、发展方向、适用范围及对口单位的情况，用人单位的信息等。

(二) 就业信息的来源

就业信息的来源主要有以下六个方面。

1. 各级政府、社会就业机构和学校的毕业生就业工作主管部门

教育部有全国高等学校学生信息咨询与就业指导中心，各地区有毕业生就业指导服务机构，学校有毕业生就业工作主管部门。这些部门都是对毕业生进行就业政策咨询、就业工作指导、提供就业信息的职能部门。

2. 目标企业

根据自己的职业定位，在建立了合理的求职目标后，可以将自己的求职锁定在一部分具体的重点目标上。这样可以通过各种途径与方法，更有效地跟踪搜集职业目标的信息，掌握信息获取的主动权。

3. 大众传播媒介

各级各类企事业单位常常通过报纸、杂志、广播、电视等新闻媒体发布对毕业生的需求信息。各级就业指导部门也经常通过各种媒体发布本系统、本地区或本单位对毕业生的需求信息。这些都是毕业生收集需求信息的有效渠道。

4. 人才市场、校园宣讲会和毕业生供需见面会

各级各类人才市场已相对比较成熟，为高校毕业生提供了大量的就业信息与机会。高校举办的供需见面会等也为用人单位和毕业生提供了直接见面的机会，使双方可以互相选择并达成协议。

【扩展阅读】

拆穿虚假招聘的花招

对眼下行行色色鱼龙混杂的招聘，我们该怎么识别和防范呢？

一、假招聘真传销

以招聘为诱饵的传销有以下特点：

1. 他们说不出或说不清产品情况、经营策略、销售网络、产地、生产厂家、电话号码等。

2. 招聘几乎不分男女老少，他们只关心招聘多少人、被招聘者介绍了多少人。

二、假招聘真宣传

有一类企业，或为了股票上市，或为了贷款，或为了招商，或为了销售，通过招聘来虚张声势，全面包装企业。他们坚持一直做招聘广告，招聘只不过是演戏，宣传是其真正目的。

三、假招聘真招生

有一些学校、培训单位，总打着招聘的名义来招生。他们习惯于用包分配的手法来吸引人，先谈招聘引起求职者注意，再慢慢往招生、培训的方向来引导求职者。

四、假招聘真图利

有一些企业招聘时，对求职者要求很一般，可以说门槛比较低，待遇听上去也不错。面试时让求职者先买他们的产品出去推销，限定时间推销完了就回来复试，但复试谁也不会过关的，因为他们只是利用求职者帮他们销售。

五、假招聘真利用

有一些企业在发展过程中遇到一些问题，他们没能力、没资金、没智囊来解决，于是想出歪招，投机取巧，假借招聘来解决企业难题。对这类企业，求职者记住一点就可，只要不真正被企业录取，绝不参与招聘企业任何实质性工作。

六、假招聘真管理

有一些企业其实根本不招聘，但通过招聘做给在职人员看，以虚假竞争的形式来进行员工的激励管理。

5. 校企合作单位

学校一般都和一些与本校开设专业相关的企业建立了联系，这些企业可为毕业生提供对口的实习与就业的机会。

6. 人脉关系

院系分管毕业生就业工作的老师是毕业生获取社会需求信息的主要途径之一。另外，拓宽社交范围，如从亲朋好友、同学、家人那里，可能会得到许多有价值的就业信息。

7. 网络媒体

网络求职已经成为毕业生求职的主要渠道和方式。众多网站都包含一定的就业信息，主要包括：综合类的搜索网站和门户网站、专业服务类的人才招聘网站和各地区各校就业信息网、网上学生社区等。

【拓展练习】

以下统计对你搜集信息有哪些启发？

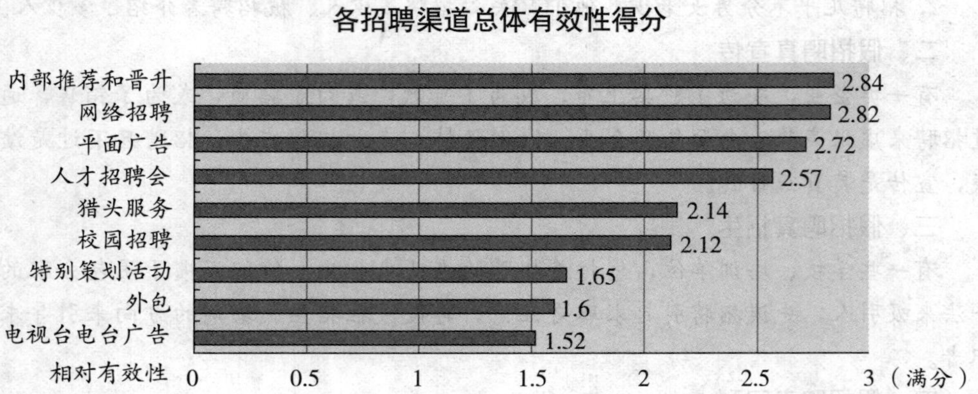

二、就业信息的整理与使用

（一）就业信息的整理

对于收集到的需求信息，大学生应结合自己的实际情况，加以筛选过滤，去粗取精，有针对性地选用。只有这样，才能使获得的信息具有准确性、全面性和有效性，使之更好地为自己的求职服务。整理就业信息时注意以下几点：

一是掌握重点。信息可以全面收集，但在比较筛选之后，应把重点信息选出、标明并注意留存，一般信息则仅作参考。

二是善于对比。当从不同的渠道收集到大量的需求信息后，可用对比鉴别的办法，确定其对自己的用处。

三是勤于打听。当收集到一些需求信息后，应当通过各种办法，找有关人士打听、了解，以确定信息的可靠程度。

四是了解透彻。对于重要的信息要顺藤摸瓜、寻根究底，务求了解透彻，不能一知半解。要全面掌握情况，抓住信息的中心内容。

五是避免盲从。获取用人信息以后，不能一味盲从，那种认为亲友告诉你的信息一定可靠，报刊上传播的信息肯定没问题的想法是不可取的。不要未经筛选就轻率地做出选择，这样有可能会错过良机，耽误时间。

六是适合自己。一切信息都要用来对照衡量一下，看是否适合自己。千万不要好高骛远，挑选不适合自己的工作岗位。

（二）就业信息的使用

由于就业信息时效快、数量大、种类多、范围广，大学生在对其进行处理和使用时必须做到以下三点。

1. 正确选择

择业的成败很大程度上取决于对就业信息如何进行选择。要选择得好，首先必须能在较短的时间内查阅大量信息，以便从中迅速发现最有用、最重要的信息；其次，要鉴别、判断，善于识别信息的准确性、有效性和可行性。信息在传递过程中由于信息来源和人为的一些因素，难免造成某些信息的失真。这就要求大学生必须通过查询、核实加以修正、充实，使信息具有有效性；同时必须依据各自实际情况和有关方针政策找到最适合自己的信息，使之更具有针对性。

2. 善于挖掘

许多信息的价值往往不是直观的，必须经过深入思考，加以引证才能发现。正如常说的那样：信息的价值用则有，不用则无。所以，大学生获得一定量的就业信息时就必须善于利用，否则将一无所获。

3. 迅速反馈

信息有很强的时效性，及时用之是财富，过期不用是废品。当收集到广泛的信息并加以分析处理后，应尽早决断并向用人单位反馈信息。

【典型案例】

某知名单位向某高校发布了要来校招聘毕业生的信息，学校就业指导中心迅速将消息公布并电话通知了各学院。毕业生反应不一，有的主动打电话与单位联系，推荐自己；有的则用特快专递寄出了相关的推荐材料；有部分同学却在等待面试通知，认为离该单位来校招聘还有一段时间，等来了再投资料也不迟。后来，这家单位真的来了，但负责招聘的人说："真对不起，我们几天前就收到贵校许多毕业生的材料，经人事部门初步筛选，挑选了其中 40 名毕业生进入今天的笔试、面试。"刚刚来递简历的毕业生后悔不已，机会就这样在等待中错过了。

点评：

在择业过程中，机会对每个人都是均等的，就看你如何把握。各种招聘人才的信息，每时每刻经过各种渠道在发布、传递。好比一条河流，信息是一朵朵浪花，你抓住了就归你所有，你错过了，就无法回头。因此，只要你认准这条信息对你有用，你感兴趣，就必须主动以最快捷的方式向发出信息方作出反应，让对方知道你、了解你，才有可能看中你。机会往往就是这样被主动者抓住的。

三、建立职业信息库

在有针对性的搜集职业信息后，下一步就是建立自己感兴趣的职业信息数据库，增强对职业的理性认识，为未来的职业生涯做准备。建立职业数据库的具体策略就是针对特定职业，采用各种方法，进行职业信息的采集与描述。通过记录具体的职业信息，大学生可以更好地了解和认识相关职业。

1. 职业描述

职业描述又叫职业界定，主要包括职业名称、职责、任职条件、从事该职业所需要的经验技能等。进行职业描述，建立职业数据库，应该遵循完整性、特征性、应用性、辩证性等原则。

2. 职业探索

求职者通常可以采取查阅、参观、见习、讨论、访谈等方法，建立并管理职业信息库。

查阅是指将个人希望了解的职业方向通过网络、书籍、期刊及有关声像资料进行初步查阅，对其入门所需的基本条件如学历、资格证书、身体条件等进行深入了解。

参观是指到相关职业现场短时间地观察、了解，以便了解该职业的工作性质、内容，职业环境及氛围，获得实实在在的职业感受。

实习是指到职业场所进行一定时间的打工、义务劳动或见习、实践，可以更深入、更真实地对职业的工作任务、工作要求、工作环境及个人的适应情况进行了解、判断，建立对职业的真切体验和认识。

讨论是指与其他同学共享职业探索的结果。个人探索总有局限性，与其他同学一起讨论感兴趣的职业问题，共享职业探索成果，可以拓展视野，弥补不足。

访谈是指通过与相关的从业人员，特别是与成功人士进行交流，了解相关职业的知识、技能需求、待遇和发展前景。将职业描述与经过职业探索后得到的所有信息进行汇总，并结合自己的实际情况加以筛选和分类，去粗取精，去伪存真，有目的、有针对性地进行排列、整理和分析，从而建立起自己的职业信息库，为职业发展做必要准备，为成功就业增加筹码。

搜集职业信息，在时间上要注意动态性，以掌握用人单位发展过程中的变化和趋势；在空间上要讲求全面性，以了解各地区、各部门、各行业人才需求状态；在内容上要注意信息的广泛性，认真分析影响求职择业的各种影响因素。

在搜集和整理职业信息时应注意以下两方面的问题：

一要深入分析职业信息。一般认为职业信息包含以下要素：

（1）职业名称，即该职业的具体称谓。

（2）职业性质，如是简单劳动还是复杂劳动。它反映该职业在职业结构及国民经济中的地位与作用。

（3）职业内容与特点，也就是回答该职业做什么、为什么做、怎么做等问题。

（4）工作环境，如工作在室内还是室外，用何种工具进行工作，工作时间的特点以及工作条件等。

（5）工作待遇，包括工资、奖金、保险、住房等。

（6）职业前途，如晋升机会、今后的发展方向与趋势、个人发展的可能性等。

（7）职业对从业者的要求。不同职业对人的要求是千差万别的，但都包括四个方面：对从业者体力、性别、身高、相貌、健康及有无生理缺陷等生理素质的要求，对从业者兴趣、气质、性格、能力等心理素质的要求，对从业者思想作风、职业道德等思想素质的要求，对从业者学历、专业、知识结构等文化素质的要求。

除此之外，还应分析职业的地域特点、行业特点、单位特点和岗位特点。不同的岗位决定了该职业在职业活动中的不同地位和作用，该岗位人员的数目、年龄及文化程度的结构、专业的构成等，会对从业者的发展产生影响，甚至岗位的团体规范（包括非正式规范）都会对从业者的适应性产生影响。对这些问题了解得越多，求职择业的主动性和科学性就越强。

二是要对职业信息进行加工与处理。在广泛搜集职业信息的基础上，要对职业信息进行整理、分析和排列，去伪存真，去粗取精，使信息具有准确性、全面性和有效性，更好地为求职择业服务。由于职业信息具有较强的时效性，必须不断更新才能保证职业信息的实用性。

第三节　准备求职材料

一、求职简历

一份好的简历意味着求职成功的一半。如何准备一份好简历呢？

（一）简历的写作原则

1. 真实

真实是简历最基本的要求，诚实的记录和描述能够使阅读者产生信任感。一些学生为了达到较好的包装效果，故意遗漏某一段经历，造成履历不连贯或对经历夸大其词、弄虚作假，很容易被阅历丰富的人事主管识破。费尽心机修饰而与事实不符的简历，经不起面试的考验。

2. 完整

完整、全面不是面面俱到，不分主次。要根据企业和职位的要求，巧妙突出自己的优势，给用人单位留下鲜明深刻的印象，使一个陌生人在很短的时间内了解到个人的基本情况。通常一份毕业生简历应当包括：姓名、年龄、性别、家庭住址及户口所在地、联系方式、求职意向、教育背景及学历、专业、外语水平、电脑水平、实践经历、实习经历、特长、爱好、自我评价、其他重要或特殊的对求职有价值的经历等。

3. 简洁

招聘人员每天要面对大量的求职简历，在阅读和筛选时，平均每份简历所用的时间不超过一分钟。对于应届毕业生的简历，最好是简洁、清晰，篇幅不超过一页纸。言简意赅、流畅简练、令人一目了然的简历，是最受欢迎的。撰写简历前应根据不同的单位、职位和要求进行必要的分析，突出重点、有针对性地设计简历。

4. 规范

行文要准确、规范。作为实用性文体，简历句式以短句为好，文风要平实、稳重，以叙述、说明为主，不可动辄引经据典、抒情议论。不要使用拗口的语句和生僻的字词，更不要有病句、错别字。英文简历的撰写要特别注意，不要出现拼写和语法错误。有些同学写简历时喜欢使用一些文学性的修饰语，例如“大学毕业，我毅然走上工作岗位”，“而今大学毕业，我热切期待着一个大展宏图、创造辉煌未来的良机”之类的口号，这样的简历，只能让人觉得空洞、稚嫩。

5. 美观

一份好的简历，版面设计也是一个非常重要的因素，是真正的“第一印象”。基本要求是条理清晰、标志明显、段落不要过长、字体大小适中，排版端庄美观、疏密得当。不要为了节省纸张而排得密集局促，令人看得吃力，也不要某页纸上只有几行字，留下大片空白，还要注意版面不要太花哨。有的毕业生喜欢在简历上画一些图案或使用一些色彩，除应聘设计类或教学类特别的职位外，这样的简历会让人感到缺少基本的职业素养。简历要写出类似公函的风格。

6. 诚恳

行文中所表现出的语气要遵循诚恳、谦虚、自信、礼貌的原则。陈述时既不妄自尊大也不妄自菲薄，要客观评价自己的优势又避免夸夸其谈，客观陈述自己尚未参加工作，在工作经验方面有些不足，反而更能赢得好感。

【扩展阅读】

个性化简历创新之道

在各种简历模版的约束下，许多简历失去了个性，被招聘人员扔进了垃圾筐。只有个性突出、特征鲜明的简历，才更容易吸引招聘主管的眼球。

创新方法一：为目标企业量身订做

认真分析所应聘的企业的情况，研究招聘主管的心理愿望，再结合自己的情况写简历。在你的简历中出现招聘主管最想看到的几个要素，是最容易打动人心的个性化简历。

创新方法二：结合应聘岗位来创意

简历从求职者应聘岗位需要的职业技能和职业修养的角度进行创新。例：小李想应聘某公司的网站设计工作，他仔细了解该公司和该职位的要求后，发现公司正在对原网站进行改版。他利用自己所掌握的专业知识，提出了网站改版的思路，并精心设计了网页。当招聘人员看到这样的简历时，很快判断出小李具备所应聘岗位要求的能力、水平和职业意识，马上拿起电话通知他前来面试。

创新方法三：从所学专业上创新

各专业有其专业特点和专业语言，从专业角度进行求职简历创新，可以通过简历体现专业素养。例：小张是会计专业毕业生，在应聘某公司财务人员时，他把求职简历做成了一份会计报表。对于招聘主管而言，看到这样的简历，首先不会怀疑小张的专业能力和修养，其次面对每天千篇一律的求职简历，突然看到这份令人耳目一新的简历，马上约见就不足为奇了。

（二）简历的完整结构

第一部分：基本情况介绍。基本情况包括姓名、年龄、性别、民族、住址、联系方式、政治面貌、户口所在地等。注意一定要保证电话或其他联系方式的准确和畅通，以免错过好的机会。

第二部分：自我评价和求职意向。自我评价要符合职位要求，求职意向跟所应聘的职位是一致的。

第三部分：教育背景。对没有工作经验的应届毕业生来说，写完基本情况和求职意向就可以接着写教育背景。内容包括学校的名称、学习的时间、所学专业和主要课程、学历和学位等。

第四部分：培训经历。写出参加过哪些培训，最好和所应聘的职业有关，如果没有可以不写。

第五部分：实践经验。写出在校期间参加各种实践活动的经历，如在校时担任过哪些职务、是否参加过志愿者工作、做过哪些兼职工作等，这些经历能很好地说明你具备相关的工作能力。这对没有正式参加工作的大学生来说是非常重要的，可以视为工作经验。

第六部分：所获荣誉。把在校期间获得的荣誉包括获得奖学金的情况进行列举。如果没有，这一部分可以不写。

第七部分：所获证书。除学历和学位证书之外的证书，如大学英语等级证书、计算机等级证书、从业资格证书等。

第八部分：爱好特长。可以写关于运动、艺术、技能等多方面的内容，但要具体，不要泛泛而谈。如“擅长运动”，可以具体写成“擅长长跑、羽毛球”等。

【典型案例】

高有才

女　　××岁

联系电话：13912341234/0311－12345678

通讯地址：××大学________学院________级________班　050000

E-mail：

……………………………………………………………………

应聘职位（求职意向）：×××

任职资格（核心竞争力）：1年企业工作经验，2年××行业经验
良好的英语交流能力……

教育经历（教育和培训可合并）：
2005年9月—2009年6月 ××大学 行政管理专业 学历/学位
突出者可写：成绩、奖学金、活动、获奖、职务
2001年9月—2004年6月 ××中学 高中毕业
突出者可写：成绩、奖学金、活动、获奖、职务、所获证书

工作经历（社团工作、社会实践、志愿者、义工）：
2008年6月—2008年8月 ××集团 （暑期实习、志愿者） ××市
职责/项目：
业绩：
2007年4月—2008年8月 ××公司 兼职 （义工） ××地区
职责/项目：
业绩：

个人特长（语言能力、计算机水平、特长爱好）：
擅长人际交往、公文写作；
擅长英语口语，并具备良好的听说读写能力；
熟悉计算机网络，熟练使用办公自动化软件、设备。

（三）简历的有效投递

是否能获得面试机会，除了简历质量的影响外，简历投递的方式方法对求职成功也有不小的影响。简历投递的途径主要有现场投递和网络投递。

1. 现场投递

一般企业不接受求职者的上门拜访。现场投递最常见的方式就是人才招聘会。简历投递前要仔细检查各项信息的完整性，不要忘了贴照片、附上相关证明资料等。

现场投递时还应注意，不要盲目乱投简历。有些毕业生不管企业招不招应届生，放下简历就走，是不明智的。大部分人事主管会对在招聘会上收集到的简历，当场做一个简单的区分，哪些是要尽快约见的，哪些是予以考虑的，哪些是不予考虑的。如果放下简历转身就走，这样的简历会被人事主管放在不予考虑的那一堆里。因此，投递完简历就要争取

和现场的招聘人员做一下简单的交流，留下一个好的印象，这样才有可能争取到面试的机会。

2. 网络投递

网络投递也是最常见的投递方法，可以从知名的大型招聘网上投递，也可以上专场网络招聘会，还可以直接向用人单位的网站或邮箱投递。有的同学在网上投几百上千封简历都石沉大海，有的同学投出为数不多的几份简历就有面试通知，所以网络投递是需要技巧的。

一是要有的放矢。首先仔细浏览招聘单位的简介、招聘职位的要求、信息发布的时间、有效期等。掌握了这些真实的情况后，再结合自己的实际情况决定投递简历，在用人单位发布招聘信息的第一时间是投递的最佳时间。

二是不要向同一家单位申请多个职位。招聘主管不会因为你申请了多个职位而认为你什么都能干，相反，他会认为你没有目标只是盲目地乱投简历。

三是按招聘单位的要求投递简历。有的单位对简历格式、附件都做了特别的要求，如果没有按招聘单位的要求去做，简历再精彩也会被直接删除而错过机会。

四是电子邮件的主题要醒目。如果没有特殊要求，一般情况下可写“×××应聘××职位”，千万不要空着。

五是把简历存在各大招聘网站上。凡是使用网络招聘的单位，都会主动到网站上搜索所需的人才。当他们需要你这个专业的应届毕业生时，就能搜到你的简历并主动跟你联系。

六是做好投递记录。很多人投递简历像天女散花一样不计其数，当有一家公司通知面试时，却半天也想不起来是哪家公司。这会让招聘单位觉得你不重视这个机会，对你的印象大打折扣。建议做一个投递信息的记录，以免张冠李戴对不上号。

【扩展阅读】

投递简历的9个细节

1. 邮件主题 3W——Whom What Who ，如“××大学×××应聘营销主管”。

2. 文件名用关键词，比如“××大学×××简历”。

3. 有对方单位名、姓名、职务。

4. 有应聘职位。

5. 有全部联系方式。

6. 用简单格式。

7. 正文、附件同时提交。

8. 别忘删除文件密码。

9. 不要周一上午投递。

二、求职信

求职信的作用不仅可以吸引招聘主管的目光，还可以大大提高求职的成功率。

（一）求职信内容

（1）写求职信的缘由。从何处得悉招聘信息、你的申请目的、加入企业的原因、申请什么职位。

（2）自我介绍。说明为什么适合所申请的职位，提出你能为未来的企业做什么。

（3）简明突出相关实力，即你为什么比别人更适合这个职位。

（4）简述你所受过的教育、培训、技能和成就。

（5）要明确表示你希望获得面谈的机会，以及你希望获得某项工作或职务的强烈愿望，这实际上才是你写这封求职信的目的。同时留下你的联系方式，以便对方随时和你联系。

（6）最后别忘了对阅读者表示感谢，这是基本礼仪。

【典型案例】

1482年，31岁的达·芬奇离开故乡佛罗伦萨，来到米兰。他给当时米兰的最高统治者——米兰大公鲁多维柯斯弗查写了封求职信，希望谋得一个军事工程师的职位。这封求职信就是著名的《致米兰大公书》，信的内容如下。

尊敬的大公阁下：

来自佛罗伦萨的作战机械发明者达·芬奇，希望可以成为阁下的军事工程师，同时求见阁下，以便面陈机密。

一、我能建造坚固、轻便又耐用的桥梁，可用来野外行军。这种桥梁的装卸非常方便。我也能破坏敌军的桥梁。

二、我能制造出围攻城池的云梯和其他类似设备。

三、我能制造一种易于搬运的大炮。可用来投射小石块，犹如下冰雹一般，可以给敌军造成重大损失和混乱。

四、我能制造出装有大炮的铁甲车，可用来冲破敌军密集的队伍，为我军的进攻开辟道路。

五、我能设计出各种地道，无论是直的还是弯的，必要时还可以设计出在河流下面挖地道的方法。

六、倘若您要在海上作战，我能设计出多种适宜进攻的兵船，这些兵船的防护力很好，能够抵御敌军的炮火攻击。

此外，我还擅长建造其他民用设施，同时擅长绘画和雕塑。

如果有人认为上述任何一项我办不到的话，我愿在您的花园，或您指定的其他任何地点进行试验。

向阁下问安！

达·芬奇

米兰大公收到此信后不久，就召见了达·芬奇。在短暂的面试后，正式聘用达·芬奇为军事工程师，待遇十分优厚。

（二）写求职信的注意事项

(1) 篇幅一定要简短，内容紧扣所应聘职位和你的核心优势。

(2) 言简意赅，切忌面面俱到。

(3) 求职信要精雕细琢，忌有文字、语法上的错误。

(4) 写求职信要谦虚、谨慎，忌过分吹嘘。

【拓展练习】

下面是某大学生的求职信，试分析其优缺点。

尊敬的××主管：

您好！我写此信应聘贵公司文字编辑一职。很高兴在网站上得知贵公司正在招聘文字编辑，我一直期望能有机会加入贵公司。

我是××大学2009届汉语言文学专业的本科学生，系统学习了编辑学、现代出版等课程，并曾在××报社实习，做过报刊编辑工作，具有扎实的文字功底，熟悉各种办公软件的操作，英语听说读写熟练。我深信自己可以胜任贵公司文字编辑之职。

个人简历及相关材料一并附上，希望您能感到我是该职位的有力竞争者，并希望可以尽快收到面试通知。

我的联系电话：13900001111

感谢您阅读此信并考虑我的应聘申请！

此致

敬礼！

求职人：×××

××××年××月××日

三、求职材料

求职材料是用来向用人单位介绍本人的基本情况和全面反映大学阶段自己在德、智、体等诸方面情况的。求职材料一般应包括以下几方面的内容。

1. 学校推荐表或推荐信

一般由学生所在院系填写推荐意见，因为组织对你的全面评价，招聘单位一般是比较重视的。

2. 学习成绩单

这是反映毕业生大学学习成绩的证明，成绩单要由学校或系（部）成绩管理部门统一填写，并加盖公章。

3. 各种证书

如外语、计算机等级证书，各种荣誉证书，所获奖学金以及各类竞赛的证书或驾照，以及社会实践活动积极分子、积极参加文体活动所获得的奖励或证书等。

4. 参加社会实践、毕业实习的鉴定材料

在学习期间参加的各种社会实践及其履历证明，实习单位的实习鉴定等材料是证明自己工作经验的最佳材料。

5. 成果证明材料

这指的是获得的发明专利证书或正在申请的专利材料，在报纸杂志上发表的文章、论文，出版的专著或读物，有一定价值的调查报告，以及参与并完成的科研工作的证明材料等。

6. 推荐信

如果老师或企业领导愿意推荐的话，是最好不过的了。一般来说，这些推荐材料比自我介绍效果要好得多。

7. 英文简历

对于即将毕业又想应聘外企的大学生，英文简历通常能体现求职者的综合素质和能力。下面是英文简历的几点写作技巧：

（1）教育背景是英文简历的重要内容。撰写时应将最近的学历放在最前面，时间要倒序；学校名称大写并加粗，便于招聘主管迅速识别；地名向右对齐，全部大写并加粗，国内地名后别忘了写“中国”。另外，担任过学生干部，只写职务即可；如参加过社团协会，应写明职务和社团名称，不必写出工作详情，留在工作经历中写；奖学金可用一句话概括。

（2）个人资料真实具体。个人资料是向面试官展示自我真实情况的一部分，能增强面试官对求职者的了解和信任。所填内容一定要真实，不然一旦被面试官问及考倒，他会认为你是在撒谎，甚至会否定掉你的所有优点。

（3）工作经历多用点句。工作内容部分要用点句，避免用大段文字。点句的长度以一行为宜，最多不要超过两行；句数以三到五句为佳，最多不超过八句。应注意少用“我”，正规简历多以动词开头。

【典型案例】

David Smith

38 Western Street Boston，MA 10000

1111@nnnnn. zzz. cn

(010) 139 * * * * * * * *

Positions (Career Objective)

Qualifications (Key Competency)

* * * * * * * * * * * *　　* * * * * * * * * * *

Working Experiences

2008. 10—2009. 6　* * * * * * * * * CONSULTING GROUP　BEIJING，CHINA

Summer Intern，International Department

Worked with client teams serving major industrial products manufacturer.

◆ Analyzed product-costing process. Identified opportunities to improve accuracy of product costs by 5%.

◆ Researched and reformulated procurement strategy for primary raw material input with team members. Constructed model demonstrating potential revenue increase of \$15 million.

Educations & Trainings

2005—2009　Gengdan College，BEIJING UNIVERSITY OF TECHNOLOGY B. A.

Bachelor of Science degree in Mechanical Engineering. GPA 3. 9/4. 0. Elected dormitory treasurer (\$16,000 budget) and athletic chairman.

Personal Characteristics or other Strong's or Skills

Native speaker of English，fluent in French，some knowledge of Spanish. Extensive travel throughout East Asia. Enjoy basketball and tennis.

第四节　面试与笔试

面试是通向求职成功的“敲门砖”，它不仅是大学生充分展现自我、成功推销自我的关键环节，也是深入了解应聘单位的一次机会。大学生必须充分认识面试的重要性，认真准备，应对挑战。

一、面试

（一）面试前的准备工作

面试就像一次登台表演，“台上十分钟，台下十年功”，要想抓住机会，得偿所愿，就必须做好充分准备，成功总是眷顾那些有准备的人。应聘者要以最好的状态，用最好的形式，把最拿手的好戏呈现给挑剔的观众，要想博得满堂的喝彩，平时就要“曲不离口，拳不离手”，做到有艺在身，有备而来。

面试准备有四大方面：信息准备、形象准备、状态准备和答案准备。所有的准备都为了一个目标：以最好的表现留下最好的印象，从而赢得工作机会。

1. 信息准备

（1）了解单位和职位。面试前全面地调查单位，面试时胸有成竹地谈论单位，能充分表现出你对该单位的重视和热情，给面试官留下“做得好”、“待得住”的印象。

通过公司网站、行业网站、招聘宣讲会、经验交流、实地参观等各种方式，尽可能多地搜集有关单位的信息，包括单位的名称、性质、业务、规模、主导产品和服务、地位和经营状况、理念和文化风格、目标和发展方向、竞争对手和竞争优势、面临的主要挑战和问题等。如果公司有面向大众开放的商店、办事处、展厅、营业点等，至少要去其中一个地方看看，最好能产生一些交互行为，这对于市场销售类职位尤为重要。

再次读一遍招聘广告，逐词逐句分析。搜集其他公司类似职位的广告作为对比，找出关于应聘职位的信息，包括职位名称、备选职位、职位任务、工作强度、工作方式、职位要求的知识、职位要求的经验、职位要求的素质、职位的薪水待遇水平以及其他广告用词的含义等。

针对单位信息、职位信息、预期问题，准备好对应的简历、求职信、文凭、成绩单、证书、照片、身份证件、荣誉证明、作品等必备材料。记住，一定要带上足够份数的简历，不要以为单位已经有了你的简历，就不需要带了。如果到了现场，你让某个面试官自己去打印简历，那就麻烦了。另外要记得带上一本比较正式的笔记本和一支好用的笔，以便随时做记录。最后要问一问自己，我对招聘过程清楚吗？是否还有其他要做的准备？如果不清楚，应立即打电话咨询一下招聘单位。

【扩展阅读】

求职者了解求职单位背景信息的四种主要方式

一、提问前对答案心中有数

关于公司的最有用的信息是来自了解该公司内部详细情况的人——公司现有的员工、以前的雇员、客户等。当然这些人可能不认识你。你怎样使他们坦率地对待你并告诉你实际情况？只有在交谈之前尽量多了解一些情况。你知道得越多，这些人可能越感到花时间与你交谈是值得的。

二、你往往和最好的信息渠道相隔仅一步之遥

人们往往会说我想和对某一公司内部很了解的人交谈，但我不认识任何一个公司内部的人。充分利用你的关系网，你会对你能认识的人感到惊奇。

三、表面素材

不要只关心人们在哪里工作，而要去观察他们怎样工作——诸如前台接待人员怎样问候陌生人之类简单的事情也可能对你有所启发。许多组织在选择它们与外部打交道的职员时就考虑到对它们自身形象的传达。

四、寻找中心人物，听故事

每个公司都有其中心人物，这些人体现了公司的核心价值。每个公司都有故事——本公司雇员与客户交流的一些轶事、公司文化的特色等。这些故事讲了些什么？是巨大的成功，卓越的服务，还是商业策略上的竞争？公司内部人士讲述的这些故事本身会告诉你有关公司的许多事情。

(2) 掌握路线，避免迟到。面试迟到是绝对不应该发生的事情。面试迟到，会造成"不重视该公司和职位"、"不知轻重"、"不会安排时间"、"无诚意"、"不守约"、"不礼貌"等不好的印象。因此，一定要记好公司地址、联系方式、联系人、行车路线。预备两套方案，预留比行程多50%的时间，宁可提前许多，也不能迟到。在行程中如果发生意外，有可能迟到，应该果断更换方式，比如打车。如果过早到了，不要立即坐到接待室，那样会让人觉得你过于焦虑，可以到咖啡馆休息一下，带一份报纸看看，但还是要保证提前10分钟到场。万一要迟到，一定要尽早告知他们，并给出一个合理的解释。

2. 形象准备

以貌取人是人的天性，在初次见面的5～10分钟内，面试官就会产生对你的第一印象。随后的交流会依此展开，你可能没有机会改变人家的印象。为了不让形象掩盖住自己的才华和愿望，一定要对自己的形象作仔细的检查和装扮。

很多学生，特别是技术、艺术、文学类学生，喜欢表现"真我"，以自己平时的状况去应试。其实，包括面试官，谁都知道在面试时的打扮未必是平时的打扮，问题是面试是正式场合。"真我"是什么？就是最好的自己！面试官想看到的就是一个人最好的精神面貌，他们希望找到的就是一个感觉良好、状况良好、充满活力、精力充沛的新员工。

一个公开的秘密是：面试官就喜欢招自己喜欢的人。所以，你得招人喜欢，至少不要招人嫌弃。

在不同的行业、职业和企业文化下，具体的形象要求，是不一样的。大多数单位喜欢西装革履式的职业化形象；有些行业和单位，例如外企，可能会喜欢有活力、略带时尚或潇洒意味的形象。在面试前，应该及早了解他们的形象标准，以便有充分的时间准备，但

无论是哪一种风格，以下标准是共同的：一是打扮合乎主流而不是合乎潮流，奇装异服的风险很大；二是打扮应该干净、整齐、得体、大方，蓬头垢面、气味难闻、鞋带泥灰、邋里邋遢、衣着不合体、不合时都犯忌讳；三是如果不能断定企业文化倾向，男生应着深色西装，女生应穿正式套装，但衣饰不可过于严肃、艳丽或奢华，总体目标是让人亲近喜爱，避免疏远厌恶；四是打扮反映出的精神面貌应该是干练、稳重、活跃，举止姿态要显得健康、沉稳、自信、从容、礼貌。

3. 状态准备

忽然和一个陌生人作一次正式的、严肃的、似乎是决定命运的交流，难免让人心潮起伏，紧张不安。面试前应克服以下不良心态。

(1) 自卑。一些同学感到自卑，并罗列出一大堆不利的理由：学校不好、学历低、专业不对口、成绩不够好、没有干部经历、社会实践少、没有本地户口、农村长大、见世面少等。其实，大学生自己的评价标准、甚至是社会普遍的评价标准，和单位对人的评价标准差别往往是很大的。对于自卑的学生而言，他的实际情况往往要比他自己的感觉要好得多，是一种自我否定的力量抑制了个人良好状态的正常发挥。

大学生一定要记住：你向人推销的不是你的过去，而是你的未来！过去不精彩不要紧，重要的是未来你能不能给单位带来价值。在面试前想象自己在理想状态下，在该单位会如何做事、如何创造业绩、如何做人、如何发展、如何给公司创造价值。当想清楚这些的时候，你就可以信心十足地去面试了。

(2) 自傲。有些同学自我感觉良好，或者对面试单位不太满意，因而犹豫不决；或者觉得自己优势突出，因而疏忽大意。以这样的心态，在面试时就会漫不经心。

面试官是敏锐的，求职者的任何不满和犹豫，都会被他看在眼里。他们只招那些有强烈愿望认可自己单位的应聘者。对于犹豫不决的同学来说，一定要重新考虑，如果不想放弃机会，就应该仔细研究这家公司的优势，并做一个自己在该公司的发展规划，从而让自己进入渴望加入该公司的状态。

(3) 紧张。除了因自卑引起的紧张以外，由于过于重视这个机会，或者担心自己性格内向、不善言辞，也会引起紧张。对于这类紧张，解决的主要办法有：一是事前进行模拟面试，多进行几次，让紧张提前产生和释放；二是回想一下哪些事情、哪些方面、哪些活动会让自己感到轻松愉快、信心十足。比如有的同学爱打篮球，那就去打一场篮球，情绪是能转移的，当你在球场上挥洒自如、兴高采烈之后，有利于消除面试中的紧张情绪。

4. 答案准备

万变不离其宗，面试中的大部分问题实际上都是可以好好准备的。应聘者应该思考以下问题的答案：我了解单位的哪些方面？够吗？单位是否适合自己？单位哪些地方吸引了我？“为什么要选择我们单位？”“为什么不选择其他的单位？”对于类似问题，我如何回答？我对职位了解哪些？职位是否适合自己？自己能否胜任该职位？该职位的核心要求是什么？自己竞争该职位有何优势和劣势？如何凸显优势，回避劣势？在知识、经验和素质方面，面试官会提出哪些问题？如何回答？有哪些证书可以证明自己满足该职位的要求？有哪些例子可以证明自己的知识、经验和素质，足以胜任该职位？自己在该单位1年、2年、5年的发展计划是怎样的？

【典型案例】

市场营销专业C同学在去了数次招聘会，投了几份石沉大海的简历后，重新调整了自我择业的定位，凭着先前总结的“去得早、看得准、投得快”投递简历的经验，再次挤入择业大军。投递简历后的日子里，他多次与用人单位联系，终于等来了面试通知。

面试的当天，当考官问起C同学是否了解煤气公司时，C的内心有一点紧张，由于他在报纸、杂志和网上收集有关煤气公司的信息较少，他就坦言说不怎么了解，并诚恳地要求主考官介绍一下公司的情况。在C的诚恳要求下，主任对煤气公司的现状、发展及各方面的体制、管理等作了详细的介绍。

接下来，主考官问他对煤气公司的现状有什么看法？C回答说，煤气公司的产品质量一般不存在问题，关键应该树立企业形象，加强企业文化方面的建设。谈起企业形象识别系统CIS的导入发展及在各行业中的表现和作用时，由于C去年暑假曾在广告公司实习，对CIS中的VI系统较熟悉，考官对C的回答不时地点头赞许。当考官找出公司最新设计的标志让他谈看法时，C就趁机发表个人对这个标志的理解。在谈话中，C隐约感到考官对他学过的公共关系挺感兴趣，便不失时机地提出开展公关活动的几点建议。面谈在轻松愉快的气氛中结束了。主考官满意地拍拍C的肩头说：“好了，回去听信吧。”

点评：

C同学面对自己不太熟悉的单位，能够坦言知之甚少，虚心向考官请教，这显然比那种不懂装懂乱侃一气的做法高明许多。在面试过程中，他能紧紧抓住考官的发问，利用自己所学的知识和在实践中积累的经验，不失时机地向对方展示自己的优势，积极主动地针对考官感兴趣的问题说出自己的见解，从而变被动为主动，给考官留下了良好的第一印象。这种应聘的技巧和机敏的“推销”艺术，值得充分肯定。

在找工作之前，就应该把通用的问题和答案准备好，演习好。面试前，应该针对面试单位准备好特定的答案，做到熟烂于心、熟练于口。

（二）面试的形式与技巧

面试其实就是提问和回答问题。以此为基础，衍生出许多面试方式，达到更加准确地考查大学生的各方面能力的目的。熟悉面试类型，就像考试要了解考试题型一样，为了取得更好的面试成绩，首先应了解一下面试的类型。

1. 一问一答

这种形式的面试一般被应用在第一轮中，它的作用往往是将素质较低或明显不符合本岗位需求的面试者淘汰出去。

面试开始之前，一般都要求大学生进行自我介绍。自我介绍作为在面试过程中留给面试官的第一印象，其重要性不言而喻。自我介绍一般是1～2分钟，这是让你在众多应聘者当中第一分钟就突显出来的机会。之前已经准备好的有价值的、与众不同的经历或者特长，务必要说出来，面试官也希望知道你的个人经历以及个人特点是否符合你未来工作的需要。

这一类的面试都会倾向于围绕大学生的简历和申请表来进行，所以简历必须是真实的，而且要对简历上所涉及的所有事情做到心中有数。如果过程中出现小的差错，可以不用太介意，要坚持下去，体现出自己良好的素质。在应对这种形式的面试过程中，大学生要表现出对所申请职位的热情和浓厚的兴趣，态度太过平淡会让面试官觉得你对这个职位不太在意。另外在证明自己拥有某项能力的时候，最佳的方式就是用实例来佐证，而不是空泛地强调自己多么优秀。为了表现你的专业素养，还可以在交流的过程中适当地使用一些本领域的专业术语。

面试结束时，面试官往往会问“你有没有什么想问的问题?”这个时候千万不要放松，如果你提不出一些有实质意义的问题，面试官会觉得你对这份工作不够重视或思考得不多。因此可以在面试前就准备三四个问题，主题围绕工作性质、工作内容或者面试官之前提及的内容都比较合适。一定要记住，你提问不是为了难倒面试官，也不是告诉他你有多聪明，而是告诉他你对这份工作很渴望，已经思考了不少，同时希望了解更多。这个时候，你的目标是“双赢”：一个既能让面试官对你有好感，也很愿意回答你的问题，是最合适的。

【典型案例】

面试过程（e=雇主，s=求职者）

背景：雇主办公室

雇主看上去平易近人；求职者紧张而安静，有点不修边幅。

s：（敲门）

e：请进！

s：（没有声响地进门。向四周张望找椅子，坐下，然后低头看着地）

e：什么事

s：哦，我找工作。

e：嗯——你想找什么工作?

s：（没精打采地）我已经很久没有工作了，什么工作我都愿意试一试。

e：我们正缺货物管理人员。你有这方面的经验吗?

s：没有，但我想试试。这份工作的工资多少?

e：每月底薪 800 元，另有奖金和补贴。（停顿）好，如果没有其他的问题，你回去等我们的通知吧。

s：（站起，颓废地）谢谢，耽误了你的时间。

点评：

求职者求职心不切，不自信，没有展示自己的特长。雇主对求职者并不特别感兴趣。雇主没有给求职者明确的答复，求职者也没有表现出要求。总之，这是一次失败的面试。

2. 情境模拟

情境模拟是通过一系列问题如“这件事情发生在什么时候”、“你当时是怎样想的”、“为此你采取了什么措施来应对”等，来收集大学生在代表性事件中的具体行为和心理活动的详细信息。

情境模拟的实质是考察大学生的性格倾向和价值观是否与本企业的文化一致。面试官基于你对以往事件的描述及回答，来评价你的基本素质和推测你在今后工作中的表现。

情境模拟主要有以下形式：

（1）工作活动模拟。一是上下级对话形式。由面试官饰上级，应聘者为下级，模拟接待基层工作人员的情景，或向上级领导汇报或请示工作。这种面试一般采用主考官与应聘者对话，其余以面试官观察打分的方式进行。二是布置工作的面试。要求应聘者在看完一份文件或会议纪要后，以特定的身份结合部门实际，对工作进行分工安排。

（2）角色扮演法。事先向应聘者提供一定的背景情况和角色说明，面试时要求应聘者以角色身份完成一定的活动或任务，如接待来访、主持会议、汇报工作等。

（3）现场作业法。提供给应聘者一定的数据和资料，在规定的时间内，要求应聘者编制计划、设计图表、起草公文和计算结果等。

为了能够从众多的应聘者中脱颖而出，大学生需要注意以下几点：

（1）沉着应对。情境模拟面试的内容一般都能在现实生活中找到原型或样板，两者之间存在高度的相似性。不同的是情境模拟面试有明确的时间限制及面试官的参与，气氛比平时更为紧张。在情境模拟面试中，应聘者心理与情绪的调节与控制是非常重要的。为了准确地感知模拟情境中的事物及其本质，提出切实可行的解决办法，应聘者一定要使自己的心绪保持稳定，沉着地去应对挑战。

（2）大胆创新。情境模拟法以考查应聘者的全面素质为目的，它所考查的内容不仅包括简单的能力资格与素质条件，而且还包括创新等复杂的能力与素质。大学生在情境模拟面试中，不能仅限于简单地演示平日工作中的方法手段，而应对事物进行灵活处理，以平时的经验为基础，根据模拟情境中的条件和线索进行大胆创新，探索新的解决问题的思路与方法。这种突破常规的做法和勇气，往往会给面试官留下深刻的印象。

（3）循规操作。情境模拟面试中，有一些内容的应答是不允许应聘者创新的，如公文处理及机关事务处理，他们的处理原则及程序都有明确规定，应聘者只能循规操作，而不可自作聪明地擅自更改某些规则。

3. 小组讨论

小组讨论是指让应聘者共同完成面试的过程。面试的流程大致分为介绍、陈述和讨论/辩论。与“一对一”、“多对一”的传统面试形式相比，小组面试更能全方位地考查应聘者的领导领力、团队协作能力、语言逻辑能力、个性品质等，从中评估出应聘者的综合素质及技能。

小组面试的类型有自由讨论式和团队协作式两种。自由讨论式往往是五六个人参加，分为自由发言和讨论两部分，自由发言中各求职者在规定时间内对考官所给定的题目发表自己的见解，考官则在一旁观察每个人的仪表、举止和见解。在讨论中，发言人要和其他人进行交流，很像自由辩论。团队协作式是几位应聘者就考官给出的特定的角色和背景资料来进行协作，去完成某项任务，这个任务可能跟竞聘的职位有关，也可能跟近期发生的某件事有关。

小组讨论中，主考官的评价标准：发言次数多少；发言的主动性如何；是否提出新的见解和方案；是否敢于发表不同的意见、支持或肯定别人的意见、坚持自己正确的意见；是否善于消除紧张气氛，说服别人，调解争议，把众人意见引向一致，调动发言的积极性；能否倾听和尊重别人的意见；语言表达、分析、概括和归纳能力如何；反应、应变能力怎么样等。

【扩展阅读】

1. 大胆开口。对每个小组成员来说机会只有一次，如果胆小怯场、沉默不语，那就等于放弃了此次面试。

2. 自信发挥。以积极主动的态度参与到团队中来，把精力集中在要完成的任务上，展示你的真实能力。

3. 论证充分。不能不着边际地夸夸其谈，要观点明确、论证严密、一语中的。

4. 尊重队友。小组讨论中你是其中一员，一切应以集体利益为重，不要为了抓住机会多发言就对其他成员的意见横加指责或恶语相向，从始至终都要彬彬有礼，给考官留一个具有包容和协调能力的印象。

5. 记录要点。在其他人发言时，快速地记录要点并加以分析，可以使你思路更加清晰。

6. 使自己处于讨论的中心。在讨论结束前，如你能将各成员交谈的要点逐一点评，分析优劣，拿出令人信服的观点，无形中便使自己扮演了领导者的角色。

7. 整理提纲。将最后讨论的结果整理成纪要，上交给主考官，这使你又露了一手：既展示了流畅的文字功底，又给人精明、干练的好印象。

4. 其他面试形式

（1）案例分析。案例分析是指让应聘者在有限的时间内模拟分析出真实的商业问题。这种形式很少用于应届毕业生。

（2）电话面试。招聘方出于效率、成本等因素的考虑，采用电话对求职者进行面试的方式。在求职材料递出后，就要随时准备着目标公司的电话面试。

（3）游戏面试。在面试过程中，为了达到考察应聘者某方面能力或素质的目的，招聘主管设计了某种游戏让应聘者参与。游戏面试和其他类型的面试一样，面试官最看重的不是游戏的结果，而是这个过程中应聘者所表现出来的品性和教养。

二、笔试

笔试适用于一些对专业技术或录用人员素质要求很高的企事业单位，如公务员考试等。笔试通常与面试是结合进行的，笔试的目的不仅是考查文化、专业知识，也包括考核心理素质、办事效率、工作态度、修养等。所以求职者在笔试时要认真对待，将自己的认识水平、知识水平、能力水平较好地显示出来。

参加笔试前，应了解笔试的范围，以便做好准备，充分发挥自己的水平，争取好的成绩，取得应聘成功。

（一）笔试的分类

1. 专业考试

这种考试主要是检验应聘者担任某一职务，是否能达到所要求的专业知识水平和相关的实际能力，如外资企业对应聘者要求考外语，司法部门录用干部要求考法律知识等。

2. 综合测试

这是主要测试应聘者的观察问题能力、综合归纳能力、思维反应能力、文字表达能力、智力水平、情商、心理能力等。

3. 技术测试

技术测试主要测试应聘人员处理问题的速度和效果，检验对知识的运用程度和能力，如阅读一篇文章，写读后感等。

（二）笔试的准备方法

要在笔试中取得好成绩，关键是平时多学习，多练习。然而，相对于学校的专业考试，招聘单位的笔试都有自己的特点，因此准备方式也要有差异。

1. 重在基础

笔试重点是常用的基础知识，不要把复习重点放在难点、怪题上，要把基础知识掌握好。

2. 重在运用

笔试测试重点是知识的实际运用，要在实际运用上下工夫。

3. 把面放宽

不要只钻研专业知识和技术，招聘单位的需求形形色色，在准备专业知识的同时，应该把面放宽，同时要准备能力测试、智商测试、情商测试方面的内容。

4. 提高修养

情商测试的考察内容概括起来就是“你是怎么样一个人”，而不是考察你的情商知识。因此，平时就应该多提高自身修养，多参加团体活动。

5. 多实践，多总结

能力测试考查的是你的实际工作能力和知识运用能力。这不是只靠多做题就能解决的，平时应该多参加各种社会实践，多总结经验。

6. 笔试前进行简单的复习

复习已学过的知识是笔试准备的重要方式。一般说来笔试都有大体的范围，可围绕这个范围翻阅一些有关的图书资料，有些课程内容，因学过时间已久，可能淡忘，经过简单的复习，有助于恢复记忆。

7. 保持良好的身心状态

临考前，一要适当减轻思想负担，二要保证充足的睡眠，三要适当参加一些文体活动，从而使高度紧张的大脑得到放松休息，以充沛的精力和良好的竞技状态去参加考试。

（三）笔试应对技巧

在参加笔试时主要应注意以下几点：

1. 无须紧张

应聘笔试同高考不同，高考是“一锤定音”，而求职应聘考试则有多次机会，应抱着重在参与、全力以赴的态度应考，所谓“东方不亮西方亮”，最重要的是多参与、多总结。

2. 有备无患

提前熟悉考场环境，有利于消除应试的紧张心理。还应看看考场注意事项，尽量按要求做好。除携带必备的证件外，一些考试必备的文具（钢笔、橡皮等）也要准备齐全。考试前要有良好的睡眠，以保证考试时有充沛的精力和良好的竞技状态。

3. 科学答题

拿到试卷后，首先应通览一遍，了解题目的多少和难易程度，以便安排答题顺序。先攻相对简单的题，后攻难题。这样就不会因为攻难题而浪费时间太多，导致没有时间做会答的题。遇到较大的综合题或论述题，则应先列出提纲，再逐条撰写。最后，要尽量挤出时间对容易出错的地方进行复查，特别注意不要漏题，更不能跑题或出现错别字、语法不通、词不达意等错误。

4. 卷面整洁

应当注意卷面字迹要清晰。书写过于潦草，字迹难于辨认也会影响考试成绩，因为求职笔试不同于其他专业考试，有时招聘单位并不特别在意应试者考分的稍许高低，认真的态度、细致的作风，会大大增强被录用的可能性。

5. 恰当分配时间

不要死抠几道题，有时笔试出题量较大，其用意是一方面考查知识掌握程度，一方面考查应试能力，所以考生在浏览卷面后，要迅速答较容易的题目，余下的时间再认真推敲其他题目。对于多模块测试，要注意时间分配，保证各个模块都有相当的时间作答，招聘笔试不是按总分计算成绩，而是按模块分别打分，综合评价。

第五节　印象管理与面试礼仪

一、印象管理

(一) 印象管理的含义

印象管理又叫印象整饰或社会性修饰，它是指个体有意控制他人对自己形成各种印象的过程的管理。

常见的印象管理的具体形式有自我表现和自我行动。

自我表现是指个体选择合适的言行举止、服饰打扮而进行的印象管理。这实际上是把功夫花在自己的身上，着意展示给别人某种自己想让别人看到的形象。留意观察生活，我们就很容易发现，为了让别人觉得自己素质高，我们会把自己弄得比较整洁才走出家门，言行举止优雅得体，即使在公共汽车上被别人踩了一脚，心里窝火得要命，但还会微笑着说没关系。为了不让别人觉得自己太笨，有些人在大考之前总是抱怨自己头痛、睡眠不好，或者不仅不努力复习，反而故意疯玩。自我表现可以是掩饰自己，给自己戴上假面具，也可以是暴露自己真实的一面。一般情况下是为了给别人留下良好的印象，但在某些时候却是要给别人留下不好的印象。比如，当我们在乎自己的恋爱对象时，总会向对方展示自己好的一面，而掩盖不好的一面，可觉得两人的关系不适宜发展下去时，就可能展示自己不好的一面而掩盖好的一面。

自我行动是指个体暗中采取投其所好的言行举止而进行的印象管理，具体包括恭维、迎合、施惠等。恭维是给对方的品质以正面的或肯定的评价，如称赞对方善良、心地好；迎合是在思想和行为上表示与对方相同，即对对方的观点、态度、信念等表示赞同；施惠是给对方物质上的好处。无论是哪种做法，自我行动都应该是恰到好处和自然，不能做作。因为，从本质上来说，这类似于一种投资，只不过投进去的是感情，而且也期待感情上的回报，如果做得恰到好处，就能在满足对方尊重、肯定等需要的同时使对方对自己形成肯定的积极的印象。如果是做作的话，不仅不能满足对方尊重、肯定等需要，而且还会使对方产生强烈的心理抗拒。

【扩展阅读】

印象管理相关理论

一、首因效应

首因即首次或最先的印象，即我们日常生活中所说的第一印象。首因效应是指在社会认知过程中，最先的印象对人的认知具有极其重要的影响。如某人在初次会面时给人留下了良好的印象，这种印象会在很长一段时间内影响人们对他以后的一系列心理与行为特征的解释。

二、近因效应

近因即最后的印象，近因效应指最后的印象对人的认知具有重要的影响。印象形成中的近因效应，最早由卢钦斯提出，社会心理学中一些研究指出，在认识人的过程中，如果对方是陌生人，则首因效应较显著；如果对方是熟人，则近因效应较为重要。

三、晕轮效应

晕轮效应又称光环效应，它是指当认知者对一个人的某种人格特征形成好或坏的印象之后，人们还倾向于据此推论该人其他方面的特征。这就像刮风天气之前晚间月亮周围的大圆环（即月晕或称晕轮）是月亮光的扩大化或泛化一样，故称之为晕轮效应。

四、核心品质效应

在认识、了解人时，会了解到对方有各种品质。但是，各种各样的品质对于他形成对对方的印象的作用并不相等。对他人的印象有重要作用的品质便是核心品质。因核心品质而削弱其他品质的作用，以至可能出现对人认识偏差的现象，即为核心品质效应。

五、定势效应

定势是由过去经验造成的、比较固执而往往又意识不到的一种心理准备状态。社会认知中的定势效应，是指人们用头脑中存在的对某一类人或事物的固定看法指导对有关的人或事的认知。定势效应是社会知觉的恒常性表现，即对人或事物抱有一种固定不变的看法与评价。定势效应又被称作刻板印象、社会成见或社会定势，都是指用过度类化的、概括而笼统的固定看法认识具体的人或物。

（二）印象管理的策略

得寸进尺和进尺得寸是人际互动中对他人的印象管理的基本策略。

1. 得寸进尺

得寸进尺又叫登门槛效应，它是指接受过较小要求的个体会比那些不曾被要求过的个体更有可能去接受一个较大的要求。那么，为什么接受过较小要求就有可能接受更大的要求呢？这是为了维持自己的公众形象的一致性的需要。当你答应了别人一个令你无法拒绝的小要求，你就给别人乐于助人的形象。当别人提出另一个大的甚至过分的要求时，只要在一定的限度内，虽然你并不愿意，但为了不破坏助人为乐的形象，你还是答应下来。社会心理学家的研究也证实了这一点。

美国学者弗里德曼和弗雷泽让两位大学生访问郊区的一些家庭主妇。其中一位首先请求家庭主妇将一个小标签贴在窗户上或在一个关于美化加州或安全驾驶的请愿书上签名，这是一个小的、无害的要求。两周后，另一位大学生再次访问家庭主妇，要求她们在今后的两周时间里在院内竖立一个呼吁安全驾驶的大招牌，该招牌很不美观，这是一个大要求。结果答应了第一项请求的人中有55%的人接受这项要求，而那些第一次没被访问的家庭主妇中只有17%的人接受了该要求。这个实验说明人们都有保持自己形象一致的愿望，一旦表现出助人、合作的言行，即便别人后来的要求有些过分，人们也愿意接受。这种效应在现实生活中也存在，当顾客选购衣服时，精明的售货员为打消顾客的顾虑，“慷慨”地让顾客试一试，当顾客将衣服穿在身上时，他会称赞该衣服很合适，并周到地为你服务。在这种情况下，当他劝你买下时，很多顾客难于拒绝。有经验的教师在做学生工作时也是这样，他总是先让学生承诺完成一件比较容易的任务，待到任务完成后，他再接着提出更大的要求。

2. 进尺得寸

进尺得寸又叫保全面子效应，它是指先给个体提出一个他无法接受的要求就有可能让他接受一个小些的要求。为什么会出现这种情况呢？这是因为我们在拒绝别人要求的同时，常常会产生某些不安，觉得有损于自己的公众形象，因此，为了减少和修补形象，他可能就会很爽快地接受小些的要求。

查尔迪尼等人的研究证实了这一点，他要求大学生花两年时间担任一个少年管教所的义务辅导员，这是一件费神的工作，几乎所有的大学生都谢绝了。他们接着又提出了一个小的要求，让大学生带领少年们去动物园玩一次，结果50%的人接受了此要求，而当实验者直接向大学生提出这一要求时，只有16.7%的人同意。那些拒绝了第一个大要求的学生认为这样损害了自己富有同情心、乐于助人的形象，为恢复他们的利他形象，便欣然接受第二个小要求。许多人正是利用这种策略去影响他人，当他想让别人为他办某事之前，他往往提出一大堆别人根本不可能做到的要求，待别人拒绝且怀有一定的歉意后，他才亮出自己真正要让对方办的事。由于前面拒绝了太多，人们往往为留些面子会尽力接受最后这项要求。

二、面试礼仪

求职礼仪是大学生在求职应聘过程中所要遵守的行为准则和礼仪规范。心理学家奥里·欧文斯说：“大多数人录用的是他们喜欢的人，而不是能干的人。”这种说法虽然有些片面，但却道出了求职应聘礼仪的重要性。求职应聘几乎是每个大学生走向社会的第一步，每个人都希望把自己最好的一面展示给主考官，知识和专业水平固然重要，但如果在这个良好的基础上恰如其分地表现自己的礼仪，就会给主考官留下更好的印象，给自己更多的机会，以帮助大学生找到适合自己的工作，发挥自己的才能，实现自我价值和社会价值。

参加面试的服饰要求是为了配合求职者的身份。面试时合乎自身形象的着装会给人以干净利落、有专业精神的印象，男生应显得干练大方，女生应显得庄重典雅。不能在面试时穿T恤、牛仔裤、运动鞋，一副随随便便的样子，这样的形象多半是不受招聘主管欢迎的。

（一）面试前的礼仪

1. 男生着装礼仪

（1）西装。男生应该选择裁剪良好、款式经典的西服套装，切忌太过前卫的设计。颜色以黑色、灰色或深蓝色为宜，最好是纯色的，不要有大格子、大条纹、花纹，面料最好是比较容易打理又不易变形的。

（2）衬衫。要选用面料挺、好一点的衬衫。白色的长袖衬衫是上上之选，永远都不会错。别的颜色的衬衫当然也可以，但不如白色那么正式，并且要注意和西装的颜色搭配是否合适。

（3）领带。男生参加面试一定要在衬衣外打领带。领带宜选用保守一些的，如传统的条纹、几何图案等，上面不能有油污，不能皱巴巴，平时应准备好与西服颜色相衬的领带。

（4）皮鞋。不要以为越贵越好，而要以舒适大方为度。皮鞋以黑色为宜，且面试前一天要擦亮，光亮的鞋子能够表现出专业的做事风格和良好的职业素养。

（5）袜子。袜子是很容易被忽视的一个环节。袜子的颜色也有讲究，西装革履时的袜子必须是深灰色、蓝色、黑色等深色，这样在任何场合都不失礼。此外，袜子也不宜过短，以免坐下时露出小腿。

（6）头发。保持头发合适的长度，尽量避免在面试前一两天理发，以免看上去不够自然。面试前一天洗干净头发，避免头屑留在头发或衣服上。保持仪容整洁是取得用人单位良好第一印象的前提。

（7）饰品。男生最好少戴饰品，越简单越好，不要佩戴项链、手链等，可以戴手表，但应以端庄为主，不要戴休闲型的手表。

（8）其他。要将胡须剃干净，并且在刮的时候不要刮伤皮肤，指甲应在面试前一天修剪整齐。

2. 女生着装礼仪

（1）职业装。选择职业装的时候要注意颜色，黑色、深蓝、灰色等稳重的颜色是比较理想的选择。款式不要太过前卫新颖，宜简洁端庄。如果是裙装，一定要注意裙子的长度，以盖住膝盖为准，不要在膝盖以上，也不要太长，否则会给招聘主管不专业的印象；如果上衣是V领的，要注意开口不能太低，如果太低的话，可以通过丝巾或内衬上衣来弥补。

（2）衬衣。在挑选衬衣的时候，无论是颜色还是款式都以庄重为宜。不要穿透明材质的上衣，也不要穿蕾丝花边或雪纺薄纱的，在衬衣外面可以再穿一件小背心以防走光。

(3) 鞋子和丝袜。鞋子的款式要端庄不花哨，颜色与套装相配，鞋跟不宜过高；丝袜的颜色最好是黑色、肉色、深灰，这需注意和套装及鞋子搭配；夏日不要穿露出脚趾的凉鞋，更不宜给脚趾甲涂带颜色的指甲油。

(4) 包。选用的包应与整个穿着相配，不要太大，中等或小型尺寸即可，如果可能的话，最好是皮制的。

(5) 发型。头发在整个仪容中是十分重要的组成部分。保证头发干净清洁，仔细梳理。如果是长发就把它盘起来或梳理成其他看起来专业舒服的发型，不要披头散发，看起来像刚刚起床一样。

(6) 化妆。参加面试的女生可以适当地化点淡妆，这样看起来更精神，但不能浓妆艳抹，这不符合大学生的形象与身份。保持妆容清新自然，不要掉妆。

(7) 配饰。选择尽可能简单的饰品。面试属正式交往的场合，可以戴手表，但不要带手链、手镯；一手最多只能戴一只戒指，且不要戴奇形怪状的戒指，不然不方便握手，留下不好的印象；不要戴很大很长的耳环，也不要戴多个耳环，如果要戴的话，一对耳钉就可以了。

(8) 其他。女生如果穿了长筒丝袜，面试出发前可以在包里多备一双，以防丝袜钩破。面试前洗个澡，保持头发和身体干净清洁；修剪一下指甲，不要太长，不要用颜色鲜亮的指甲油，无色透明的即可。

(二) 面试过程中的礼仪

细节决定成败。在求职面试中，对一些细节的处理是否得当，直接关系到应聘者的印象分。如何处理好细节，通过细节来体现自己的素质，不光在面试时注意，平常就应该培养。以下是面试时对礼仪的一些要求。

1. 敲门

在进入面试房间之前，无论面试房间的门关或开，都应轻轻敲门，得到许可后再进门。进门之后，把门轻轻关好，整个过程要保持微笑。

2. 握手

如果你是女生，而面试官是位男士，请先伸出你的手；如果面试官也是女士，则等她主动握手。如果你是男生，而面试官也是位男士，你们谁采取主动都无所谓；如果面试官是女士，则一定要等她主动伸手。握手是合作和友好的表示，所以握手时一定要有力，但不要因为紧张而使劲挤压对方的手。成功的握手可以传递出自信和尊重的信息。握手之后，面试官会请你坐下，如果你的简历有修改，可以借这个机会递上更新的版本。

3. 入座

在握手之后面试官发出请你入座的邀请之前，不要自己先坐下。入座时不要紧张，自然地把椅子拉出来一些，坐好，再挪回去，这个过程中不要发出响声。坐下后，不要把包抱在怀里或放在桌上，应该把它放在椅子的右边或右边的地上。

4. 坐姿

坐时身体要略向前倾，面试时不要紧靠椅子背，不要坐满，一般以坐满椅子的三分之二为宜。女士不管是穿裙子还是裤子都要始终并拢双腿，这样会显得优雅一些。

5. 表情

就座后，面试官就开始和你谈话了，而你可能会因为直面对方而感到紧张，因此必须要注意自己传达出的非语言信息。如果一个求职者在面试中目光流离、眉头紧蹙，或漫不经心，都会给面试官留下关于求职者胜任力和素质的不良印象。要注意保持面部表情自然、自信和微笑。

6. 语气、语速、音量与措辞

在面试过程中，要注意自己的语气、语速、音量和措辞，不要求模仿面试官，但至少应该与面试官是和谐的。如果面试官以一种非常友好振奋的语气，你就不要表现得太平淡单调，而应该也是愉悦、热情的；如果面试官说话很严肃，你就应该表现得稳重一些；如果面试官说话很平稳、缓慢、柔和，你说话就不要声音过大或过快。

7. 眼神交流

眼神交流表明了对谈话对象的尊重和他所说内容的兴趣。面试中，四分之三的时间要以平稳自然的眼光注视面试官的面部，特别是眼神，但不要直勾勾地盯着。而其他时间也不要东张西望、无所事事，应该转移到他的手或是你的笔记，这样会给面试官留下你自信、专注和诚恳的印象。

8. 手势

交谈中可以有适当的手势配合表达，但不宜过多，太多了会分散别人的注意力。注意手的细节：手上不要摆弄东西，如玩纸、玩笔、挠头等。

9. 其他

面试时不要吃东西、嚼口香糖、抽烟，喝水不要出声。

【典型案例】

介绍类面试的应对方式

特征：一般出现在第一轮面试中，首先要应聘者介绍自己的背景和经历。

应对关键词：清晰、简洁、有条理、坦诚。

问题举例一：请你简单介绍一下自己。

这里，首先突出的是简单二字。也许你有十几年的工作经验，担任过的职位有十多个，但切忌不分重点一一罗列。你只要给出工作经历框架即可，职位和工作内容选择有代表性的、能反映你职业晋升轨迹的即可，目的是让面试官了解你的经历。介绍时间控制在2分钟以内，并且适当放慢语速，因为很多公司名字、所处行业、职位内容对面试官来说可能比较陌生，必要时需解释一下。叙述顺序与简历相反，请从教育经历以及第一份工作开始。

问题举例二：你对我们公司了解吗？

此题出现的频率很高，目的是看你对公司的重视和渴望程度。应聘前必须做好准备，了解公司历史、行业、产品以及最新动态。

问题举例三：你认为自己成功吗？

请毫不犹豫，给出肯定的回答，并主动提供工作目标和成功案例。

问题举例四：请讲出一个你曾经在工作中受到批评或者犯错的例子。

快速简短地给出失败的例子，并补充一个后来改进的例子，说明这方面的弱点自己已经克服。

（三）面试后的礼仪

许多求职者只留意应聘面试时的礼仪，而忽略了应聘后的善后工作，而这些步骤亦能加深别人对你的印象。

1. 表示感谢

为了加深招聘人员对你的印象，增加求职成功的可能性，面试后两天内，最好给招聘人员打个电话或写封信表示谢意。感谢电话要简短，感谢信要简洁。感谢信的开头应提及本人姓名及简单情况，然后提及面试时间，并对招聘人员表示感谢。感谢信的中间部分要重申你对该公司、该职位的兴趣，增加些对求职成功有用的事实内容，尽量修正可能留给招聘人员的不良印象。感谢信的结尾可以表示你对自己的素质能符合公司要求的信心，主动提供更多的材料，或表示能有机会为公司的发展壮大做出贡献。

2. 不要过早打听面试结果

在一般情况下，同一职位的面试会持续一段时间，最后确定录用人选，求职者在这段时间内一定要耐心等候消息，不要过早打听面试结果。

3. 调整心情

一次面试完成后，要调整好心情，全身心投入第二家的面试准备，因为没有录用之前，仍不算成功，不要放弃其他机会。

实践练习

为增强求职意识，提高求职技能，提升就业竞争力，大学生可以以班级为单位自发组织模拟面试，邀请师兄师姐或者老师当面试官，体验一下面试的氛围。通过模拟面试，掌握简历制作技巧、面试流程、面试礼仪等，以最佳的状态面对今后的面试。

组织形式：可以在教室里模拟企业招聘全过程。

准备事项：桌椅、简历、着装、面试提问及其他道具。

活动内容：邀请师兄师姐或老师担任面试官。小组同学事先准备好自己的简历，依次应聘。面试过程中回答面试官提出的各种问题，结束后由面试官点评，其他同学也可以参与评议。

面试问题：(仅供参考)

1. 谈谈你自己（请介绍一下你自己）。
2. 对我们公司了解吗？为什么愿意应聘这个工作？
3. 请你用两分钟描述自己的优势和不足。
4. 说说你曾做过的最满意的一件事。
5. 你的适应能力如何？
6. 你周围的人是如何评价你的？
7. 你希望得到的薪酬是多少？
8. 你想找一份长期的还是临时的工作？
9. 五年内你给自己制定的目标是什么？
10. 你能为我们公司带来什么？

案例思考

一位大学毕业生的自述

毕业的大学生一年比一年多，就业一年比一年难。2008 年的世界金融危机，让不少心高气傲的大学生改变了以往的就业观，决定“先就业再择业”。就业，成了大学生一心想要跨过的坎。

在找工作之前，我走访了一些校友，向他们了解求职信息、面试技巧等，写出了有自己特色的中英文简历。我还通过父母、朋友了解到一些公司企业的进人计划等信息。一方面，我在网上投递简历，择取符合自己的职位；另一方面，我时常会去招聘会现场投简历。

在自己的电脑里，我建立了一个简历投递的文件夹。以职位加日期命名，针对不一样的职位要求，我的简历并不千篇一律，而是有针对性地调整。如果我相中的是甲公司的 A 职位，我会从网上寻找该公司 A 职位的要求叙述，整合修改后加到自己的简历中，充实内容。

招聘会现场始终是人山人海，尽管知道就业形势不容乐观，但我在投简历时还是有所选择，那就是选自己较有兴趣的职位。不加选择地盲目投递，既浪费了自己和用人单位的时间，也阻碍了别人的求职机会，是不可取的。

后来在老师的推荐下，我得到了一家和自己所学专业相关的公司的面试机会。由于十分在乎这个机会，面试前我比较紧张，但我通过充分准备来化解紧张情绪。我先把“自我介绍”想好。接着，我从互联网上搜索其他人对该公司的评价，如该公司在社会上有哪些新闻、影响等。然后登录公司官网，了解该公司最近招聘什么职位，尽可能全面了解该公司。之后，我准备好面试当天要穿的服装，保证得体大方地参加面试。由于准备较充分，面试过程相当顺利，自信的回答为我加分不少。结果在面试回家的路上，我就接到了这家公司通知我报到的电话，开始了实习。

思考并讨论以下问题：

1. 阅读案例，思考实现就业需要具备哪些求职技能？
2. 在当前就业形势下，如何摆正自己的择业心态？
3. 如何收集并利用求职信息？
4. 面试与笔试需要做哪些准备工作以及如何应对？
5. 求职过程中需要注意哪些问题？

第四章

大学生就业权益与法律保障

本章要点

大学毕业生在求职择业过程中，就业权益有时会受到严重损害。大学生要学会识别陷阱，规避风险，增强就业自我保护能力，学会利用法律武器来维护自己的合法权益。

本章从大学生就业权益、大学生求职陷阱以及大学生就业权益的法律保护等方面，帮助大学生提高求职过程中的警觉性，加强自身权益保护意识，合法维护自己的就业权益。大学生要学会签订就业协议书和劳动合同，主动规避就业风险。

学习目标

通过本章的学习，大学生应当在态度、知识和技能三个层面达到以下目标：

学习目标
- 态度 → 增强求职择业过程中的权利意识
- 知识 → 了解大学生求职择业的基本权益；了解大学生求职择业相关法律法规
- 技能 → 识别求职择业陷阱，维护自身权益

第一节　大学生就业权益

一、就业权益的内容

（一）普通劳动者的劳动权益

1. 劳动报酬权

劳动报酬权是指劳动者依照劳动法律关系，履行劳动义务，由用人单位根据按劳分配的原则及劳动力价值支付报酬的权利。我国《劳动合同法》规定了试用期最低工资标准，保障了毕业生初次就业时在试用期的劳动报酬权；人力资源和社会保障部的《工资支付暂行规定》中明确指出，劳动者若因本人原因给用人单位造成损失的，用人单位每月从劳动者工资中扣除损失赔偿不得超过劳动者当月工资的20%；对于劳动者加班情况，应当给予其150%～300%的工资报酬等。这些法律、规定保障了毕业生维持生存所必须的劳动报酬权。

2. 休息休假权

休息休假权是指劳动者在法律规定的工作时间以外进行休息和休养的权利。休息休假权保障了劳动者体力的恢复、保持身体健康和利用休息时间享受文化生活等的需求。《劳动合同法》规定了用人单位不得强迫或变相强迫劳动者加班，《职工带薪年休假条例》规定符合条件的职工均可以享受带薪年休假，以保障劳动者的休息和休假权利。

【典型案例】

最近，某公司25岁工程师因过度加班、心力衰竭而死亡的消息，引发了强烈的社会关注和议论。近几年，“英年早逝”事件屡见不鲜，人们把这些超过劳动强度而致死的现象称为“过劳死”，接二连三的“过劳死”事件引人深思：是工作第一还是身体第一？

请你谈谈对“过劳死”的看法；想一想，应如何处理工作和休息的关系。

3. 劳动保护权

劳动保护权，也称为职业安全卫生权，是指劳动者在劳动过程中的安全和健康应该得到用人单位的保障，以防止其伤亡事故和职业病的权利。例如，我国的《劳动法》、《妇女权益保障法》、《残疾人保障法》等法律法规规定用人单位有义务对与其建立劳动关系的劳动者，特别是女性、残疾人劳动者按照其身体、生理特点，采取有效的安全和健康保障措施。

(二）择业过程中享有的权利

除了上述作为普通劳动者所享有的一般权利外，大学生这个特殊群体在择业与就业过程中还享有许多权利。

1. 接受就业指导权

接受就业指导权，是指大学毕业生有权从学校、社会、国家获得及时、有效的就业指导与就业信息服务。接受就业指导对大学生来说意义重大，就业指导工作会直接影响毕业生的就业方向、就业意识、就业技巧等。

我国《高等教育法》规定“高等学校应当为毕业生、结业生提供就业指导和服务”。高校除了应将就业指导纳入大学生课程体系外，还应当成立专门的就业服务机构，安排专业人员对毕业生进行就业指导，包括向毕业生宣传国家有关就业的方针政策，对毕业生进行择业技巧的指导，引导毕业生根据国家和社会需要，结合个人实际情况进行择业等，使毕业生通过接受就业指导，准确定位，合理择业。由此可以看出，接受就业指导和服务是大学毕业生的一项重要权益。

2. 就业信息知情权

就业信息知情权，是指大学毕业生拥有及时全面地获取各种应该公开的就业信息的权利。从广义上说，就业信息既包括与毕业生求职择业相关的国家有关方针、政策与规定，也包括国家宏观经济发展状况和各个地区与行业的发展情况，还包括用人单位的规模、性质、产品、市场、企业文化、工作环境、学习培训、福利待遇等单位的总体情况和专业需求、上岗条件、未来发展通道等工作岗位的具体信息，是毕业生择业、就业的基础。

大学生的就业信息知情权包括三方面含义：一是信息公开，即就业信息对任何毕业生来说都应该是公开透明的，任何团体、组织和个人都不得隐瞒、截留用人信息或者公布虚假用人信息；二是信息及时，即提供给毕业生的信息必须是及时、有效的，不能将过时无利用价值的信息传递给毕业生；三是信息全面，毕业生有权获得准确、完整、全面的就业信息，以便对单位、职位情况有更加深入、全面的了解，进而根据自己的实际情况，做出恰当的职业选择。

3. 接受就业推荐权

接受就业推荐权就是指高校毕业生拥有被学校如实、公正、及时推荐到用人单位就业的权利。学校的推荐对毕业生的就业有着重大的影响。事实证明，学校的推荐在很大程度上影响到用人单位对毕业生的取舍。

毕业生享有被推荐权包含这样几方面内容：

第一，如实推荐。即高校在对毕业生进行推荐时，应实事求是，根据毕业生本人的实际情况向用人单位进行介绍、推荐，不能故意贬低或随意捧高该毕业生在校的表现。

第二，公正推荐。学校对毕业生进行推荐应做到公平、公正，应给每一位毕业生以就业推荐的机会，不能厚此薄彼。

第三，择优推荐。学校根据毕业生的在校表现，在公正、公开的基础上，还应择优推荐，用人单位在录用毕业生时也应坚持择优标准，真正做到优生优用、人尽其才。

4. 就业选择自主权

就业选择自主权，是指在国家就业方针、政策指导下，高校毕业生有按照自己的意愿选择职业的权利，包括自由选择是否从事职业劳动，从事何种职业劳动，何时从事职业劳动，在哪一类或哪一个用人单位从事职业劳动等的权利。毕业生的就业选择自主权，否定了行政安置和强制劳动，充分体现了毕业生在人才市场自主择业的权利。

5. 平等就业权

所谓平等就业权，是指根据国家相关法律法规及政策，高校毕业生在择业过程中享有的平等的权利，不因民族、种族、性别、信仰、身体条件、社会出身等原因，受到就业歧视或被排斥、取消、损害其就业机会。这种平等不仅体现在符合招聘条件的毕业生都可以平等地接受学校推荐，参加单位公开招聘，进行公正、平等竞争，并且要求用人单位在录用毕业生和确定福利待遇时要做到公平、公正、一视同仁。

6. 隐私保护权

毕业生在求职择业过程中，不可避免地要将自己的部分信息提供给用人单位，但是这些信息仅限于与应聘岗位招聘条件密切相关的范围之内。如果不经毕业生同意，任何单位或个人都不得将毕业生的个人信息随意发布和使用，用人单位更无权以招聘考核为名过问毕业生的各种隐私。

（三）就业过程中享有的权利

1. 过渡期保障权

所谓过渡期保障权，是指毕业生在实习期、试用期、见习期应当享有的保障个人各方面利益的权利。毕业生相对用人单位来说是处于弱势地位，由于相关法律法规还不很健全，学生在从学校到职场的过渡期的许多权益往往会受到一些用人单位的侵害。我国《劳动合同法》规定了试用期期限的设定和试用期工资的最低水平，在一定程度上为劳动者试用期的各种权利提供了保障。

2. 就业签约权

毕业生与用人单位达成就业意向后，需要通过签订就业协议或劳动合同，将双方的劳动关系或已经达成的约定，以书面形式落实下来，并对双方的责任、权益进行明确的书面说明。不签订就业协议或劳动合同，或是协议、合同的内容和条款过于笼统甚至违法违规，都是对大学生就业权益的侵犯。法律更不允许单位或个人采取欺诈和胁迫的方式要求毕业生签订就业协议和劳动合同。

3. 违约求偿权

所谓违约求偿权，是指高校毕业生在与用人单位签订就业协议后，如果用人单位无故违约或解约，毕业生有权要求用人单位进行相应的赔偿。毕业生就业协议一经签订，毕业生、用人单位、学校三方都应严格履行，任何一方不得擅自毁约。如果用人单位无故要求解约，毕业生有权依照《合同法》要求对方严格履行就业协议，否则用人单位应对毕业生承担违约责任，支付违约金。

4. 户口档案保存权

所谓户口档案保存权，是指自毕业之日起两年内没能及时找到工作或没有到正规单位就业的毕业生，在择业期内将其档案、户口放在原校保留两年的权利。根据国家政策规定，大学生由毕业之日起两年内，为大学生择业期。两年期满后，学校不再对毕业生的户口档案进行保管。

二、如何维护大学生就业权益

（一）识别和规避求职陷阱

大学生就业竞争日趋激烈，对大部分毕业生来说，不管工作好坏，能找到一份工作就是胜利，这种思想导致许多毕业生在就业过程中丧失了应有的警惕性，忽视了对自身权益的保护，从而落入到各种求职陷阱中。轻者损失钱财或劳而无酬，重者被不法分子利用乃至受到人身伤害。大学生加强自身就业权益保护已经刻不容缓，而首要的就是识别和规避各种求职陷阱。

1. 陷阱之一：巧立名目，收取费用

某些用人单位在招聘时常常收取各种费用，这些名目繁多的收费项目，让初涉职场的毕业生无法辨别其合理性，更不知其合法性。这些所谓的“费用”主要有三类：

一是风险押金。有些毕业生对自身缺乏合理定位，常抱着“骑驴找马”的心态，一看到好的单位就不惜毁约跳槽，这样的做法让用人单位无法制订长远的用人计划，有部分单位就通过收取一定的风险押金来制约新员工跳槽。不知情的毕业生可能会认为，收取风险押金有一定的合理性，其实这些行为是违法的。

【典型案例】

某校几名大三学生欲在一家公司从事文秘、翻译等兼职工作，公司要求他们交500元押金。可这些学生在交钱后，这家公司又推托说目前职位已满或暂时没有工作可做，要学生等消息，接下来就没有消息了。后来，这些学生扬言上法庭起诉，才将押金追讨回来。

其实，任何招聘单位，以任何名义向求职者收取抵押金、服装费、产品押金、风险金、报名费、培训费等行为，都属非法行为。求职者遇到此类情况，要坚持拒交，并向招聘单位所在地区举报，以确保自己的合法权益不受侵害。

二是报名费（包括诸如信息费、登记费、资料费等）。有些用人单位将报名费作为他们获得额外收入的渠道之一。报名费的数额可能并不是很高，但一旦应聘者众多，总体收益则非常可观。

三是培训费。有些用人单位会采取“放长线、钓大鱼”的方式来收取培训费。这些单位会使毕业生感觉应聘非常顺利，而且获得的职位也非常具有发展前景。在签订劳动合同后，单位可能会让毕业生工作一段时间，但很快就会借各种理由要求毕业生参加公司的培训。他们可能会说，通过一段时间考察，发现你还不能完全胜任目前的工作，因此公司决定对你进行培训，但有关费用应当由你自己承担，如果你不承担培训费用的话，公司有权解除和你的劳动协议。这样的言辞会令初入社会的大学生们心生胆怯，以为缴纳一定培训费后就能保住现有的工作，于是迫不得已对其言听计从。

《劳动法》和《劳动力市场管理规定》有以下相关规定：用人单位在招聘时不得向求职者收取任何招聘费用，不得向被录用者收取保证金或抵押金，不得扣押被录用者的身份证等证件，不得以招聘人员为名义牟取不正当利益或进行其他违法活动。

2. 陷阱之二：假借试用，榨取人力

一些用人单位在与毕业生签订的合同里注明“试用期满后再签订正式劳动合同”，在试用期结束后，以“不符合录用条件”为由与毕业生解除劳动合同，或是试用期满后公司又以各种理由要求延长试用期等。这些都是假借试用期榨取大学生劳动力的表现。

用人单位以试用期为由，不与毕业生签订正式劳动合同的做法是违反我国《劳动法》和《劳动合同法》的。试用期是针对劳动合同而言的，它是包含在劳动合同中的，应当在具体的劳动合同中约定试用期，并且试用期最长不得超过六个月。为了规避这方面的风险，建议毕业生们在确定工作前，最好向该公司的员工询问那里的工作情况。

3. 陷阱之三：招聘为名，窃取成果

有些招聘单位借着招聘考试的名义，窃取应聘者的智力成果，这就是所谓的“智力陷阱”。有些公司自身缺乏创意人才，而聘请高水平的工作人员又需要付出较大成本，便通过大规模招聘来要求求职者做案例、程序设计、广告设计、策划方案、文章翻译等，以此获得好的创意或方案。他们往往在面试或笔试时，把该单位遇到的问题以考题的形式要求应聘者作答，而无论应聘者表现如何，招聘的最终结果都是无一人录用。这些单位招聘是假，窃取创意才是真正目的。

用人单位的这种做法是一种侵犯知识产权的违法行为。具体防范措施如：提交方案或设计的同时，交上一份声明或协议，要求用人单位对自己的劳动成果给予保护，声明未经作者同意不得用于商业目的和用途，不得擅自使用或者允许第三方使用，违反协议应承担损害赔偿责任等，并要求招聘单位签收，如果该单位拒绝毕业生此要求的话，则说明这次招聘很可能有问题。

4. 陷阱之四：偷梁换柱，克扣工资

所谓薪酬陷阱，是指用人单位在招聘时以优厚的待遇吸引前来求职的毕业生，等到其正式上班时，招聘时的承诺则以种种理由不予以兑现；或是针对薪水中的一些不确定收入，进行虚假或模糊的承诺，由于没有以明确的合同或协议形式固定下来，其变动的空间和额度难以预估，就无法受到法律的相关保护。

毕业生求职时应根据自身情况对薪酬标准有一个合理定位，对过高的薪酬标准应警惕是否存在陷阱，不清楚的地方要问明白，否则就易上当受骗。遇到薪酬陷阱时，应先与用人单位界定薪酬的上下限，尽量减少承诺薪酬中的“软性成分”即不确定成分，并协商支付方式。比如，试用期待遇如何？试用期过后薪资多少？工资的支付方式和支付周期是怎样的？加班时间费用如何计算？将这些口头承诺写入劳动合同中，以劳动法的约束力来督促用人单位履行承诺。

（二）增强自我保护意识

1. 法律意识

市场化的就业体制是通过市场这个无形的手进行调节来实现人力资源的合理配置的。市场经济是法制经济，毕业生就业也受到法律体系的保护。因此，毕业生必须了解与就业相关的法律法规、政策制度，了解劳动用工的相关规定，并且在学习这些法律、政策、规定的过程中，逐步提高法律意识，学会使用法律武器维护自身权益。

2. 契约意识

契约意识包括两个方面的内容：一是通过就业协议来保护自己合法权益的意识，二是必须严格遵守就业协议的意识。毕业生与用人单位签订的协议是一种合同，是确立双方当事人之间劳动关系的一种契约，具有法律效力。因此，毕业生要谨慎签约、积极履约。协议一旦订立，双方都必须遵守，任何一方未经对方同意都不得擅自毁约、违约，否则将受到法律制裁。

3. 维权意识

由于大学生就业市场发育还不够成熟，法律制度尚不健全，损害大学生合法权益的现象时有发生。具有强烈的维权意识，在碰到问题时能够拿起法律的武器积极保障权利，是毕业生走上自我权益保护的实质性的一步，是由观念转化成行动的重要一步。毕业生只有在掌握法律政策、养成良好的法律意识和积极的维权意识之后，才能够平等地与用人单位进行对话，据理力争，保障自己的权益免遭侵害。

4. 证据意识

毕业生在求职就业过程中，应树立证据意识。一是收集证据的意识，在求职时要有意识地要求用人单位出示或提供相关资料，如要求用人单位出示营业执照、要求对方出示表明身份的证件等；二是保存证据的意识，要注意保存现有的证据，以便将来在仲裁法庭或进行诉讼时维护权益，如招聘海报，往来传真、邮件等；三是运用证据的意识，要有用证据证明事实的意识，知道什么样的事实需要什么样的证据，要明确举证责任是在对方还是己方。

5. 诚信意识

毕业生诚信意识的培养和权益的自我保护，主要包括两个方面：一是毕业生在求职过程中必须如实向用人单位介绍自己的情况，要实事求是，如果故意隐瞒自身情况、欺骗用人单位，可能导致就业协议无效，由此将会承担缔约过失责任；二是要能够意识到用人单位是否诚信。目前大学毕业生就业形势严峻，使得毕业生不敢向用人单位问太多的问题、提更多的要求，而往往认为单位说的都是对的，单位要求的就应该去做，不知不觉中自己的权益已经遭受侵犯。

【扩展阅读】

在求职的高峰期，各招聘单位会收取有效简历达千万份，不少招聘单位表示，“我们会在没用的招聘信息上画个符号表示废弃，之后按废纸变卖”。企业这种随意处理简历的方式会导致求职者个人信息外泄，后果堪忧。某高校毕业生吴同学在人才市场和网站上投递大量求职简历后，经常收到一些莫名其妙的短信，如买房购车、空中交友。求职者信息被泄露的情况屡见不鲜，由此而来的各种电话、邮件骚扰令许多人不堪忍受。

专家建议：大学生要加强自我保护意识，简历中尽量不要有身份证号码、毕业证书复印件等重要信息。同时，在求职简历上加注标签，如“此简历仅限于某次招聘的某单位”等，作为维权证据。一旦招聘单位造成应聘者个人信息泄露，形成损害，受害人可通过法律途径要求赔偿。

（三）熟悉相关法律法规

1. 熟练掌握《宪法》和《就业促进法》中与就业权益保护相关的内容

我国《宪法》第三十三条规定：“中华人民共和国公民在法律面前一律平等。”《就业促进法》中与平等相关的规定有：第二十五条规定，“各级人民政府创造公平就业的环境，消除就业歧视，制定政策并采取措施对就业困难人员给予扶持和援助”；第二十六条规定，“用人单位招用人员、职业中介机构从事职业中介活动，应当向劳动者提供平等的就业机会和公平的就业条件，不得实施就业歧视”；第二十七条规定，“国家保障妇女享有与男子平等的劳动权利”，“用人单位录用女职工，不得在劳动合同中规定限制女职工结婚、生育的内容”；第二十八条规定，“各民族劳动者享有平等的劳动权利”；第二十九条规定，“国家保障残疾人的劳动权利”，“各级人民政府应当对残疾人就业统筹规划，为残疾人创造就业条件”，“用人单位招用人员，不得歧视残疾人”；第三十条规定，“用人单位招用人员，不得以是传染病病原携带者为由拒绝录用”，“经医学鉴定传染病病原携带者在治愈前或者排除传染嫌疑前，不得从事法律、行政法规和国务院卫生行政部门规定禁止从事的易使传染病扩散的工作”。当前，我国的就业歧视现象依然屡见不鲜，每个毕业生都应当了解这些法律法规，在择业就业过程中，用这些法律法规来维护自己平等就业的权利。

2. 熟练掌握《民法》中与就业权益保护相关的内容

毕业生要了解《民法》中关于主体平等、自愿和诚实信用等原则。在就业市场上，毕业生与用人单位在法律地位上是平等的。在与用人单位签订就业协议和劳动合同时，毕业生要不卑不亢，以平等的身份与之协商，并最终达成双赢的协议或合同。另外，毕业生在就业的过程中也要遵守诚信原则，在简历中实事求是地写明自己的情况。同时，毕业生也要注意考察用人单位的诚信状况，调查其是否有事先承诺优厚待遇，而事后不予兑现的现象，以免签约后权益受侵害。

毕业生要熟悉《民法》中关于用人单位主体资格的法律法规。签约前一定要行使自己的知情权，详细了解用人单位的情况，一般包括单位的规模、效益、管理制度及隶属单位，是否有人事接收权等。近年来，一些非法的传销组织开始盯上涉世之初的高校毕业生，为此一定要调查了解用人单位的主体资格。一般有合法主体资格、有信誉的单位会很配合毕业生对其的调查了解；反之，那些答应得痛快，工作条件诱人，却对学生正当咨询、调查百般敷衍、拖延的单位，毕业生就要提高警惕。

3. 熟练掌握《劳动争议调解仲裁法》中与就业权益保护相关的内容

第一，应注意《劳动争议调解仲裁法》在仲裁前置方面有所改进。此法在保留劳动争议仲裁前置程序的前提下，规定部分劳动争议可以实行一裁终局；劳动者对仲裁不服的，可以自收到仲裁裁决书之日起 15 日内向人民法院提起诉讼。也就是说毕业生如果对一裁终局不满的话，仍具有寻求诉讼的权利。

第二，应注意《劳动争议调解仲裁法》把劳动争议申请仲裁的时效进行了改动。劳动争议申请仲裁的时效期限为一年，从当事人知道或者应当知道其权利被侵害之日起计算；劳动关系存续期间因拖欠劳动报酬发生争议的，劳动者申请仲裁不受一年仲裁时效的限制；劳动关系终止的，申请仲裁应当自劳动关系终止之日起一年内提出。

第三，应注意《劳动争议调解仲裁法》在强化劳动监察部门作用方面的规定。用人单位违反国家规定，拖欠或未足额支付劳动报酬，或者拖欠工伤医疗费、经济补偿或赔偿金的，劳动者可以向劳动行政部门投诉，劳动行政部门应当依法处理。因此，当毕业生遇到用人单位违反以上规定的情况时，一定要及时向劳动行政部门投诉，以便能够及时得到帮助。

第四，要利用举证责任倒置进行维权。《劳动争议调解仲裁法》规定，发生劳动争议，当事人对自己提出的主张，有责任提供证据；劳动者无法提供由用人单位掌握管理的与仲裁请求有关的证据，仲裁庭可以要求用人单位在指定期限内提供，用人单位在指定期限内不提供的，应当自行承担后果。毕业生要注意分清哪些举证责任是自己的，哪些是用人单位的，以便发生争议时有效地维护自己的合法权益。

（四）维权求助的途径

毕业生在自身权益遭受侵犯时，寻求救助和维权途径有以下几种。

1. 学校与用人单位协商

毕业生可以要求学校出面与用人单位进行协商。学校有责任和义务维护本校学生的合法权益。并且，学校出面与用人单位进行沟通，非常有助于两者之间矛盾的顺利解决。遇到问题时，首先应当到学校的就业指导中心或相关部门寻求帮助，学校永远是毕业生维权强有力的后盾。

2. 向劳动部门举报

用人单位所在区、县的劳动行政主管部门每年都会对该辖区内单位的劳动用工情况、工资发放、社会保险金缴纳情况进行检查，一旦发现问题，会依法对单位进行处罚。因此，毕业生如发现所在单位有侵害劳动者权益的违法现象，可以向单位所在地的劳动行政主管部门举报，要求他们进行检查或处罚，维护自已的合法权益。

3. 劳动争议仲裁或诉讼

如果无法通过与单位的协商来解决自己所遇到的问题，学生可以向单位所在地劳动争议仲裁委员会要求仲裁；如果对仲裁裁决不服，可以向单位所在地人民法院提起诉讼，由法院进行裁定。

4. 借助新闻媒体

新闻媒体可以发挥很好的舆论监督作用。学生可以通过媒体对各种不公正现象进行曝光、报道，引起相关部门对这些现象的重视，从而促进这些问题的有效解决。毕业生在碰到就业权益被侵犯时，如果采取相关措施仍然无法很好解决，可以向报纸、电视等新闻媒体反映，借助舆论力量解决问题。

三、反对就业歧视

就业歧视是指没有法律上的合法目的和原因而基于种族、肤色、宗教、政治见解、民族、社会出身、性别、户籍、残障或身体健康状况、年龄、身高、语言等原因，采取区别对待、排斥或者给予优惠等任何违反平等权的行为。就业歧视主要有以下几种表现：

1. 待遇歧视

伴随着我国人事制度的改革，聘用形式出现多元化态势，如带编制的正式工，不带编制的合同工、临时工、派遣工等。这些多元化的聘用形式是社会多元化发展和人事制度改革的必然趋势，本无可厚非，但一些单位却出于一己之私利，打着人事制度改革的旗号实行就业歧视。

2. 性别歧视

在大学生就业过程中，性别歧视似乎是一个永恒的话题，而且大有愈演愈烈之势。一些单位往往找出一些冠冕堂皇的理由为自己辩解：本单位女员工太多，经常要去野外作业，经常要出差很辛苦，怕女性吃不消等，将女生“名正言顺”地拒之门外。女生往往成为就业的弱势群体。

3. 外貌歧视

一些用人单位在招聘过程中过分看重外表，不重内才，有的甚至只看外表。有的用人单位包括个别知名的大企业招聘犹如选美，只看谁的脸蛋漂亮，看谁的形象气质好，推荐表等求职材料看都不看一眼，其招聘会就像一场选美比赛。

4. 地域歧视

一些城市或地区地方保护主义思想严重，采取种种措施限制外地求职者来本地求职。

如个别大城市明文规定报考本市公务员必须具有本市户口，否则，连报名的资格都没有。

5. 经验歧视

在人才市场上不难发现，众多用人单位都明文告示只招有工作经验者，或有工作经验者优先，有的要求少则有一两年工作经验，多则三五年。否则，一律不予考虑。

【扩展阅读】

我国不少法律都有关于反对就业性别歧视的阐述和规定。如《劳动法》第十三条规定，“妇女享有与男子平等的就业权利”。但这些规定过于笼统，没有技术层面的可操作性，因此广大女性面对性别歧视仍然束手无策。而《就业促进法》不仅规定了政府在保障公平就业方面的职责和用人单位与职业中介机构不得性别歧视的义务，还有了一个极具操作性的内容——如果自己遭受到就业歧视，可以向人民法院提起诉讼。也就是说，凡劳动者遇到就业歧视，如前述健康和性别歧视外，还有民族、种族、信仰、年龄、身体（如身高、相貌、残疾）、地域、学历等各种五花八门、或明或暗的就业歧视，都可以向法院提起诉讼，通过司法途径获得救济，由法院根据法律规定和具体情况作出裁决，责令用人单位改正或作出赔偿。

第二节　就业法律法规

法律法规，是指我国现行有效的法律、行政法规、司法解释、地方法规、地方规章、部门规章及其他规范性文件。我国是成文法国家，执法和司法均以法律、法规、规章以及规范性文件为依据，因此，对于大学生就业而言，从法律的角度寻找支持与保护，也是一项在实现就业过程中保障自身利益的重要方法。

一、劳动新法与大学生就业

我国的劳动保护法律自2007年以来得到了跨越式的发展。一批劳动新法和地方性劳动法规在2007年颁布，并在2008年得以实施。其中最具影响力的劳动保护法律是《中华人民共和国劳动合同法》、《中华人民共和国就业促进法》以及《中华人民共和国劳动争议调解仲裁法》。以上三部法律对大学生就业产生了积极的影响，大学生应对以上法律的内容有较深入的了解。

劳动新法与毕业生紧密相关的内容主要表现在劳动合同的订立、社会保险的购买、试用期的规定与工资、劳务派遣等。特别是劳务派遣，随着新法的实施，越来越多的公司采用劳务外包的形式用工，在这种方式下，毕业生一定要清楚与自己签订合同的用人单位是派遣机构，而不是用工单位。

劳动新法对大学生就业的影响有以下几个方面：

1. 提高高校毕业生就业协议的签订率，提升就业质量

据调查，大约60%的用人单位都不与员工签订劳动合同，其中建筑餐饮等非技术行业的劳动合同签约率最低。部分用人单位不与高校毕业生签订劳动合同，依据规定，只有签订了劳动合同，才算建立了劳动关系。有了受法律保护的稳定的劳动关系，就业质量也就随之提升。

2. 规范试用期，高校毕业生就业稳定感有所增强

在实际工作中，一些用人单位滥用试用期，如将试用期设得过长，把试用期工资定得过低，在试用期内用人单位随意解除劳动合同等。劳动新法规范了试用期时间和薪酬，使毕业生在试用期内的合法权益得到有效保障，增强了他们的就业稳定感。

3. 为高校毕业生及时足额取得劳动报酬提供法律保障

用人单位克扣高校毕业生工资的事情时有发生。事实上，对于用人单位拖欠工资，绝大多数高校毕业生选择了“惹不起，躲得起”的回避措施，直接的权益还是受到了侵害。劳动新法中对用人单位必须及时足额给付劳动报酬作出了强制性的规定，这是广大高校毕业生的一大福音。

4. 高校毕业生就业知情权将得到尊重

劳动者的就业知情权是劳动者最基本的权利之一。在实际工作中经常会遇到这样的事：用人单位在签订《毕业生就业协议书》时故意隐瞒、夸大事实，引诱毕业生，或签订协议时承诺（书面或口头）到单位就业后正式签订劳动合同。新法里对此做出了回应，对用人单位招聘高校毕业生，必须尊重其知情权、履行如实告知的义务作出了明确的规定。

5. 促进大学生的合理流动

影响高校毕业生合理有序流动的因素很多，诸如用人单位随意约定，提高违约金，收取上岗押金，扣押证件、档案、社保关系等。对此，《劳动合同法》规定：“用人单位招用劳动者，不得扣押劳动者的居民身份证和其他证件，不得要求劳动者提供担保或者以其他名义向劳动者收取财物。”“用人单位违反本法规定，扣押劳动者居民身份证等证件的，由劳动行政部门责令限期退还劳动者本人，并依照有关法律规定给予处罚。”

二、《劳动合同法》的主要内容

（一）立法宗旨

完善劳动合同制度，明确劳动合同双方当事人的权利和义务，保护劳动者的合法权益，构建和发展和谐稳定的劳动关系。

（二）《劳动合同法》的调整范围

中华人民共和国境内的企业、个体经济组织、民办非企业单位等组织（以下称用人单

位）与劳动者建立劳动关系，订立、履行、变更、解除或者终止劳动合同，适用本法。

国家机关、事业单位、社会团体和与其建立劳动关系的劳动者，订立、履行、变更、解除或者终止劳动合同，依照本法执行。

同时，在附则中规定：事业单位与实行聘用制的工作人员订立、履行、变更、解除或者终止劳动合同，法律、行政法规或者国务院另有规定的，依照其规定；未作规定的，依照本法有关规定执行。

（三）劳动合同关系的建立与劳动合同的订立

用人单位自用工之日起即与劳动者建立劳动关系。建立劳动关系，应当订立书面劳动合同。订立劳动合同，应当遵循合法、公平、平等自愿、协商一致、诚实信用的原则。已建立劳动关系，未同时订立书面劳动合同的，应当自用工之日起一个月内订立书面劳动合同。用人单位与劳动者在用工前订立劳动合同的，劳动关系自用工之日起建立。用人单位与劳动者协商一致，可以订立固定期限劳动合同、无固定期限劳动合同和以完成一定工作任务为期限的劳动合同。

劳动合同应当具备以下条款：①用人单位的名称、住所和法定代表人或者主要负责人；②劳动者的姓名、住址和居民身份证或者其他有效身份证件号码；③劳动合同期限；④工作内容和工作地点；⑤工作时间和休息休假；⑥劳动报酬；⑦社会保险；⑧劳动保护、劳动条件和职业危害防护；⑨法律、法规规定应当纳入劳动合同的其他事项。此外，用人单位与劳动者可以约定试用期、培训、保守秘密、补充保险和福利待遇等其他事项。

（四）签订无固定期限劳动合同的规定

无固定期限劳动合同，是指用人单位与劳动者约定无确定终止时间的劳动合同。用人单位与劳动者协商一致，可以订立无固定期限劳动合同。有下列情形之一，劳动者提出或者同意续订、订立劳动合同的，除劳动者提出订立固定期限劳动合同外，应当订立无固定期限劳动合同：

（1）劳动者在该用人单位连续工作满十年的；

（2）用人单位初次实行劳动合同制度或者国有企业改制重新订立劳动合同时，劳动者在该用人单位连续工作满十年且距法定退休年龄不足十年的；

（3）连续订立两次固定期限劳动合同，且劳动者无《劳动合同法》第三十九条和第四十条第一项、第二项规定的情形，续订劳动合同的。

用人单位自用工之日起满一年不与劳动者订立书面劳动合同的，视为用人单位与劳动者已订立固定期限劳动合同。同时，在法律责任中规定：用人单位违反《劳动合同法》规定不与劳动者订立无固定期限劳动合同的，自应当订立无固定期限劳动合同之日起向劳动者每月支付二倍的工资。

无固定期限劳动合同并非没有终止时间的“铁饭碗”，只要符合法律规定的条件，劳动者和用人单位都可以依法解除劳动合同。

（五）试用期的法律规定

劳动合同期限三个月以上不满一年的，试用期不得超过一个月；劳动合同期限一年以上不满三年的，试用期不得超过两个月；三年以上固定期限和无固定期限的劳动合同，试用期不得超过六个月。同一个用人单位与同一劳动者只能约定一次试用期。以完成一定工作任务为期限的劳动合同或者劳动合同期限不满三个月的，不得约定试用期。

试用期包含在劳动合同期限内。劳动合同仅约定试用期的，试用期不成立，该期限为劳动合同期限。劳动者在试用期的工资不得低于本单位相同岗位最低档工资或者劳动合同约定工资的百分之八十，并不得低于用人单位所在地的最低工资标准。

在试用期中，除劳动者有不符合录用条件、有违规违纪违法行为，不得胜任工作等情形外，用人单位不得解除劳动合同。用人单位在试用期解除劳动合同的，应当向劳动者说明理由。

（六）集体合同

企业职工一方与用人单位通过平等协商，可以就劳动报酬、工作时间、休息休假、劳动安全卫生、保险福利等事项订立集体合同。集体合同草案应当提交职工代表大会或者全体职工讨论通过。集体合同由工会代表企业职工一方与用人单位订立；尚未建立工会的用人单位，由上级工会指导劳动者推举的代表与用人单位订立。

企业职工一方与用人单位可以订立劳动安全卫生、女职工权益保护、工资调整机制等专项集体合同。在县级以下区域内，建筑业、采矿业、餐饮服务业等行业可以由工会与企业方面代表订立行业性集体合同，或者订立区域性集体合同。

集体合同订立后，应当报送劳动行政部门；劳动行政部门自收到集体合同文本之日起十五日内，将集体合同审核意见书面通知签约双方，在十五日内未提出书面异议的，集体合同即行生效。

（七）劳务派遣制度

劳务派遣单位应当依照《公司法》的有关规定设立，注册资金不得少于五十万元。劳务派遣单位是《劳动合同法》所称用人单位，应当履行用人单位对劳动者的义务。劳务派遣单位与被派遣劳动者订立的劳动合同，除应当载明《劳动合同法》第十七条规定的事项（见前“（三）劳动合同关系的建立与劳动合同的订立”中劳动合同应具备的条款）外，还应当载明被派遣劳动者的用工单位以及派遣期限、工作岗位等情况。

劳务派遣单位应当与被派遣劳动者订立两年以上的固定期限劳动合同，按月支付劳动报酬；被派遣劳动者在无工作期间，劳务派遣单位应当按照所在地人民政府规定的最低工资标准，向其按月支付报酬。劳务派遣单位应当将劳务派遣协议的内容告知被派遣劳动者。劳务派遣单位不得克扣用工单位按照劳务派遣协议支付给被派遣劳动者的劳动报酬。劳务派遣单位和用工单位不得向被派遣劳动者收取费用。

用工单位应当履行下列义务：①执行国家劳动标准，提供相应的劳动条件和劳动保护；②告知被派遣劳动者的工作要求和劳动报酬；③支付加班费、绩效奖金，提供与工作岗位相关的福利待遇；④对在岗被派遣劳动者进行工作岗位所必需的培训；⑤连续用工的，实行正常的工资调整机制。用工单位不得将被派遣劳动者再派遣到其他用人单位。

被派遣劳动者享有与用工单位的劳动者同工同酬的权利。

用人单位不得设立劳务派遣单位向本单位或者所属单位派遣劳动者。

第三节　签订就业协议书和劳动合同

一、就业协议书的签订

《高校毕业生就业协议书》是明确毕业生、用人单位和学校三者在毕业生就业工作中权利和义务的书面表现形式。《高校毕业生就业协议书》一般由教育部或各省、市、自治区就业主管部门统一编制。作为学校派遣计划依据的《全国普通高等院校毕业生就业协议书》，由学校发放，毕业生签字，用人单位盖章，毕业生本人保存一份作为办理报到、接转行政和户口关系的依据。

（一）就业协议书的内容

第一，毕业生应按国家法规就业，向用人单位如实介绍自己的情况，了解用人单位的使用意图，表明自己的就业意见，在规定的时间内到用人单位报到，若遇到特殊情况不能按时报到，需征得用人单位同意。

第二，用人单位要如实介绍本单位的情况，明确对毕业生的要求及使用意图，做好各项接收工作。

第三，学校要如实向用人单位介绍毕业生的情况，做好推荐工作，用人单位同意录用后，经学校审核列入建议就业计划，报主管部门批准，学校负责办理派遣手续。

第四，各方应严格履行协议，任何一方若违反协议，应承担违约责任。

第五，其他补充协议。

（二）就业协议书的实质

大学生对就业协议书存在两种认识误区：一种是认为就业协议书只是一种意向书，目的只是为了方便学校管理就业工作，因此不具有法律效力，这种认识导致毕业生和用人单位签订协议书时马虎了事，甚至不遵循就业协议书上双方约定的内容；另一种认为就业协议书就是劳动合同，所以在毕业生报到后，毕业生不知道还要签订劳动合同，用人单位为了某些利益也不签。

对于第一种认识误区，我们要明确，就业协议书具有法律约束力，就业协议书的实质是毕业生和用人单位双方达成的约定各方权利和义务的民事合同。该合同的主要目的是约定毕业生毕业后到用人单位报到并签订劳动合同。作为民事合同，就业协议书一经签订即具有法律效力，任何一方都不得擅自解除，否则，违约方就应承担相应的法律责任。

对于第二种认识误区，我们应当明确的是，就业协议书不等同于劳动合同。两者存在明显的区别，主要表现在：

第一，主体不同。就业协议书的主体一方必须是应届毕业生，学校是就业协议的见证方或签约方，就业协议对用人单位的性质没有规定，适用任何单位；而劳动合同的主体一方必须是劳动者，另一方多为企业类用人单位（劳动者与国家机关、事业单位订立的合同是聘用合同）。

第二，内容不同。就业协议书的主要内容是毕业生和用人单位介绍各自的情况，毕业生表示愿意到用人单位就业并在规定期限报到，用人单位表示愿意接收毕业生，一般可以不涉及具体的劳动权利、义务。而劳动合同的内容涉及具体的合同期限、工作内容、工作时间、工作地点、劳动报酬、劳动保护和劳动条件等方方面面，劳动权利义务关系也更为具体明确。

第三，签订时间不同。对于毕业生来讲，通常是就业协议书签订在前，而劳动合同签订在后。就业协议书一般都在毕业生到用人单位报到之前签订，并且大部分是在毕业生在校期间签订，而劳动合同则是毕业生离校后，到用人单位报到以后再签订的。就业协议书中毕业生到用人单位报到时自动终止其效力；劳动合同的终止条件有两种：一是劳动合同期限届满，二是劳动合同约定的终止条件出现。

第四，适用法律和争议解决途径不同。就业协议书的订立依据及发生纠纷时适用的法律有《民法通则》、《合同法》，同时也可参照相关的政府政策措施。而订立劳动合同以及解决劳动合同纠纷所依据的法律主要是《劳动法》和《劳动合同法》。就业协议书签订后的发生争议，由于双方尚未形成正式的劳动关系，所以不能申请劳动仲裁，只能参照一般民事纠纷的解决途径，实践中主要采取调解或者诉讼方式；而在劳动合同基础上发生的争议，可以依《劳动法》规定申请调解、仲裁、提起诉讼，其中劳动仲裁是提起诉讼的必经程序。

【典型案例】

大学生小张在大四时到一家广告公司实习。由于实习表现突出，小张与该公司达成就业意向，并签订了就业协议。双方约定，服务期为3年，如果小张提前解约必须赔偿公司1万元。至于协议中的待遇、福利等条款暂为空白，人事部门让他先签名，具体条款过几天再补上。小张觉得，自己是经熟人介绍来的，不好意思提待遇的事儿。“找个工作不容易，不敢要求太多。反正别人有啥咱有啥呗，差不了事儿。”小张便在协议上签上了自己的名字。

正式上班后，公司与他签订了劳动合同，合同的有效期仅1年，而且也没有提前解除合同的赔偿条款。由于待遇与其他员工相差较大，小张在工作第二年便向公司提出辞职。公司提出，必须按就业协议的规定赔偿1万元。小张不服，准备通过法律手段维权。

想一想：该案例的主要责任在谁？如果你是小张，你应该如何避免这种不愉快的结果？

（三）就业协议书的订立

毕业生持学校下发的推荐表，参与双向选择活动。单位确定后，毕业生凭借推荐表回执或单位接收函换取《全国普通高等学校毕业生就业协议书》，协议一律以原件为准，复印件无效。签订毕业生三方协议书的基本程序如下：

第一，毕业生获得用人单位的书面接收函；

第二，毕业生到所在学校领取一式四份的《全国普通高等学校毕业生就业协议书》；

第三，毕业生与用人单位签署就业协议，并在就业协议书上签名盖章，用人单位应在协议书上注明可以接收毕业生档案的名称和地址；

第四，毕业生到所在学校签署就业协议；

第五，学校签完就业协议书以后，毕业生、用人单位、学生本人各留一份就业协议，毕业生本人把用人单位应持的一份就业协议书转交用人单位。

（四）就业协议书的解除

就业协议的解除分为单方解除和三方解除。

单方解除，包括单方擅自解除和单方依法或依协议解除。单方擅自解除协议，属违约行为，解约方应对另二方承担违约责任。单方依法或依协议解除，是指一方解除就业协议有法律上或协议上的依据，如学生未取得毕业资格，用人单位有权单方解除就业协议，毕业生考取研究生后，可解除就业协议，或依协议规定，毕业生未通过用人单位所在地组织的公务员考试，用人单位有权解除协议，此类单方解除，解除方无须对另二方承担法律责任。

三方解除是指毕业生、用人单位、学校三方经协商一致，取消已经订立的协议，使协议不再发生法律效力。此类解除因是三方当事人真实意思一致表示的体现，三方均不承担法律责任，三方解除应在就业计划上报主管部门之前进行，如就业派遣计划下达后三方解除，还须经主管部门批准办理调整改派。

（五）就业协议书的违约与责任

就业协议书一经毕业生、用人单位、学校签署即具有法律效力，任何一方不得擅自解除，否则违约方应向权利受损方支付协议条款所规定的违约金。从实际情况来看，多为毕业生违约。

毕业生违约，除造成本人承担违约责任，支付违约金这一影响外，往往还会造成其他不良的后果，主要表现在：

第一，就用人单位而言，用人单位往往为录用一名毕业生做了大量的工作，有的甚至对毕业生将要从事的具体工作也有所安排。同时毕业生就业工作时间相对比较集中，一旦毕业生因某种原因违约，势必使用人单位的录用工作徒劳一场，用人单位若重新着手选择其他毕业生，在时间上也不允许，从而给用人单位招聘工作造成损失。

第二，就学校而言，用人单位往往将毕业生违约行为归为学校的责任，从而影响学校和用人单位的长远合作。用人单位由于毕业生存在违约现象，而对学校的推荐工作表示怀疑。从历年情况来看，一旦毕业生违约，则受损的用人单位在几年之内都不愿到该校来挑选毕业生。面对激烈的就业竞争，用人单位的需求是毕业生择业成功的前提，如此下去，必定影响该校以后的毕业生就业，同时影响学校就业计划方案的制订和上报，并使学校的正常派遣工作无法顺利开展。

第三，就其他毕业生而言，用人单位到学校挑选毕业生的名额是有限的，一旦与某毕业生签订就业协议，其他学生便丧失了一个到此单位工作的机会。若日后签约的学生违约，有些当初希望到该用人单位工作的其他毕业生由于录用时间等原因，也无法补缺，造成就业信息的浪费，影响其他毕业生就业。因此，毕业生在就业过程中应慎重选择，认真履约。

【扩展阅读】

签订协议时应注意的问题

一、查明用人单位的主体资格

签订就业协议的当事人必须具备合法的主体资格。一般而言，用人单位必须具有从事各项经营或管理活动的能力，单位应有录用指标和录用自主权。

二、有关条款的内容必须明确

毕业生与用人单位在签约时，尽量采用规范条款。如确有必要进行变更或增加，亦应在内容上必须明确。

三、注意与劳动合同的衔接

由于毕业生就业协议签订在先，为避免在日后订立劳动合同时产生纠纷，应尽可能将劳动合同的主要内容体现在就业协议的约定条款中，并明确表示在今后订立劳动合同时应予以确认。

四、对合同的解除条件做事先约定

毕业生就业协议一经订立，就对当事人具有约束力，不得随意解除，否则应承担违约责任。

二、劳动合同的签订

对于初涉职场的大学生来说，从业之前还有一个关键环节马虎不得，就是与用人单位签订劳动合同，它是劳动者合法权益的有力保障。

【拓展练习】

经过几轮笔试和面试，某单位同意录取并要求与你签订劳动合同，但是合同的内容明显不规范，而你很想得到这份工作。请思考，这样的合同该不该签呢？遇到这种情况，你会采取怎样的行动呢？

劳动合同按照不同的标准可划分为不同的种类。以合同的目的为标准，划分为聘用合同、录用合同、借调合同、停薪留职合同；以合同的有效期为标准，划分为有固定期限的合同、无固定期限的合同和以完成一定工作为期限的合同。我国《劳动法》和《劳动合同法》规定，劳动合同应当以书面形式订立，即应采用书面协议。劳动合同的书面形式有主件、附件之分，劳动合同的主件即为劳动合同书，附件一般指劳动合同的补充协议，如岗位协议书、专项劳动协议、用人单位依法制定的内部劳动规则等。

（一）劳动合同的必备条款

根据《劳动法》的规定，劳动合同的必备条款有：

第一，劳动合同的期限。应届毕业生所遇到的劳动合同绝大多数是有固定期限的，所以大家一定要注意劳动合同中对期限的约定，以及关于期限违约责任的约定。

第二，工作内容。工作内容即用人单位安排劳动者从事什么工作，是劳动合同中确定的劳动者应当履行的劳动义务的主要内容。其主要包括：劳动者从事劳动的岗位、工作性质、工作范围以及劳动生产任务所要达到的效果、质量指标等。

第三，劳动保护和劳动条件。用人单位对劳动者的工作必须提供合适的生产、工作条件和劳动安全卫生保护措施，包括劳动场所和设备、劳动安全卫生设施、劳动防护用品等。

第四，劳动报酬。劳动报酬主要表现为用人单位根据劳动者劳动岗位、技能及工作数量、质量，以货币形式支付给劳动者的工资。劳动合同中关于劳动报酬的约定应该包括工资的数额、支付日期、支付地点以及其他社会保险（养老、失业、医疗、工伤、生育等）待遇。

第五，劳动纪律。劳动纪律指劳动者在劳动过程中必须遵守的劳动规则，包括国家法律、行政法规以及用人单位内部的厂规、厂纪、对劳动者的个人纪律要求等。

第六，劳动合同的终止条件。劳动合同的终止条件一般是指劳动者和用人单位在国家法律、行政法规规定的劳动合同终止的条件以外，协商确定的劳动合同终止的条件，即劳动合同终止的事实理由。

第七，违反劳动合同的责任。在劳动合同履行过程中，当事人一方故意或过失违反劳动合同，致使劳动合同不能正常履行，给对方造成经济损失时应承担的法律后果。

（二）劳动合同的履行、变更、解除与终止

劳动合同的履行，是指劳动合同的双方当事人按照合同规定，履行各自义务的行为。依法订立的劳动合同具有法律约束力，当事人必须履行合同约定的义务，任何个人或第三方不得非法干涉劳动合同的履行。

劳动合同的变更，是指双方当事人对尚未履行或尚未完全履行的合同，依照法律规定的条件和程序，对原劳动合同进行修改或增删的法律行为。劳动合同变更应遵循平等自愿、协商一致的原则，不得违反法律法规的规定。任何一方不得擅自变更劳动合同，否则要承担相应的法律责任。劳动合同的变更一般是协议变更，双方当事人就变更的内容及条件进行协商，达成一致意见，应签订书面协议。我国《劳动法》规定，提出变更劳动合同的一方，给对方造成经济损失的，应当承担赔偿责任。

劳动合同的解除，是指劳动合同当事人在劳动合同期限届满之前依法提前终止劳动合同关系的法律行为。劳动合同的解除可分为协商解除、用人单位单方面解除、劳动者单方面解除以及自行解除等。

劳动合同的终止，是指符合法律规定或当事人约定的情形的劳动合同的效力终止。我国《劳动法》规定：“劳动合同期满或者当事人约定的劳动合同终止条件出现，劳动合同即行终止。”

实践练习

根据你的职业定位，搜集相关行业和地域的就业法律法规。

职业定位		相关法律法规	
		国　家	地　方
目标行业			

案例思考

2008年6月初，某大学电子信息专业2008届毕业生小陈通过人才市场招聘信息了解到某科技公司招聘职员。经过面试，该公司对小陈的条件比较满意，同意聘任小陈担任公司工程部的工作人员，并承诺月薪2000元。小陈于2008年7月1日正式上班，上班的第二天，公司就提出要与小陈签订劳动合同，小陈很高兴，觉得公司非常正规。小陈所在部门的经理拿出两份空白的合同文本，让小陈先在乙方落款处签字，并说由于签合同的人比较多，公司让职工先签字，然后统一填写岗位、工资标准等条款并盖章，以便节省时间。小陈觉得公司说的也合情合理，就在两份合同上签了自己的名字。公司把合同收了回去，并说公司的合同将由公司人事部门统一保管，职工的那份合同由所在部门保管。小陈对此也没有在意，没有要求自己持有一份合同。

小陈开始满怀信心地工作了，但工作了一段时间却发现，公司虽然看起来规模比较大，但内部管理混乱，没有一个良好的运营机制，公司个别领导还对自己的工作随意指挥，小陈虽然很努力，还是觉得不能适应公司的要求。无奈之下，小陈在工作了一个多月后，于2008年8月10日向公司提出了辞职，公司同意小陈辞职，小陈也按公司的要求进行了工作交接，但在结算7月1日至8月10日的工资时，双方却发生争执。小陈要求公司按当初承诺的2000元结算该时间的工资，公司却只同意按1000元的标准支付上述时间段的工资，在反复协商未果的情况下，小陈向当地劳动争议仲裁委员会提出仲裁申请。

庭审过程中，该公司代理人拿出了小陈签字的两份合同，在“工资”一栏中明确写着“月工资1000元”。小陈感到非常吃惊，并向仲裁委员会介绍本文开头提到的情况，但该公司对此予以否认，坚持双方当时约定的月工资标准就是1000元。仲裁委员会要求小陈对其的主张提供证据，小陈却无法提供任何证据。

仲裁结果：在小陈没有提供任何证据证明自己工资标准的情况下，仲裁委员会裁决该公司按月工资1000元的标准向其支付2008年7月1日至8月10日的工资。

思考并讨论以下问题：

1. 阅读案例，从中得到哪些经验教训？
2. 小陈在签订劳动合同过程中犯了哪些错误？
3. 大学生在签订劳动合同时应注意哪些问题？
4. 大学生应如何维护自己的就业权益？

第五章
大学生职业适应与发展

本章要点

从校园步入职场的初期，很多大学毕业生会遭遇各种各样的问题和困难，其心态、行为与职场要求格格不入，难以快速融入新环境，不能适应新岗位和新角色。究其原因，主要在于大学生初涉职场的各种准备不足，没有掌握职场的“游戏规则”，难以达到职业人的要求。

本章通过对大学生进入职场后如何由学生向职业人转变、如何提升团队合作、职场沟通能力的方法和技巧，如何在激烈的职场竞争中脱颖而出等几个方面的阐述，为初入职场的大学生树立职场形象、提升职业化素养指明了方向。

学习目标

通过本章的学习，大学生应当在态度、知识和技能三个层面达到以下目标：

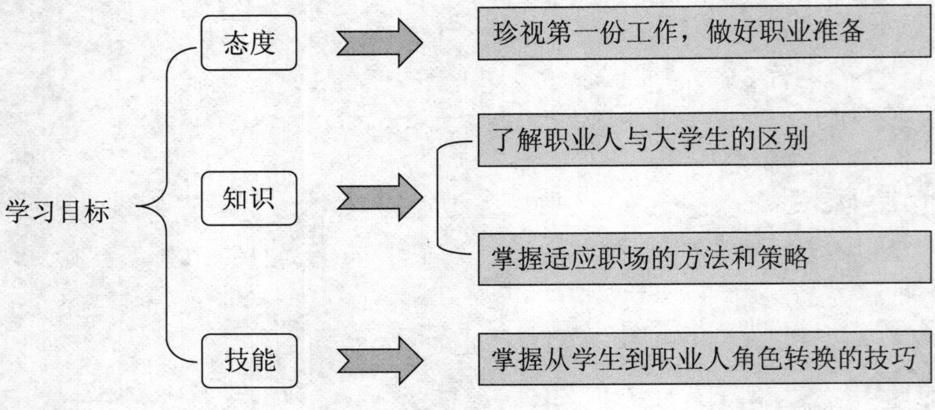

第一节 谙熟职场规则

大学生完成学业后，选择了自己理想或较理想的职业，步入社会，是其人生的一大转折。上岗就业，标志着一个新的人生阶段的开始。如何从单纯走向成熟，完成从校园生活到职业生涯的转换，并尽可能地缩短这个转换的过程，是适应职业环境、实现职业生涯目标的首要任务。

一、从学生到职业人

人的一生，会经历多次不同社会角色之间的转换。大学毕业走向社会，从学生到职业人，就是一种典型的社会角色转换。大学毕业生如果能顺利实现角色转换，就可以尽快地适应新的环境，缩短磨合期。

【扩展阅读】

初涉职场，大学毕业生应尽量做到以下几点：

第一，保持积极的心态。进入一个新的工作单位，尤其是初入职场，环境发生了很大变化，由于不适应而受到批评是常有的事。你可能会觉得委屈，但面对这种情况，保持积极的心态，调整自己的情绪，积极投入工作，尽快适应工作环境才是解决问题的根本之道。

第二，清晰记住自己的社会角色。工作和生活是不同的，它们的目标、解决问题的方法和遵循的原则都不尽相同。应该把工作和生活分开，清晰判断和快速进行角色转换，不要用同长辈的交往原则来处理与工作中前辈的关系。同时按照工作角色要求自己，不要给自己太多的借口，比如我是新手，出现错误是可以原谅的。

第三，做好自己的工作。很多毕业生刚参加工作就经常抱怨工作简单枯燥。诚然，有一定难度的工作能够激发人的工作热情，但是在企业中，很多一般的工作如果做不好，同样会给企业的发展带来危害。而且，当你连一般的工作都做不好时，企业又怎能把更重要的工作交给你去做呢？

所谓社会角色，简单地说是一个人的身份，是指与人们的某种社会地位、身份相一致的一整套权利、义务的规范与行为模式，是人所处的相应社会关系的反映。不同的社会角色有不同的行为规范和要求与之相对应。在就业以前，青年的社会角色常常是学生，社会会以对学生的要求衡量和评价其行为；就业以后，青年的角色是各种社会职业人员，社会会以职业人员的行为规范和要求去衡量和评价他们的行为。

【典型案例】

某高校工商管理专业人力资源方向2009届毕业生小黄于2009年7月进入某外资企业人力资源部工作，如今已是人力资源部的招聘助理了。刚开始工作时，小黄做的基本上是一些事务性的工作，比如打电话通知面试、引导面试者参加面试、做每周报表等。也许与她的人力资源专业有关，小黄有着很好的心态："我是这个团队里最年轻的，这些最基本的工作我不做谁做呢？再说刚进一个公司，别人会把重要的事交给你做吗？还有许多工作需要配合完成，也许他们的成功就建立在你的努力之上。"小黄总结自己的工作收获时说："我的沟通技巧得到了锻炼，我能快速和人建立良好的沟通，不会浪费自己太多的时间。我的表达能力也得到提升，我能很简洁地把信息传达给应聘者。在专业技能上，我学会了如何有效地筛选简历。另外我还学会了office软件的很多实用功能。即便是琐碎的小事，只要把它做得尽善尽美，也能从中得到收获，而自信心也会逐步提高。"

点评：

小事情却深藏着大机会。小黄在小事中积累着自己发展的财富，将自己的身份准确地定位为"普通劳动者"。像她这种不排斥基层繁杂琐碎的工作，"把简单的事情做好就不简单，把普通的事情做好就不普通"的理念值得初入职场的大学毕业生学习。

(一) 职业角色与学生角色的区别

社会角色由角色权利、角色义务和角色规范三要素组成。角色权利，就是角色依法享受的权益，或应取得的精神和物质报酬；角色义务就是角色的社会责任；角色规范就是社会提供的行为模式。职业角色与学生角色的根本区别也就表现在社会权利、社会义务和社会规范三个方面，如表5-1所示：

表5-1 学生角色与职业角色的区别

	学生角色	职业角色
社会责任不同	大学生是以学习、探索为主要任务，整个角色过程是接受教育、储备知识、锻炼能力的过程。学好科学文化知识，掌握为人民服务的本领，使自己德、智、体全面发展是其主要社会责任	职业人是以其特定的身份去履行职责，依靠自己的本领或技能为社会和他人服务，靠完成工作来体现价值。职业人必须适应社会、服从管理，在工作中犯了错误，必须承担成本和风险的责任，以及相应的社会责任

续表

	学生角色	职业角色
社会规范不同	《大学生行为准则》规范学生学习、做人和发展。学生是受教育者，在其违反角色规范时，惩罚是辅助手段，以教育帮助为主	对职业角色的规范因职业的不同而各异，但都比学生的社会规范更严格，一旦违背其社会规范，就要承担严肃的责任，甚至是法律责任
社会权利不同	学生权利主要是依法接受教育，并取得经济生活的保证与资助，以接受和输入为主	职业人依法行使职权，开展工作，运用知识技能，获得报酬，向外界提供自己的劳动，即运用和输出

（二）从学生角色到职业角色的转变

1. 活动方式的变化

从学生到职业人的角色转变，首先体现在活动方式的变化上。学生以学习知识为主要活动。长期以来，学生处在一种接受外界输入和给予的状态。而职业角色则要求职业人用自己的知识和能力，向外界提供自己的劳动产品。这种从接受到运用，从输入到输出的转换，是一个重大的活动方式的转变。接受和输入主要是要记忆和理解，运用和输出则要结合实际创造性地发挥。

2. 社会责任的增强

伴随着角色转变，职业人的社会责任明显增强。职业人的社会责任有更高的要求，其相应的社会评价也更加严格。因为，学生的社会责任通常是体现在学习过程中对自己的责任上；而职业人的社会责任体现在对工作对象的责任中，他们不负责的行为将会造成直接的损害。例如，一个学生学习成绩的好坏，常被看做是个人的事，人们也往往以其聪明与否和用功程度来评价；而职业人工作质量的高低不再被简单地看做个人的事，往往要从其社会责任的角度加以评判。

3. 全面独立的要求

全面独立的要求是和经济生活的独立是同时起步的。学生时代的经济开支主要依靠家庭的供给，进入工作岗位以后，有了劳动报酬，经济上逐步走向独立。经济上的独立使得家庭和社会向其提出了全面独立的要求，即工作上能独当一面，学习上善于自我发展提高，生活上自己照顾自己，社会关系上充分履行自己的责任等。这种全面独立的要求，一方面为青年的发展和自身完善提供了更广阔的空间和自由度，另一方面也对青年提出了自力更生、加强自我管理的人生新课题，这对于多年来习惯于依赖教师和家长指教扶助的学生来说，是一种新的挑战。

【典型案例】

小江和小郑是大学同学，一同应聘到一家公司上班。上班的第一天，小江穿着一套崭新的蓝色西装，看起来非常职业。而小郑还是以前的学生打扮，一套非常休闲的运动服，脚上一双运动鞋。第一天所有新员工到培训部接受培训。十几名新员工只有小江一人穿了正装。培训经理把新员工打量了一下，就指派小江担任新员工的班长，并让他在员工大会上代表新员工发言。以前在学校这些好事可都是小郑的，小郑觉得不服气，论能力他绝对在小江之上。

点评：

第一印象也被称为首因效应，对一个职场新人来说非常重要。对于刚刚毕业的大学生来说，上班第一天的着装细节，都可能影响职业的发展。上班着正装，是对工作的重视，同时也会给人职业化的感觉。虽然小江在能力方面不及小郑。但他注意了职场中的角色要求，从而给用人单位留下非常好的第一印象，为今后的发展打好了基础。

二、快速融入团队

进入公司的第一天是正式接触公司文化的开始，也是“从零开始”学习的起点。公司的氛围、主管的作风、同事的特点等方面都是一个初入职场的人需细心体会的，注意细节，才能尽快融入公司的大环境。

比如在接受第一次正式培训时，培训人员会对公司各种信息进行详细的介绍。公司的各种信息就好像是数学公式，只有把它运用到解题过程中才能充分理解。所以，只有在具体的工作过程中才有真实的了解和体验。培训时有机会到不同的部门从事不同的岗位，对整个公司的操作流程甚至运作模式都有所把握，这是展示学习能力的好时机。

通过如下细节的把握，有助于大学毕业生对公司文化、操作流程、运作模式、同事关系等加深理解，尽快融入团队。

1. 积极主动

主动性对刚开始工作的大学生来说极为重要。多花点时间去熟悉手头的工作，多做点调研以熟悉市场，是表现新员工的可塑性的好机会。特别是一些时间支配相对自由的工作，新员工们更需要坚持在一线，一方面，可以让同事知道你的确在努力，另一方面，在遇到难题时可以方便地与他们交流。

主动地向同事、主管请教是新员工被接受的一种有效手段。新员工总是会遇到需要和同事商量的问题。每解决一个问题，你和同事的关系便进了一层。主动出击，进入别的员工没有开拓的新领域，努力拼搏，取得一番成绩，这就是你确立在公司地位的资本，同时也是你获得升职的机会。

【扩展阅读】

职场中变被动为主动的秘诀

主动观察自己的上司是怎样工作的，告诉自己要像上司一样去工作；

主动去观察、关注同事们所忧虑的、所期待的；

站在老板的角度考虑问题，提前做出判断和应对；

主动建立自己的沟通系统，与周围同事建立有效的沟通机制；

能够站在别人的角度考虑问题，用别人喜欢的方式对待他们。

2. 寻找团队的积极品质

在一个团队中，每个成员的优缺点都不尽相同。新员工应该去积极寻找并学习团队成员中积极的品质。让你自己的缺点和消极品质在团队合作中被消灭。团队强调的是协同工作，团队的工作气氛直接影响团队的工作效率。如果团队的每位成员，都努力去寻找其他成员的积极品质，那么团队的协作就会变得很顺畅，团队关系变得和谐，团队工作效率自然得到提高。

【扩展阅读】

西点法则：团队精神

一个人再完美，也只是一滴水；而当他融入一个优秀的团队，他将享有大海的荣耀。

在西点军校，教员们都会对新学员进行这方面的教育，使他们懂得：一个人的能力是有限的，当一项工作或任务远远超出个人能力范围时，进行团队协作就势在必行。西点军人的团队不仅能够完善和扩大个人的能力，还能够帮助成员加强相互理解和沟通，把团队任务内化为自己的任务，真正做团队工作的主人，这样的团队会战胜一切困难，赢得最终的胜利。而作为这样的团队的成员也会在团队协作这个过程中迅速地成长起来。

3. 对别人寄予希望

每个人都有被别人重视的需要，具有创造性思维的知识型员工更是如此。有时一句小小的鼓励或赞许就可以使他释放出无限的工作热情。而且，当你对别人寄予希望时，别人同样也会对你寄予希望。

4. 时常检查自己的缺点

新员工应该时常检查一下自己的缺点，比如自己是否对人冷漠，或者言辞不当。这些缺点在团队合作中会成为你被接纳和自我成长的障碍。团队的效率在于配合的默契，如果达不成默契，团队协作就会不成功。如果你意识到了自己的缺点，不妨就在某次讨论中将它坦诚地讲出来，承认自己的缺点，让大家共同帮助你改进，这是融入团队最有效的方法。

5. 让别人喜欢你

你的工作需要得到大家的支持和认可，而不是反对，所以你必须赢得大家的喜欢。除了和大家一起工作外，还应该尽量和大家一起去参加各种活动，或者礼貌地关心一下大家的生活。要使同事觉得，你不仅是他们的好同事，更是他们的好朋友。

【扩展阅读】

让别人喜欢你的五种方法

真诚。

微笑。

记住你所接触的人中的每一个人的姓名。

做一个善于倾听的人。

谈论别人感兴趣的话题。

6. 保持足够的谦虚

团队中的任何一位成员都可能是某个领域的专家，所以你必须保持足够的谦虚。任何人都不喜欢骄傲自大的人。你可能觉得他人在某个方面或某个领域同自己有差距，但你更应该将自己的注意力放在他人的强项上，只有这样才能认识到自己的肤浅和无知。谦虚会让你看到自己的短处，而这种压力会促使自己在团队中不断地进步。

三、掌握沟通技巧

提高沟通能力包含两个方面：一是提高理解别人的能力，二是增加别人理解自己的可能性。那么怎样才能提高自己的沟通能力呢？

（一）提高沟通能力

1. 开列沟通情况和沟通对象清单

这一步非常简单。闭上眼睛想一想，你都在哪些情况中与人沟通，比如学校、家庭、工作单位、聚会以及日常的各种与人打交道的情境。再想一想，你都需要与哪些人沟通，比如朋友、父母、同学、配偶、亲戚、领导、邻居、陌生人等。开列清单的目的是使自己清楚自己的沟通环境和对象，以提高沟通的目的性和针对性。

2. 评价自己的沟通状况

在这一步，问自己如下问题：

对哪些情境的沟通感到愉快？

对哪些情境的沟通感到有心理压力？

最愿意与谁保持沟通？

最不喜欢与谁沟通？

是否经常与多数人保持愉快的沟通？

是否常感到自己的意思没有表达清楚？

是否常误解别人，事后才发觉自己错了？

是否经常与朋友保持联系？

是否经常懒得给人写信或打电话？

通过分析上述问题，有助于了解自己擅长在哪些情境与哪些人沟通，需要改善在哪些情景和哪类人的沟通方式。

3. 评价自己的沟通方式

在这一步，分析下面三个问题：

（1）通常情况下，自己是主动与别人沟通还是被动沟通？

（2）在与别人沟通时，自己的注意力是否集中？

（3）在表达自己的意图时，信息是否充分？

第一个问题，提醒你变被动为主动沟通，使你更容易与别人建立并维持广泛的人际关系，更容易在人际交往中获得成功。第二个问题，让你了解沟通时应保持高度的注意力，这样有助于了解对方的心理状态，并能够根据反馈较好地来调节自己的沟通过程。第三个问题的目的是，使你注意到在表达自己的意图时，一定要注意使自己能够被人充分理解。

4. 制订、执行沟通计划

通过前几个步骤，明确自己在哪些方面存在不足，从而有针对性地改进。比如，沟通范围狭窄，则需要扩大沟通范围；沟通主动性不够，则需要积极主动地与人沟通等。把这些制成一个循序渐进的沟通计划，然后把自己的计划付诸行动，贯穿于具体的生活小事中。

5. 对计划进行监督

最后，对计划进行监督和总结。这一步至关重要。一旦监督不力，可能会功亏一篑。自我监督，可以用日记、图表等方式记载自己的改进状况，对沟通能力的提高做到清晰可见。

（二）改善肢体语言

将身体语言有效地运用到人际交往中，不是一件很容易的事。这需要我们注意两个方面：一是理解别人的身体语言，二是恰当使用自己的身体语言。

1. 理解别人的身体语言

身体语言比口头语言能够表达更多的信息，因此，理解别人的身体语言是理解别人的一个重要途径。从他人的目光、表情、身体运动与姿势，以及彼此之间的空间距离中，我们都可以感知到对方的心理状态。了解了对方的喜怒哀乐，我们就能够有的放矢地调整我们的交往行为。理解别人的身体语言要注意以下几个问题：①同样的身体语言在不同性格的人身上意义可能不同；②同样的身体语言在不同情境中意义也可以不同；③要站在别人的角度来考虑；④要培养自己的观察能力；⑤不要简单地下结论。

同样是笑，有时候是表示好感，有时候是表示尴尬，而有的时候又是表示嘲讽，这都需要我们加以区别。理解别人的身体语言，重点是要从别人的角度来考虑问题。要用心去体验别人的情感状态。当别人对你表情淡漠，很可能是由于对方遇到了不顺心的事，不要看到别人淡漠就觉得对方不重视你。

2. 恰当使用自己的身体语言

恰当地使用自己的身体语言，我们需要注意以下几点：

（1）经常自省自己的身体语言；

（2）有意识地运用身体语言；

（3）注意身体语言的使用情境；

（4）注意自己的角色与身体语言相称；

（5）注意言行一致；

（6）改掉不良的身体语言习惯。

（三）让自己更具亲和力

在一个社会环境中生活，每个人都要参与交际，但其交际的方式和质量却各有不同：有的人灵活应变、左右逢源，在工作中广结人缘；有的人却捉襟见肘、处处受制，把人际关系搞到剑拔弩张。提升自身的亲和力和人缘，可从以下几个方面入手：

1. 学会尊重别人

朝天空吐唾沫的人，唾沫也会落在他的脸上；尊敬别人的人，别人也会尊敬他。俗话说："种瓜得瓜，种豆得豆。"把这条朴素哲理运用到社会交往中，可以说，你处处尊重别人，得到的回报就是别人处处尊重你，尊重别人其实就是尊重你自己。

2. 学会主动攀谈

言为心声，只有主动与别人交谈，别人才能更好地认识你。以交谈的方式与别人沟通，可促进和深化交往，获得他人的认可。

3. 学会换位思考

面对别人时不要居高临下，要以要求别人的标准来要求自己，要用要求别人理解自己的心态去理解别人。很多人往往要求别人很严格，对自己很宽松，总希望别人理解自己。其实很多情况下，需要自己替对方设想一下，只有自己更多地理解和体谅别人，别人才可能理解你、接受你。

4. 时刻保持微笑

灿烂的笑容是一张无言的名片，它如拂面春风，使人赏心悦目、惬意舒坦。灿烂的笑容无须任何成本，却是施展亲和力的"开场白"，是开启亲和力的金钥匙。无论亲密或生疏，只要灿然一笑，世界都会向你敞开温暖的怀抱。

【典型案例】

某领导总感到下属们对他很冷漠，见面连招呼也不打。一次大会上，他气愤地训斥道："不说我是你们的领导，就是一般的同事，见面了也应该礼貌地打个招呼吧？可你们见了我，能绕道走的绕道走，不能绕道走的四目相视，也没有一点声响，像不认识一样！"后来，这位领导接受了一位长者的建议，对待下属总是一副笑脸。结果下属们见了他都主动地接近他。领导欣然慨叹："原来获得亲和力居然这么简单！"

5. 宽容善待他人

与人方便就是与己方便，利益是互惠的，即只有善待他人，他人才会善待你。彼此之间的包涵和谅解就能促使双方进一步加强联系和沟通。当别人有了不足，特别是有损自己利益时，要做到得饶人处且饶人，这样才更能够博得别人的敬重。

6. 增强适应性

生活中常常可以见到这样的人：在熟人前风度翩翩、侃侃而谈，一见生人却举止失措，语无伦次；做主人能大方自如，做客人却频频失态；在小圈子尚能举止得体，到公开场合却脸红心跳；对合乎自己脾胃的生活习俗能欣然接受，对不习惯的事物却拒不接纳。这些人的如上表现皆是因其适应性差造成的。

适应性差，表层原因是胆子小，深层原因则是不自信。适应性差虽对已有的交际圈子影响不大，但要扩大交际范围则比较困难。适应性差的人，在交际活动中大都"躲进小楼成一统"，很难晓得"山外青山楼外楼"了。

7. 培养幽默感

做人，态度要严肃，但与人相处，却忌讳永远一副"英勇就义"的面孔。交际中如缺乏幽默感，便会严重影响交际的质量。幽默，有时可以收到一本正经难以企及的良好效果。事实证明，幽默感强的人亲和力大。

【扩展阅读】

保持亲和力

在社会交往中保持亲和力，需要在不同年龄的交往对象面前，保持不同心态。少年儿童年幼无知，身单力薄，不能够自立和自我保护，对他们关怀慈爱，要时时处处帮助关心他们，给他们以温暖和体贴；年轻人血气方刚，热情奔放，要多鼓励他们开创自己的事业；老年人饱经风霜，见多识广，对他们要谦虚谨慎、礼貌有加。

其次，在社会交往中保持亲和力，还应该在不同层次的交往对象面前，保持自己不同的气度和形象。在下级面前不能摆官架子，但也不能嘻嘻哈哈；在同级面前，要平等相待，互相尊重，互相支持，和善友好，而不能以邻为壑，老死不相往来；在上级面前，要谦恭有礼，精明干练，尊重服从，有问必答，有行必果，反应迅速，作风踏实，但不能唯唯诺诺。

再者，还要针对不同的交往对象采用不同的礼节。一般说来，与人交往应礼尚往来，但亲疏不同，交往的礼节也应有异。面对陌生人礼不可多。过分热情要么会使别人觉得突兀，要么会使自己疏于防范而被人利用。在陌生人面前最好是不动声色、静观其变。对待一般熟人和朋友一定要以礼相待，而且礼不可废、礼不可轻，一定要遵循对等的原则——你敬我一尺，我敬你一丈。

需要特别指出的是，在社会交往中保持亲和力，最关键的还是要有真诚待人之心。“路遥知马力，日久见人心。”待人真诚之心不变，那么亲和力就会与日俱增。

（四）提高“向上”沟通的能力

作为下属，只有保持与上级有效的沟通，建立良好的互动，方能得到有效的指导与帮助，从而提高自身工作效率与业绩，另一方面也能在“企业资源分配”中保持良好的敏觉性，为自己的工作争取到更多的“粮草”。

1. 熟悉上级的心理特征，进行正常的心理沟通

与上级交往同与其他人交往一样，都需要进行心理沟通。上级也是人，同样有七情六欲。不熟悉上级的心理特征，就不能进行良好的情感交流，达不到情感的一致性。上级与下级的工作关系，不能完全抛开情感关系。上下级之间心理上接近与相互帮促，会减少彼此之间的摩擦和冲突；反之，双方情感差异大，就免不了要发生心理碰撞，进而影响工作。

2. 要拥有良好的“向上”沟通的主观意识

有人说，“要当好管理者，就要先当好被管理者”。作为下属要时刻保持主动与上级沟通的意识，只有这样，才有可能获得上级器重而得到更多的机会和空间。上级工作往往比较繁忙，而无法顾及得面面俱到。保持与上级沟通的主动意识十分重要。不要只顾埋头于工作而忽视与上级的沟通，有效展示自我，让你的能力和努力得到上级的肯定是至关重要的，这是向上沟通要做到的第一点。

第二点，要持有真诚的尊重态度对待上级。上级能坐到今天的位置，大多是其努力的结果，但上级不可能事事都做出“圣君明主”之决断，有时也会失误，有时在某些方面可能还不如你，但你千万不要因此而滋生傲气，那只能给工作徒增阻力。要有效表达反对意见，不能只会说“不”。

第三点，要换位思考。对于上级的工作，要经常反过来想一想，如果我是上级我该如何处理此事，从而加强对上级行为的理解。

3. 寻找合适的“向上”沟通方法与渠道

合适的沟通方法与渠道对于促进有效沟通非常有益。我们日常上报给上级的日报、周报等在现实工作中常常被我们变成了“忽悠”、应付上级的工具。如何利用日报等常规沟通工具“向上”达成有效沟通是每一个被管理者要认真思考和对待的问题。被管理者要善于研究上级的个性与做事风格，根据上级的个性寻找到一种简捷、有效的沟通方式是沟通成功的关键。

当沟通渠道被外因所阻隔时，要及时建立起新的沟通渠道，时刻让上级知道你在做什么、做到什么程度、遇到什么困难、需要什么帮助等。不要期盼你遇到问题的时候，上级都能未卜先知且能及时伸出援助之手。

另外，还要掌握良好的沟通时机，沟通不一定非要在正式场合与上班时间，沟通内容也不要仅限于工作方面，偶尔沟通一下其他方面的事情将会有效地增进你与上级的默契。

4. 服从上级的领导，不要对上级采取抗拒、排斥态度

下级服从上级是起码的组织原则。一般情况下，上级的决策、计划不可能全是正确的，即使有时上级从全局考虑出发，可能会与某些小单位利益发生矛盾，小单位也应服从大局需要，不应抗拒不办。如果有的人因为与上级产生了矛盾，在工作时明知上级是对的，也采取抗拒、排斥态度，那更是不应该的。感情不能代替理智，处理工作关系，要求理智地处理问题，不能带有太多的情感因素。顶牛、抗拒、排斥不是改善上下级关系的有效途径。下级与上级产生矛盾后，最好能找上级进行沟通，即使是上级的工作有失误，也不要抓住上级的缺点不放。及时地进行心理沟通，会增加彼此的心理相容，与上级交流应采取谅解、支持和友善的态度。

5. 有效的沟通技巧

在给足上级面子的同时不要丢失了自我个性，千万不要失了智慧。上级手上掌握着你急需的大量资源，不要抱怨上级对你的不重视或是偏见，首先应该去反省自己：与上级的沟通是否出现了障碍？沟通的方式是否正确？但是与上级沟通并不等同于溜须拍马。沟通中首先要学会倾听，对上级的指导要加以领悟与揣摩，在表达自己意见时要让上级感到这是他自己的意见，巧妙借上级的口陈述自己的观点，赢得上级的认同与好感，让沟通成为工作有效的润滑剂而不是误会的开端。日常工作中有时候由于沟通方式或时机等不当，会引起与上级沟通过程中的危机。当上级对自己产生误会与不信任时，要及时寻找合适的时机积极主动地解释清楚，从而化解上级的“心结”。

【拓展练习】

如果你上司的上司邀请你共进午餐，回到办公室后，你发现你的上司对这件事颇为好奇，此时你会怎么做呢？是告诉他详细内容，还是不透露蛛丝马迹，亦或粗略描述，淡化此事的重要性？

（五）提升与同级沟通的能力

在同级沟通中，我们应该选择积极的沟通方式，即在不侵害别人和其他部门利益的前提下，敢于维护自己和本部门的权利，用直接的方法和真诚的态度来表达自己的需求、愿望、意见、感受和信念。

1. 真诚合作，大局为重

处理同级之间的关系，首要强调的是真诚、坦率，从合作的愿望出发，以大局为重，出于公心。其次是敢于坚持原则，捍卫自己的权利和利益，强调必须按照职权和公司规定的“游戏规则”行事。沟通双方要有共同的目的——把工作做好，并坚信有双赢的解决办法。在沟通中，应多以“我”、“我们部门”等作为话语的开头，表明说话者明确的立场和态度。

2. 提意见要明确，但态度要委婉

向对方提出意见时，要注意表达方式：

使用“在我看来……”“我的意见是……”明确表达自己的见解，但又避免将事情进行非对即错的极端化归类。不把自己的意见强加于沟通对象，承认人人都有表达不同意见的权力。类似于“我个人认为这样或许更有效”这样的说法，既能够表达自己的意见，给沟通对象提供了解决问题的建议，又给对方留有选择的余地。

提出带有商讨性的建议，如：我的报表明天中午交来，会不会给你们的工作带来什么不便？用“你对这件事有何看法”这样的方式进行沟通，主动询求他人的想法、意见和期望。直接用表示因果关系的词语，将对问题的解释与对自己意见的阐述区分开，并让对方明确自己说话的思路。

说话简明扼要，不要含糊其辞，表现出自己的坦率和真诚，使对方能准确抓住要点，明白自己的态度和立场。避免直接针对对方的意见和态度作强硬的批评，应选择用建议来表达自己的意见和态度。

3. 总是称赞同事的能力

如果有个策划案，你一个人完成不了，得找个比较内行的人帮忙，那怎么开口呢？你可以诚恳地说：“这个策划案没有你真不行啊！”同事为了不负自己内行的形象，通常是不会拒绝的。当然，事后要记得对其表示衷心的感谢。

4. 错了立即道歉

犯错误在所难免，能够勇于承认自己的过失很重要。推卸责任只会使你面对批评或责难。不管自己有没有不当之处，都不要将不满写在脸上，而应该让对方知道，你已接受到他的信息，不卑不亢的态度让你看起来自信稳重，值得敬重。

四、正确对待跳槽

目前，我国的用人机制从过去的冰封状态逐渐过渡到现在的自由流动阶段，用人制度也更加多样化，并且逐步趋于合理、趋于完善。传统的由国家统一调配的人和管理体制正在向适应社会主义市场经济的新型管理体制转变。外企进入中国，带来了全新的人才理念和人力资源管理方式，民营企业也在管理工作中采用了灵活的人才战略。这样的环境为每个人才都提供了广阔的生存发展空间，加大了人才的流动速度，同时也使企业间人才的竞争更加白热化。从而，“跳槽”就成为不可避免的社会现象，因此须正确面对跳槽并注意以下问题：

1. 把握跳槽时机

个人熟悉一个职位的流程、积累相关的经验至少需要两年时间，尤其是技术含量较高的职位，更需长时间的磨炼。比如质量经理和产品经理，至少得有5年的历练才可以获取比较丰富的相关经验。个人在职时间过短根本学不到技术，更无法熟悉流程及业务，试问这类“工作经验”怎能拿得出手？当然，也有一些行业和领域有自身的特性，比如市场类的职位，1～2年的跳槽频率或许能够被接受。所以说，选择一个好的跳槽时机是前提。

2. 选择要去的企业

事实上，深得人心的福利，比高薪更能有效地激励员工。高薪只是短期内人才资源市场供求关系的体现，而福利则反映了企业对员工的长期承诺。

3. 成长空间与个人发展

关注自己的发展空间，即公司是否为该岗位员工的职业发展安排了系列培训，这一点至关重要。与其看薪水高低，倒不如考虑与个人发展密切相关的职业培训。高薪可随市场波动，而培训则是终身受益。

4. 企业文化

企业是否具有“快乐宽松”的企业文化氛围，员工是否被充分尊重等，这些可以从公司网站和朋友那里了解，也可通过与面试人员的交流获得，或从公司前台员工的细微表现看出来。

5. 企业薪酬福利

选福利要根据自己的年龄状况，如，刚毕业的大学生可关注薪水的高低，要结婚时可关注企业是否有住房补贴，35岁以上的可关注退休养老福利。另外，还可以询问企业在薪酬体系中是否具有年度调薪计划等。

【典型案例】

劳拉在广州一家大型企业从事人事管理工作。因为有相关资质的证书和经验，上司很器重她。最近，劳拉从同事那里听说，自己很有可能被提升为人事经理。因此，她回顾和思考了自己的职业生涯。

当年，劳拉是“不知不觉”走进人力资源管理领域的。工作了几年，她虽然没有感到厌倦，却也找不到激情，日子在平淡中逝去，“凭着我的资历，很可能就这样一直做到退休”。

可劳拉不甘心，怎样才能恢复工作的动力呢？这一年多以来，她被这个问题困扰着。最近，劳拉的一个朋友来找她，特聘她去自己的公司任人力资源总监，并应允了比现在高50%的薪水。朋友公司的运营模式和现在的公司完全不同，可能会有新的锻炼机会，而且薪酬还不错，想到这儿，劳拉有些动心。但是，朋友的公司规模不大，人力资源总监的工作和现在公司里的人事经理没什么本质区别。劳拉不确定，这样的跳槽对她的发展有没有实际意义，而她又该不该跳槽。

点评：

从职业发展周期的角度看，劳拉的抉择取决于以下因素：首先，她要明确自己是否具有在人力资源管理领域持续发展的潜力；其次，她要客观评估目前自己所拥有的专业能力；再次，她要清楚如若继续向上发展，自己需要积累哪些方面的经验。公司规模并不重要，重要的是该企业、该职位有没有足够的资源让你学习，这也是跳槽成功与否的关键。

第二节 提升职业素养

一、打造职业形象

职业形象是社会公众对职业人的感受和评价，职业人从事职业活动时的形象就是职业形象。一个职业人的职业形象是公众对他的着装、气质、言谈、举止能力、敬业精神、乐观自信等外在形象和内在涵养的综合印象。良好的职业形象不仅能够提升个人品牌价值，而且还能提高自己的职业自信心。职业形象也是维护职业声誉的重要组成部分，是企业文化和社会文明的重要组成内容。

【典型案例】

今年三十出头的李先生恐怕是忽视职业形象的最大受害者之一。他前不久被公司解聘了，而被解聘的原因是：他吃东西吧嗒嘴。

李先生是一家外资咨询公司的咨询顾问。他在业务、交际能力、与人沟通等方面都做得相当不错，而且也很聪明，接受能力非常快，在公司是业务骨干。

老板在公共场合不止一次地提醒过他，说员工的一些个人行为如果影响到公司其他员工的话，就应该有意识地自觉改掉一些坏习惯。可是小李没有意识到这些话是老板故意说给他听的。一次老板和小李一起接待一个有身份的客户，在等待客人时老板又提醒他说：“你现在不是代表你个人，而是代表公司，待人接物一定要注意细节。”结果在饭桌上，小李陪客人吃饭照样吧嗒嘴，弄得老板很尴尬。于是，小李被老板借机解聘了。

（一）设计职业形象

职业形象设计是指设计者根据设计主体的要求和客观现状，运用相关知识和方法，系统性、创造性地提出创意，制定出形象塑造的目标和方案。不同的职业需要树立不同的职业形象。

1. 突出“职业”特征，为“职业目标”服务

职业目标不同、职业职位不同，其职业内容和职业性质也不同，因而职业形象的要求也不相同。职业形象设计不仅要与职业目标相吻合，还必须使职业形象具有个性化特征，因此，对职业形象的设计必须从职业的实际情况出发，遵循职业活动规律的客观要求。例如，教师职业形象的设计，要符合教师授课的要求，突出整洁、规范、为人师表等特征。

2. 具有时代感

时代不同，职业形象的标准也就不同。职业形象是在一定时期、一定环境下，社会公众对职业人的外在表现和内在素质的印象、看法、认识的综合体现。职业形象是随着社会的发展和职业的变化而发展的。良好的职业形象应具有浓厚的时代气息、体现时代的特征。

3. 要有系统性

职业形象主要由内在系统和外在系统构成，这两个方面都很重要，职业形象的突出特征是整体性。如果只注意形象的个别方面、个别要素，而没有注意到职业形象的全貌，就体现不出职业的系统性与和谐美。

职业形象的自我树立要注意几条原则：与个人职业气质相契合，与个人年龄相契合，与办公室风格相契合，与工作特点相契合，与行业要求相契合。个人的举止行为建立在职业标准的基础上，这就要求在不同的场合要采用不同的表现方式，在个人的装扮上要做到展现自我的同时也要尊重他人。

（二）职业形象的体现

1. 着装方式

不成功的着装会传达给领导一种信息：重要的任务不能放心地交给你去做。而不成功的着装传达给客户的信息则是：你不是一个值得信任的合作者。因此，涉世之初，花点时间塑造自我的职业形象是十分必要的。着装应该注意以下几个方面：

（1）整洁。一个穿着整洁的人总能给人积极向上的感受，是受欢迎的。

（2）个性。不同的人由于年龄、性格、职业、文化素养不同，自然就会有不同的气质。因此，服饰的选择既要符合个性气质，又要符合职业目标的要求。

（3）和谐。美的最高境界是和谐。你的服装服饰既要与自己的社会属性，即职业、社

会地位、文化修养相符合，又要与自己的自然属性，即年龄、体形、相貌、肤色、发型、气质等相符合。

要想树立完美的职业形象，只穿上完美的衣服还是远远不够的，基本的礼仪亦非常重要。

2. 基本礼仪

（1）打电话时的礼仪。接打电话时说话声音要大小适度，语气要热情。接电话时首先确认对方单位与姓名，询问来电意图。打电话时应首先做自我介绍，并简要说明目的和沟通的内容。

听对方讲话时要积极给予回应，以免对方误认为你没有听或不感兴趣，最后扼要汇总和确认来电事项，感谢对方，并表示会尽快处理。代接电话时，若事情不重要或不保密时，可表示转告同事；而若对方表示事情很重要或者要求保密时，应询问对方的姓名和联系方式，或礼貌告诉对方稍后再来电话。挂电话时应感谢对方，并有礼貌地说声“再见”。上班时在电话里不谈私事，不闲聊。

（2）使用名片的礼仪。名片是个人身份的代表，递送名片要郑重，接收名片也应像对其主人一样尊重和爱惜。递送名片时，应面带微笑，正视对方，将名片正面朝上，以能让对方正常阅读的方向，双手递出。接名片，要用双手由名片的下方恭敬接过来，收到胸前，此时，眼睛注视着名片，认真看对方的身份、姓名，也可轻轻读名片上的内容，以不低于胸部的位置收下。接到对方的名片后，当着对方的面要好好处理名片，以示尊重对方。名片最好收放在身边的专用名片夹内，分别以后，可在名片上记下初次见面的时间、性别等资料，以便日后方便联系。接过名片后最忌讳以下几点：随手乱放或不加确认就收入包中；用手抚摸名片表面；把名片当作记事本来使用；手拿名片在桌子上敲，或卷名片的边；当着对方收到裤后的口袋里；等等。

（3）办公室礼仪。在办公室，我们应该注意哪些礼仪习惯呢？最重要的一点是，你要表现出对他人的尊重，包括你的同事、上级和下级，尊重他人的隐私，尊重他人的习惯。另外，要分清哪是公共的区域，哪是个人空间，还要注意工位的整洁。在办公室中要保持自己的工位整洁、美观、大方，避免陈列过多的私人物品。在办公室里，注意谈话声音和距离的控制。在和他人进行沟通的时候，你的音量要适当控制，避免打扰他人。要尽量避免在办公区域用餐。

（4）与别人交谈时的注意事项。讲话要注意节奏，禁止喋喋不休。要善于听别人讲话，在倾听过程中适当回应。谈话时兼顾在场的所有人，不可以傲慢的态度拒绝他人。

谈话时要注意用礼貌用语，不可在他人面前说一些瞧不起其他人的话，或指责和自己意见不同的人。不以自己的痛苦、不幸为话题。注意内外有别，严守机密。

正确运用商务礼仪和树立良好的职业形象，可快速建立自己的职业魅力，对你快速融入团队，做出工作业绩，会产生积极而深远的作用。

二、提升“职业化”素质

“职业化”，经常被用来称赞一个职场人士的能力。说一个人很“职业”，其实就是说这个人“职业化程度高”，“职业化素质高”。职业不但是谋生之道，也是职业人享受人生的重要体现。

(一) 职业化的基本内涵

职业化包括三个层次：职业素养、职业技能和职业行为规范。

职业素养通俗地讲是指职业态度，即是否从内心尊重本职业，是否从内心尊重本职业的规则，是否能够按照职业的操作规范和流程来开展工作等，这三方面是衡量一个人职业素养的重要指标。比如从“我有选择吗？没有，所以我不得不持续支撑下去”到“如果没有选择，那就快乐地面对吧”的改变，就是职业素养提升的表现。

职业技能是工作岗位对工作者专业知识的要求，例如律师要对法律有深入的了解，从事人力资源服务就要对国家和当地劳动人事法规政策相当熟悉。

职业行为规范也叫职业行为标准，是经验的积累，是很多次失败教训换来的。规范是效率和效果的保证，能对工作中的疏漏进行有效的防范。我们把完成工作的成功行为进行总结整合，就形成了职业行为规范。因此，职业化程度高的员工总是能够按照规范来开展自己的工作，以确保少犯或不犯错误，提高工作效率，保证工作效果。

【扩展阅读】

职业化内涵的通俗解读

职业化也叫专业化。第一，对你做的事内行不内行，你的知识丰富不丰富，技能好不好，这是职业化的工作技能。第二，你的样子像不像搞这一行的，合乎不合乎这一行的规矩，有没有这一行所要求的基本素质，这是职业形象。第三，你做这个事情的时候，是不是很认真去做，凡事力求完美，将这个事情做好，这是职业态度。

(二) 提升职业化水平的方法

1. 培养职业眼光

人一旦步入职场，在很大程度上就不再单单是简单的自己，很多问题不能以学生的眼光看待。作为职场中的一员，要立志做大事，就要站得高，望得远。既要看到职业发展面临的危机和挑战，又要兼顾自身发展的战略规划；既要明了职业竞争的现实，又要看到自身的优势和特长；不可目空一切，更不能鼠目寸光。选准职业以及自身发展的道路，选准时机，才能择机而发，成长为职场中优秀的不可或缺的关键人才。职业眼光不是一朝一夕可以练就的，它要求我们要具备职业化素质，经过不断实践，才可逐渐练就。

2. 锻炼职业思维

“每个人在追求外在发展的同时，改变的其实是内心。”“假如你有李嘉诚的思维，你也可以成为李嘉诚。”我们可能每天接受着同样的信息，面对着同样的工作，但我们各自的反应并不相同。成功的关键有赖于思维方式的转变，不能以曾经的经历禁锢我们以后的想法。这是一个飞速发展的时代，我们要进步，要更新思维方式，以免被社会淘汰。

作为职业人，不仅要尽职尽责地工作，把工作做好，更重要的是培养自己的职业思维，提高自己的工作效率。

3. 体现良好的职业行为

职业眼光和职业思维是为职业行为服务的。以良好的职业眼光和职业思维为基石，以市场规律为游戏规则，以维护职业及自身形象为行为准则，充分表达职业团队的意愿，体现团队良好的职业素养和职业道德，这样，职业行为才能成为个人的品牌。

4. 挖掘潜能

人类的能力无法估量。医学心理学认为，由于各种复杂的内部和外部原因，人的大脑机能处于一种抑制状态，使人们长期难以察觉出自己的所有能力。人类学、心理学、生理学和逻辑学的最新研究也发现，人脑具有巨大的潜能，人脑仍有 90%的区域未被开发。如果人类能够发挥一半的大脑功能，将轻易地学会 40 种语言、背诵整套百科全书、拿到 12 个博士学位。教育对于这些智力潜能具有重要的开发与培育功能。我们应根据自己的特点，不断挖掘自己的潜能，以获得更多的知识和更高的能力。

三、恪守职业道德

职业是社会分工和劳动分工的产物，是人们以此作为主要生活来源的社会活动。职业道德，则是一个社会精神文明程度的突出标志，是公民道德建设体系的重要组成部分。职业道德就是适应各种职业需要而必然产生的道德规范，是人们在履行本职工作过程中所应遵循的行为规范和准则的总和。

（一）职业道德的内容

1. 爱岗敬业

这是职业道德的基础和核心，是社会主义职业道德建设所倡导的首要规范。爱岗是敬业的前提，它表现为安心并热爱本职工作。敬业是爱岗的升华，它表现为对职业工作的一丝不苟，与职业工作身心一体。一个人只有爱岗，才能具备合格劳动者的基础条件，而要在职业道路上追求完善和提高，还必须做到敬业。

2. 诚实守信

这是职业道德的主要内容和基本原则。诚实守信是中华民族的优良传统，也是一个人立于社会的基本准则。在正常的社会交往中，诚实守信是人们相互联系的道义凭借。特别是在现代化和当今建设和谐社会的条件下，人与人的交往接触越来越频繁，人们要彼此合作，互利互助，就要靠这一道德准则起作用。“诚实”与“守信”是同义等价的。诚实是守信之后表现出来的品质，守信则是诚实的依据和标准。

3. 办事公道

这是社会主义职业道德的最基本、最普遍的道德要求。这一职业道德规范要求各行各业的劳动者在本职工作中，要遵守本职工作所制定的行为准则，做到公开、公平、公正，不损公肥私，不以权谋私，不贪赃枉法，要出于公心，本着公德，恪履职守，扎实工作。

4. 服务群众

在社会主义条件下，各行各业都是平等的，职业不同只是分工不同，服务群众既是我们职业道德要求的基本内容，也是我们职业的最终归宿。

5. 奉献社会

这是职业道德的本质特征。人的生活是靠两种力量支撑着：一种是物质，如吃、穿、住、行等，以维持人的生存；一种是精神力量，如人生使命、人生价值、生活方式等，以实现人的精神需要。职业行为既是人们谋生的手段，又是实现人生精神意义的途径。奉献社会就是人们从事职业活动中体现出来的精神追求，是职业道德的基本要求。

（二）部分行业职业道德要求

1. 公务员职业道德

（1）最重要的一条，要自觉坚持“一个中心、两个基本点”，坚持正确的政治方向，这是我们的事业永不变色的根本保证。

（2）要有牢固的“社会公仆”意识，正确运用手中权力，一切向人民负责，为社会整体谋利益。

（3）要有强烈的社会主义事业心；善于学习，勤奋工作，信念坚定，开拓前进。

（4）要有高尚的情操，廉洁奉公，遵纪守法；不以权谋私，不假公济私。

（5）要有良好的思想作风和工作作风，坚持原则，实事求是，公道正派，勇于开展批评和自我批评，坚持真理，修正错误，敢于同一切坏人坏事作斗争。

2. 科研工作者的职业道德

（1）热爱祖国，忠于人民，坚持四项基本原则，为社会主义物质文明和精神文明建设服务。

（2）热爱科学，追求真理，刻苦钻研，勇于创新，为科学事业的发展而献身。

（3）谦虚谨慎，勤奋好学，发扬学术民主，坚持百家争鸣，虚心听取批评，坚持真理，修正错误。

（4）尊重别人，乐于协作，团结互助，同工人农民交朋友，充分发挥自己的技术专长。

3. 医务工作者的职业道德

（1）忠于社会主义医疗事业，热爱本职工作，处处关心病人的疾苦，把救死扶伤，维护人民的生命，增进人民的健康，同疾病作斗争，作为自己崇高的职责。

（2）认真钻研医务技术，对技术精益求精，勇于攻克疑难病症，积极进行革新创造，不断开拓医学新领域。

（3）对工作极端负责任，对病人极端热情，一视同仁，时刻想到病人的痛苦和安危，养成严谨细致的医疗作风，平等待人，不收礼，不“开后门”。

（4）服务细致，谨慎周到，一丝不苟，诊断准确无误，勇敢果断，敢于负责。

（5）保守病人病情“秘密”，举止文雅，端庄可亲，不利用工作之便，侵害病人权利。广大医务工作者应加强医德修养，更好地为人民的健康服务。

4. 新闻工作者的职业道德

（1）热爱党、热爱社会主义祖国，坚持四项基本原则，坚持新闻的党性与人民性的统一。

（2）坚持新闻的真实性，忠于事实，不搞虚假报道，以人民利益为准绳，宣传党的政策，反映群众的心声，克服新闻报道中的主观主义倾向。

（3）热情讴歌正义与光明，无情揭露邪恶和黑暗，主持公道，坚持正义，不畏惧任何压力，时刻同群众保持密切的联系。

（4）严格要求自己，廉洁奉公，不利用工作之便谋私利，不拿版面做交易，吃苦耐劳，深入基层，有良好的新闻意识，遵守新闻纪律。

（5）热情为广大读者服务，提供有益身心健康的稿件，甘当无名英雄，同行之间，相互尊重，相互学习。

（6）认真学习马克思主义基本理论和党的路线方针政策，树立共产主义理想、信念，掌握丰富的科学文化知识，加强职业修养，勇于献身新闻事业。

5. 商业工作者的职业道德

（1）热爱商业工作，确立职业的责任感与荣誉感，摒弃轻视商业和服务性工作的陈旧观念。

（2）严守商业信用，诚信无欺，公平交易，实事求是介绍商品，严格执行国家价格政策。

（3）优质服务，文明经商，对顾客一视同仁，出售商品货真价实，不以次充好，不缺斤短两，态度和蔼，待客热情，服务周到，方便群众。

（4）爱护商品，讲究卫生，不出售变质的食品、药品。

（5）严格执行有关规定，不私买私卖，不以营业权谋私利，接受群众监督，欢迎群众批评；坚决同商业领域的不正之风作斗争。

6. 外贸工作者的职业道德

（1）热爱社会主义祖国，忠于祖国，有强烈的民族自豪感和自信心，全心全意为社会主义现代化建设服务。

（2）在对外交往中热情友好，严肃郑重，不卑不亢，落落大方，举止端庄，礼貌待人。

（3）重合同，讲履约，守信用，取信于全世界的贸易伙伴，维护我国社会主义商业信誉。

（4）工作认真负责，服务周到热情，办事讲究效率，破除官僚主义和官商作风。

（5）严格执行外贸工作政策和纪律，廉洁奉公，拒腐防变，不索礼，不受贿，不以工作之便谋私利。

（6）坚决同违反、破坏外贸政策的现象、同一切违法乱纪现象作斗争，自觉维护国家的经济利益，维护民族的尊严，维护党和国家的声誉。

（7）刻苦钻研业务技术，加强职业技能修养，不断增长才干，为社会主义外贸工作，为进一步改革开放做出贡献。

【扩展阅读】

职场新人五不要

一、不要认为停留在心灵的舒适区域内是可以原谅的

每个人都有一个舒适区域，在这个区域内是很自我的——不愿意被打扰，不愿意和陌生的面孔交谈，不愿意被人指责，不愿意按照规定的时限做事，不愿意主动去关心别人，不愿意去思考别人还有什么没有想到。这在学生时代是很容易被理解的，有时候这样的同学还跟“酷”、“个性”这些字眼沾边，算是褒义。然而在工作之后，你要极力改变这一状态。

二、不要总说不确定的话

“好像”、“有人可能”、“大概”、“晚些时候”、“或者”、“说不定”之类的话不要总放在嘴边，尤其是和上级谈论工作的时候。

三、不要拖延工作

多人喜欢在学习和玩耍之间先选择后者，然后在最后时间一次性赶工把考试要复习的东西突击完成。但是在工作中请不要养成这样的习惯，因为工作是永远做不完的，容不得你“突击”。

四、不要认为理论上可以实施就大功告成了

这点太重要了！往往当真正实施的人开始做了才会发现计划完全行不通。如果不亲自实践，做计划的人会早晚被实施者鄙视。我们需要提升自己的办实事的能力，而不是空谈。

五、不要让别人等你

在任何情况下都不要让别人放下手头的工作来等你。在大学中可能只是同寝室的人的几句半开玩笑的抱怨，在工作上很可能导致你的潜在合作伙伴的丢失。

实践练习

上班第一天，你准备如何适应职场环境，如何表现自己呢？

上班第一天，我准备……

穿着要做到：

衣服：________________

鞋子：________________

仪容：________________

和同事相处要注意：

____

____

和领导相处要注意：

____

____

一天的时间管理：

____

____

一天的任务管理：

____

____

案例思考

小玫刚毕业，进入一家著名外企工作。外企薪酬高，但是压力很大，工作很辛苦，在刚开始的几个月中，她一直无法适应外企的工作方式。

一次，在辛苦了一天将要下班的时候，老板突然交代了一项文字任务，要求小玫必须在第二天下午 3 点前将任务完成，把成果交给他。在这之前，小玫已经连续加了三个晚上班，而且其中有两个晚上都是熬到凌晨一点。但是，她不能拒绝执行任务，只好硬着头皮答应下来。当天晚上，小玫继续熬夜，但是由于太累，不小心睡着了，工作基本没怎么做。第二天，公司又有其他事情，她一忙就忘记了老板交代的任务。结果，在下午 3 点老板过来拿成果的时候，她才想起来，只好忙不迭地道歉，但是老板什么都不听，而是强调："不用道歉，我要的是成果，不管什么原因，你没有完成任务，就是你的问题！"小玫非常窘迫，只好保证在 3 个小时内一定将工作完成。

一年后，小玫成为办公室工作最出色的人。总结自己刚工作时的经验时，她说，老板没有义务原谅你的过失，你唯一能做的就是拼尽全力，将工作做到最好。不管遇到的困难是什么，你都要想办法克服它，做错之后马上改，不断总结经验教训，你会在工作中迅速成长，成为成功的职场人！

思考并讨论以下问题：

1. 阅读案例，谈一谈你对小玫处理问题的看法。
2. 大学生初入职场，需要熟悉并遵守哪些职场规则？
3. 作为职场新人，如何尽快适应角色转变？

第六章
大学生创业基础与准备

本章要点

国家大力实施人才发展战略，倡导“以创业促就业”，开展创业教育，积极鼓励和引导大学生创业，促进大学生的全面发展与成才。

当前，我国就业形势严峻，在新一波就业高峰的冲击之下，职位供不应求，人才市场出现饱和。在这种情况下，创业也许是一条更好的出路，越来越多的毕业生转变就业观念，从习惯于“求人”开始倾向于“求己”，准备自己创业当老板。

学习目标

通过本章的学习，大学生应当在态度、知识和技能三个层面达到以下目标：

学习目标
- 态度 → 树立创业意识，培养创业精神
- 知识 → 了解创业和创业者的内涵；了解创业要素及创业的一般过程
- 技能 → 提高创业素质与能力，做好创业准备

第一节 大学生创业概述

一、创业与创业者

(一) 创业的内涵

香港创业学院院长张世平说：创业是一种劳动方式，是一种无中生有的财富现象，是一种需要创业者组织、运用服务、技术、器物作业的思考、推理、判断的行为。

【扩展阅读】

你会吃像足球、小猫、帆船或山羊一样形状的意大利面食吗？是的，那就是美国田纳西州纳什维尔市的约翰·阿伦和凯里·阿伦决定对普通的旧式意大利面食所做的改进。这种形状的意大利面食只是阿伦公司——意大利面食店——生产和销售的美食中的一小部分。为了实现自己开公司的梦想，阿伦兄弟在1993年放弃了在公司做雇员的生活，并离开了纽约。意大利面食是他们的创业激情，他们感觉自己可以做出独一无二的意大利面食产品，并且会比现在市场上大部分厂商的产品质量高。所以，他们把本来是普通类型的产品，进行与众不同的弯曲，制造出颇有价值的产品变种。在这个过程中，这两位企业家把一个独特的创意变成了可行的生意。

创业是创业者通过发现和识别商业机会，成立活动组织，利用各种资源，提供产品和服务，以创造价值的过程。创业是一项系统工程，需要考虑到人、财、物、进、销、存、竞争、市场细分、定位、管理体系、团队、财务、退出机制等一系列的事情。

创业必须贡献出时间、付出努力，承担相应的财务的、精神的和社会的风险，并获得金钱的回报、个人的满足和独立自主。

创业包括以下几方面基本特征：

(1) 创业包括一个创造的过程，并创造某种有价值的新事物。这种新事物必须有价值，不仅对创业者本身有价值，而且对其开发的产品或服务的某些目标对象都是有价值的。

(2) 创业需要贡献必要的时间，付出极大的努力。要完成整个的创业过程，要创造有价值的新事物，需要大量的时间和努力。

(3) 创业必须承担风险。创业的风险可能有各种不同的形式，依赖于创业的领域，一般情况下，包括市场风险、技术风险、财务风险、管理风险、精神风险、社会风险等。

(4) 创业者要获得报酬。对于企业家来说，获得利润是永远的动力，当然，对于创业者来说，获得独立自主和个人满足也是必要和重要的。

（5）创业是一个决策过程。创业现象的发生，首先基于风险和机会认知，进而形成创业行为和组织创业精神，创业者面临一个不断判断、选择的过程。

而大学生自主创业就是指大学生通过个人及组织的努力，利用所学到的知识、技术和形成的各种能力，以自筹资金、技术入股、寻求合作等方式，在有限的环境中，努力创新、寻求机会，不断成长并创造价值的过程。

（二）创业者的概念和类型

创业者是创业的主体。创业者既可以是一个单独的个体，也可以是一个团队；既是新创企业的意志主体，又是行为主体。创业者涉及各行各业，他们创业的动机也千差万别。我们按照其创业内容进行划分，可以划分为生产型、管理型、市场型、科技型和金融型等五种类型。

1. 生产型创业者

生产型创业者是指通过创办企业推出产品的创业者，这种产品通常科技含量较高。比如，爱多公司的就是因为胡志标看到 VCD 能够打开中国家电市场的大门，而毅然投入这项事业的开发，充分利用各种资源，建立了一套非常有竞争力的经营模式，很快成为中国知名家电品牌之一。

2. 管理型创业者

管理型创业者是指那些综合能力较强的创业者，他们对专业知识并不十分精通，但能够通过各种有效的管理手段带动企业前进。例如，钢铁大王卡耐基，最初对钢铁生产知识知之甚少，但他看准了钢铁制造业的发展前景，迅速网罗人才进行创业，打造了自己的钢铁帝国。

3. 市场型创业者

这类创业者的一个重要特点就是注重市场，善于把握机会。在中国改革开放以来，涌现出大批的市场型创业者。例如，海尔集团总裁张瑞敏，正是抓住市场转型期的大好机遇，将海尔发展壮大。

4. 科技型创业者

科技型创业者多与高校和科研机构相关联，以高科技为依托创办企业。20 世纪 80 年代后，为了鼓励科技成果转化为生产力，国家推出了一系列鼓励高等院校创办企业的措施。当今许多知名的高科技企业，前身就是原来的“校办企业”和科研院所的“所办企业”，例如北大方正、清华同方等。

5. 金融型创业者

这类创业者实际上就是一种风险投资家，他们向企业提供的不仅仅是资金，更重要的是专业特长和管理经验。他们不仅参与企业的经营方针的制定，并且还参与企业的营销战略的制定、资本运营乃至人力资源管理。

二、创业要素与创业过程

(一) 创业要素

1. 创业基本要素

创业基本要素包括创业者、商业机会、技术、资源、人力资本、组织、产品服务等七个方面，如图 6-1 所示：

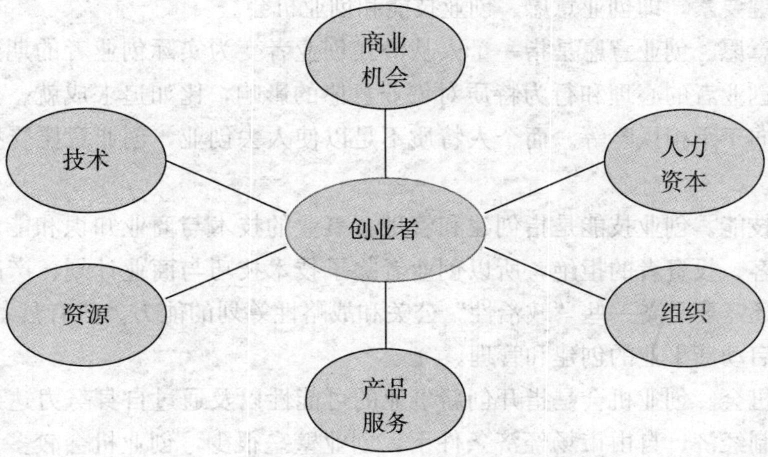

图 6-1 创业要素

(1) 创业者。创业者是创业过程中处于核心地位的个人或团队，是创业的主体。创业者在创业过程中起着关键的推动和领导作用，包括识别商业机会、创建企业组织、融资、开发新产品、获取和有效配置资源、开拓新市场等。因而创业者的素质和能力是创业成功的第一要素。

(2) 商业机会。商业机会是创业过程中的核心，创业者从发现和识别商业机会开始创业。商业机会指没有被满足的市场需求，它是市场中现有企业留下的市场空缺。商业机会也是创业机会，它意味着顾客能得到比当前更好的产品和服务。

(3) 技术。技术是一定产品或服务的重要基础。产品与服务当中的技术含量及其所占比例，是企业满足社会和市场需求的支持保障，是企业的核心竞争力。

(4) 资源。资源是组织中的各种投入，包括各种人、财、物。资源不仅指有形资产，如厂房、机器设备，也包括无形资产，如专利、品牌；不仅包括个人资源，如个人技能、经营才能，也包括社会网络资源，如信息、权力影响、情感支持、金融资本。

(5) 人力资本。人力资本是创业的重要资源投入。成功的关键在于创业者的识人、留人、用人。形成创业的核心团队，制定有利的政策制度和有效的组织结构，建立良好的企业文化是建立人力资本的核心。

(6) 组织。组织是协调创业活动的系统，是创业的载体，是资源整合的平台。创业型组织的显著特征是创业者的强有力领导和缺乏正式的结构和制度。从广义来说，创业型组织是以创业者为核心形成的关系网络，不仅包括新设组织内的人，还包括这个组织之外的人或组织，如顾客、供应商和投资人。

（7）产品服务。产品服务是创业者为社会创造的价值，它既是创业者成功的必要条件，也是创业者对社会的贡献。正是通过为社会提供更多更好的产品服务，人类社会的财富日益增多，人们的生活变得丰富多彩。

2. 创业关键要素

匹兹堡大学的戴卫·格耶瓦里博士和丹尼尔·弗葛尔教授，于1994年提出了创业行为过程的三个关键要素，即创业意愿、创业技能和创业机会。

（1）创业意愿。创业意愿是指一个人从潜在创业者变为实际创业者的期望程度。很多创业研究强调创业者的心理和行为特质对创业意愿的影响，比如追求成就、具备创新能力和自律性、倾向于承担风险等。而个人特质不足以使人去创业，创业意愿受社会经济环境影响。

（2）创业技能。创业技能是指创建和管理新事业的技术与商业知识和能力。由于新企业容易遭到顾客、投资者的拒绝，所以创业者除了技术技巧与商业计划、产品开发等各种管理技能外，还需要具备一些“政治性”公关和战略性筹划的能力。只有具备了创业技能，才能抓住进而启动新事业的创建和管理。

（3）创业机会。创业机会是指开创新事业的可能性以及通过自身努力达到创业成功的余地。在非管制经济、自由市场经济条件下，创业壁垒很少，创业机会较多。因此，政府政策与工作程序会影响创业机会，进而影响创业意愿和创业能力。

（二）创业一般过程

1. 创业过程的蒂蒙斯模型

美国著名的创业学家蒂蒙斯教授1999年提出了一个被广泛应用的机会筛选模型（如图6-2所示）的战略方案。蒂蒙斯模型有以下几个方面的含义：

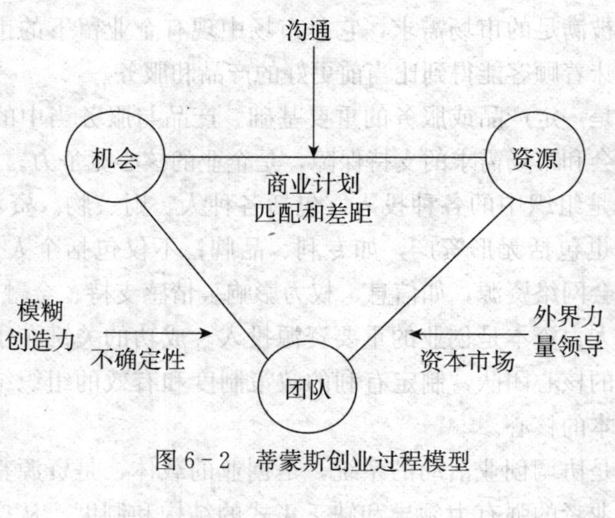

图6-2 蒂蒙斯创业过程模型

(1) 商业机会是创业过程的核心驱动力，创始人或工作团队是创业过程的主导者，资源是创业成功的必要保证。

创业过程始于商业机会，而不是钱、战略、网络、团队或商业计划。开始创业时，商业机会比资金、团队的才干和能力及相应的资源更重要。

创意并不等于商业机会。商业机会的最重要特征在于有强劲的市场需求。通常，市场越不完善成熟，其变化越大，越呈现模糊性和跳跃性；现有的服务和质量的差异性越大，产品技术领先和落伍之间差距越大，信息和知识之间的不对称性越大，市场所产生的机遇就越多。

具体而言，创业需要具有这样一些特征，如产品或服务的大幅增值、巨大的市场规模、强劲的增长潜力（20%）和显著的规模经济效应，特别需要具有丰厚的毛利（40%或者更多）和充沛的自由现金流量等特征。

创始人或工作团队的作用就是利用其自身的创造力在模糊、不确定的环境中发现商机，并利用企业网络和社会资本等外界因素组织和整合资源，主导企业利用搜寻到的商业机会创造价值。在创业过程中，资源与商机间经历着一个“适应—差距—适应”的动态过程。商业计划为创业者、商机和资源要素的质量和相互间的匹配和平衡提供语言和规则。

(2) 创业过程是商业机会、创业者和资源三要素匹配和平衡的结果。创始人或工作团队要善于配置和平衡，借此推进创业过程，他们必须做的核心工作是：对商机的理性分析和把握，对风险的认识和规避，对资源的最合理的利用和配置，对工作团队适应性的分析和认识。

(3) 创业过程是一个连续不断的寻求平衡的行为组合。企业要保持发展，必须追求一种动态的平衡。展望企业未来时，创业者须思考：目前的团队是否能领导企业未来的成长、资源状况，下一阶段成功面临的陷阱是什么等。这些问题在不同的阶段以不同的形式出现，牵涉到企业的可持续发展。

总之，创始人或工作团队的任务是在千变万化的环境中依靠机遇、团队和资源三要素之间的和谐和平衡，分析解决存在的种种困难及问题，努力协调创业中各种资源的配置，创造性地解决问题。

类似的，国内一些学者认为：(1) 创业过程由机会发现、机会评价、机会开发以及创业结果组成；(2) 在创业过程中，创业者是核心要素；(3) 创业过程受到社会环境因素的影响。也就是说，创业过程分为机会识别、开发和结果三个阶段。

2. 创业的一般过程

创业过程一般可以划分为创业动机的产生、创业机会的发现与识别、资源的整合、企业的创建、新创企业的成长和创业的收获六个阶段。

(1) 创业动机的产生。一个人是否能成为创业者，直接受三方面因素的影响。一是个人特质。每个人都具有创业精神，但其强度不同，如温州人普遍有强烈的创业动力，其中环境起了很大作用。二是创业机会。创业机会的增多会形成巨大的利益驱动，促使更多的人创业。三是创业的机会成本。随着社会保障体系的建立和健全，产权制度改革的深化，原有体制差别形成的特殊利益会逐渐减少，结果会进一步降低创业成本，激发人们的创业动机。

（2）创业机会的发现与识别。创业机会一般分为两种：一种是意外发现的，一种是经过深思熟虑才发现的。国家产业政策的调整、新技术的出现、人口和家庭结构的变化、人的物质和精神需要的变化、流行时尚等都可能形成商业机会。作为创业者，应该具有敏感的嗅觉，能够及时、准确地识别创业机会。识别之后，还要对机会进行评价和提炼。这里需要创业者将知识、经验、技能和其他市场所需的资源进行整合。

（3）资源的整合。整合这些资源是创业过程最为关键的阶段之一，除非成功地完成这个阶段，否则无论多么有吸引力的机会，或者有多好的新产品和服务，创意都等于零。创业者需要整合的资源包括：基本信息（有关市场、环境和法律问题）、人力资源（合作者、最初的雇员）和财务资源等。

（4）企业的创建。企业的创建需要进行大量的准备工作，其中创业计划、创业融资和注册登记尤为关键。创意能否变成行动，关键看其能否形成一个周密的创业计划；资金往往成为新创企业的“瓶颈”，创业融资在企业的创建过程中至关重要；当创业者完成创业计划并获得融资之后，就可以按照法定程序进行注册登记，包括确定企业的组织形式，设计企业名称系统，向工商行政管理机关提出企业登记注册申请，领取《企业法人营业执照》等内容。

（5）新创企业的成长。新创企业要在市场上取得成功，就需要在企业营销策略、组织调整、财务稳健管理等经营管理方面更上一层楼，这是企业成长管理的重要内容。新创企业从成长走向成熟的标志之一是能够建设好自己的品牌，形成名牌，在品牌、知识和企业文化等方面形成竞争优势。

（6）创业的收获。创业结果指在预期阶段内可感知的成功或失败。对创业者来说，回报可能是多种多样的，须从中进行仔细选择，以使收益最大化。对回报的满意程度在很大程度上取决于创业者的创业动机。有调查发现，多数创业者的创业动机首先是自己当老板，然后才是追求利润和财富，对这些人来说，当老板的感受就是回报。我国证券市场“中小企业板”的开通，为“创业板市场”建设摸索经验，也对创业者获取回报，继续创业创造了条件。

第二节　大学生创业环境

一、大学生创业的时代背景

（一）中国创业经济发展概况

1. 机会型创业占主流

有数据显示，中国“生存型”创业比重由21世纪初的60％以上降到了2004年的40％

以下，而“机会型”创业上升为60%以上。在正形成的科技创业中心地区，创业进步对经济增长的贡献率，已成为经济增长的主要推动力。目前，中国65%的新增专利、60%以上的新产品开发，都是由创业企业完成的。无论是在电子信息、生物医药、新材料等高新技术领域，还是在信息咨询、创意设计、现代物流等新兴服务业，创业都十分活跃。截止到2006年底，全国科技创业企业数量为163991家，比上年增加2.87%；2006年全国科技创业企业资产总额达到70120亿元，比2005年增长了19.09%；2006年全国科技创业企业实现工业增加值15966亿元，比2005年增长了30.34%；全年实现净利润6192亿元，比2005年增长12.99%。①

2. 创业活跃程度高

从创业活跃程度来看，2006年中国创业活动的活跃程度达到了新的高度，创业活动指数为16.2%，即每百名18～64岁的中国成年人中，有16.2人参与到创办时间不超过三年半的创业企业中。中国在全球创业观察项目的42个成员中排在第6位，相对于2005年的水平，排名稳定，且处于最活跃的国家之列。在参与该项目的亚洲国家中，中国超过印度、泰国、日本和新加坡。2006年，中国的创业活动活跃程度高于创业国内生产总值曲线，表明创业活动对国内生产总值贡献的潜力在增加，对未来经济稳定发展起到积极作用。

3. 高科技、高成长型创业企业发展态势迅猛

2005年中国科技企业孵化器达到了534家，其中国家级135家，建立在国家高新区内的有239家，毕业企业已经达到15815家，毕业企业创造的营业总收入达1433.3亿元。2006年年底，中国已成立了留学人员创业园100多个，入园的留学人员企业6000多家，人数15000多人。2006年年底中国已建成62个大学科技园，转化科技成果近4947项，有在孵企业6720多家，累计毕业企业1794家，提供就业岗位13.6万个。②

“瞪羚”是对高成长性新兴企业的特殊称呼，这类企业的年增长速度可以轻易超越50%、100%，甚至达到十倍、百倍以上。“瞪羚企业”的数量是评价硅谷创业活力和经济景气程度的重要指标之一。在中国，一大批高成长型创业企业也成为中关村园区高新技术产业发展的主要力量。据中关村投融资促进中心介绍，2006年度园区“瞪羚企业”共计2101家，比2005年新增加了323家，增长率达到18.16%，其中销售收入达到1千万～5千万元人民币的有1455家，5千万～1亿的有336家，1亿～5亿的有310家。作为园区高成长企业的核心群体，“瞪羚企业”越来越得到境内外投资机构的高度关注和投资，总收入为1129.4亿元，占园区总收入的30.5%。③

4. 创业地域特征明显

中国创业型经济的发展过程中，基于当地资源、政策等原因，形成了不同的创业经济

---

① 张茉楠：《当前全球创业经济发展的成因、态势及主要特征》，中宏网，http://www.macrochina.com.cn/info.shtml.

② 科学技术部火炬高技术产业开发中心，http://www.chinatorch.gov.cn/yjbg/yjbg/200709/5352.html.

③ 张茉楠：《当前全球创业经济发展的成因、态势及主要特征》，中宏网，http://www.macrochina.com.cn/info.shtml.

发展模型，呈现出典型的地域创业型经济特征。如以中关村为代表的中国高新技术企业发展的“机会型创业模型”和以老百姓经济为代表的温州和苏南“生存型创业模型”。中关村模型的特点表现为：创业者多为高科技人员，产品是围绕计算机发展起来的电脑、软件及周边产品以及生物技术、医药技术等技术含量较高的产业，其最突出的特点是创新，企业的特点是团队企业；而温州和苏南模型则不同，其创业者多为农民或城镇居民，产品以一般老百姓的日用品为主，主要是家庭创业、家族创业和个体创业等。

中国沿海地区和经济发展较快的地区相对于经济落后地区而言，教育水平较高，有充足的发展创新型经济的人力资源，而且当地政府一般制定了较多的促进创业型经济发展的政策，对创业型经济的支持力度较大，如上海、浙江、广东等省市；但欠发达地区相对缺少创新性的投资，发展创新型经济必要的条件如信息支持、政策支持、金融支持等较差，人力资源不适应创新型经济的要求，创业型经济发展较慢。

【扩展阅读】

我国当前创业路径的特点

21世纪，人类进入了知识经济时代，人类知识的快速更新、科学技术的突飞猛进、信息传播的增加、人们生活节奏的加快等，给创业者提供了空前的创业机遇，同时也给创业者带来了巨大的创业风险。

由于创业成本的增大和创业风险的加剧，引起创业难度的加大，从而导致创业时间的延长和创业路径的曲折。具体表现为：

一、创业成本增大

创业成本增大的变化主要表现在三个方面：一是由于产品的知识技术含量趋高，引起研究开发成本增大；二是市场竞争日趋激烈，引起市场营销成本增大；三是人才在创业中的地位和作用越来越重要，引起人力资源成本增大。

二、创业风险加剧

创业风险包括新产品开发风险、投资风险、市场风险、政策风险和管理风险等。随着创业中不确定性因素的增加，各种风险就会随时随地出现，并且相互影响，相互交织，加剧了创业风险。

三、创业难度加大，创业时间延长，创业路径曲折

由于创业成本增大和创业风险加剧，导致创业难度加大，创业时间延长，创业路径曲折，以致创业成功率降低。据统计，美国每年创业成功的概率为10%，这从一个侧面反映了创业的艰难。

（二）我国大学生创业现状

在我国，大学生就业的巨大压力推动了大学生创业的风潮。找岗位不如创造岗位，许多大学生选择创业代替就业，不仅能解决自身的就业问题，而且还能不同程度地为社会提

供就业机会。“创业”一词在大学生中流行开来，大学生创业意识越来越强烈，创业文化越来越浓厚。

1. 创业活动日益活跃

改革开放30年来，创业在我国已经成为一股潮流，中小企业迅速崛起，对社会经济的影响也越来越明显。近几年来自全球创业观察国际研究（GEM）的《全球创业观察中国报告》显示，中国创业活动的活跃程度始终保持较高水平，中国的全员创业活动指数在参加全球创业观察的成员国中名列前茅。自主创业中的佼佼者，如马云、李彦宏等，给当今的许多大学生树立了榜样，成为最受瞩目的创业偶像。大学生创业已成为不可阻挡的趋势。

2008年全球金融危机以来，面对重重压力，许多企业效益下滑，但全国各地科技型中小企业的创业创新活动却十分活跃，逆市飞扬。许多地方的高新技术产业保持着高速发展态势，成为当地经济增长的亮点。2009年，科技部相关部门对东部地区的调查表明，大量科技型中小企业成为本地区缓解危机、加快复苏的重要力量。对此，国家高度重视科技型中小企业在支撑国民经济平稳较快发展方面的重要作用，提出了一系列扶持措施，还加大了对初创期小企业创新项目，尤其是大学生、研究生、海外留学生在大学科技园、创业中心等创业服务机构内创新项目的支持。同时，积极完善为科技型中小企业创新活动服务的公共技术服务平台建设，引导中小企业向专、新、特、精方向发展；积极推进和完善引导投资发展的风险补助、投资保障项目，扶持和壮大一批具有创新能力和自主知识产权的科技型中小企业。

世界许多国家的成功经验表明，中小企业是国家创新体系中最有能量、最活跃和最具效率的元素。我国的创业企业也正在扮演这样的角色。

2. 创业观念不断更新

随着市场经济的发展，积极的创业文化在全社会范围得到倡导，建立起了一定的氛围。创业文化的基本内涵包括鼓励创新、开拓进取、团队精神和兼容、宽容的态度等，符合整个社会发展的潮流。

温家宝总理2008年3月在第十一届全国人大第一次会议上所做的政府工作报告中提出，要“落实以创业带动就业的方针，加强就业和创业培训，鼓励自谋职业和自主创业”。鼓励大学生创业，既可以增加经济总量，也可以以创业促进就业，缓解大学生就业压力。

学生自主创业已成为越来越重要的择业方式。大学毕业生要在社会各行各业中找到自己的位置，在自食其力的同时创造更多的社会价值。

3. 创业空间不断拓展

尽管目前大学生创业的成功率不高，但创业发展的潜力很大，空间广阔。经济的发展和政策的优化，为创业带来了更多的商机和更适合的市场环境。创业教育的推进，也将不断提高创业者的素质和能力。国家“以创业带动就业”政策的提出和创业计划竞赛的开展，鼓励着越来越多的大学生参与自主创业。创业的机遇、条件、环境都达到了多年以来的最佳时期，只要大学生调整心态，艰苦努力，扬长避短，自主创业，就一定能有所成就。

【扩展阅读】

国家及地方相关部门制定并出台了很多大学生创业相关的利好政策，大学生可以找找相关信息，增进对创业支持政策的了解，为以后创业做好铺垫。关于大学生创业的政策法规主要有：

《国务院关于做好当前经济形势下就业工作的通知》（国发〔2009〕4号 2009年2月10日）

《国务院常务会议关于采取七条措施促进大学生就业的决定》（2009年1月7日）

《国务院办公厅转发人力资源社会保障部等部门关于促进以创业带动就业工作的指导意见的通知》（国办发〔2008〕111号 2008年9月26日）

相关部委或地方与大学生创业相关政策法规

相关部委或地方与大学生创业贷款相关规定

——大学生创业贷款优惠政策

——大学生创业贷款要求

——大学生创业贷款申请资料

二、大学生当前的创业环境

（一）创业环境概述

创业环境是人们创业的外部条件，由综合因素构成。良好的创业环境，对创业企业的成长和发展具有推动和促进作用；反之，则限制和阻碍其发展。因此，大学生创业时，应重视创业环境的研究，有效地应付各种外部环境的变化，充分把握由环境所提出的挑战和环境所提供的创业时机。

创业环境在时间、空间和内容上都直接制约着创业者的各种活动，不同国家和地区的社会制度、生产力状况、社会结构的特点、科技发展水平、教育事业发展程度以及民族习俗、阶级属性、社会传统和文明水平等，都会对创业产生影响。

一般来说，创业环境由金融支持、政府政策（地方政府对创业的积极政策、税收优惠）、政府项目支持（政府项目中的资金和政策类支持项目）、教育与培训（创业与工商管理教育）、研究开发转移（新技术从发源地的转移）、商业环境和专业基础设施、国内市场开放程度、有形基础设施、文化与社会规范等九个方面的因素构成。

大学生创业环境是指对大学生创业活动产生影响的外部各种因素的总和，也是创业环境的子环境。目前，我国在社会和文化规范、政策、创业教育、税收等方面，为大学生创业提供了更为宽松的环境。

（二）大学生创业环境分析

所谓创业环境，实际上就是创业活动的舞台。任何创业活动都是在一定的社会环境下进行的，大学生走向社会进入创业阶段的时候，呈现在面前的是一个巨大的时空舞台。在这个舞台上，诸多事物和要素互动联系、碰撞，形成现实的环境系统。我们生活在一个复杂多变的转型时代，社会经济的、政治的、文化的等多重结构的不平衡，导致了创业环境的背景非常复杂，进取与消沉、躁动与沉闷、现代与传统、贫困与富足，都在我们的生活中异彩纷呈。

1. 新的机遇

21世纪是一个充满生机与活力的世纪。科学技术的进步使整个世界日新月异，人类通向未来的道路变得更加宽阔。从全球范围看，世界在发生着根本性的革命。新世纪的科技发展在多学科、大跨度、深层次中交叉、渗透和融合，人类的创新思维不断揭开客观世界的奥秘，引发全新的技术革命和产业革命。现代交通和网络技术大大缩短了人们之间的距离，“地球村”的概念应运而生。这是一个群雄争辉的时代，每一个公民都可能在这个变化多端的世界上亲手开创出一番事业。

从中国的范围看，改革和发展蕴藏着创业生机。我国改革开放的深入，社会结构的调整与转型，为大学生提供了施展才华的舞台。现今，社会的转型与竞争机制的形成，拓展了人们的生存与发展空间，“走自己的路”，通过自身的努力来改变自己的生存状态已成为全社会的共识。有的学者甚至指出：“下岗或许也是一种机遇”，因为人们在寻求工作岗位的过程中会增强心理承受能力，提高创业综合能力，从而更能适应社会的要求，更能掌握自己的命运，更有可能获得成功。

科学技术飞速发展，知识创业的观念逐渐形成，为大学生提供了更好的创业途径。在知识经济初现端倪的时代，知识变成了最重要的“知本”形态，并且成为生产力诸要素中最活跃的、起决定作用的因素。科学技术是第一生产力已得到全社会的普遍认同，知识被看成是提高劳动生产率和实现经济高速增长的驱动器，它作为推动社会走向广阔未来的强大力量被提到了前所未有的高度，拥有知识的人从来没有像现在这样备受青睐。掌握了先进科学技术和劳动技能，具备各种优良品质的大学生们，无疑会在知识创业中占尽先机。

社会人际关系的改善，对创业的包容度的扩展，为大学生提供了更好的创业氛围。随着人们思想的解放、观念的更新，社会人际关系也在发生变化，崇尚自由、鼓励冒险、允许失败的人际环境逐步形成。随着计划经济体制的消逝，社会环境对个人行为的制约愈益宽松。政府不再将每一个人的就业与发展一肩挑起，而是鼓励人们为国家分忧，跳出“大锅饭”，自谋生路。社会将人们赶入市场经济的“大海”之中，让人们去拼搏，去开拓新的生存空间。从提倡“平均”到鼓励“竞争”，从欣赏“循规蹈矩”到鼓励“开拓创新”，社会的宽容度已足够支撑大学生们的创业选择。

社会结构的演变及科学技术的快速发展，激发了人们的创业意识，催生了大学生的创业行为；“知本”与资本的融合，价值观念的转变，都为创业环境的改变奠定了基础。对于有志于创业的大学生而言，创业的春天即将来临。

2. 困难重重

21世纪初叶，中国的经济和社会发展将进入重要的转折时期。完成经济增长方式的转变、市场经济体制完善的任务，还需要解决一系列深层次的问题。适应加入世界贸易组织的要求，改造传统文化的惯性，提高大学生创业素质，都需要通过艰苦的努力。所以说，大学生创业仍然面临重重难关，而不可能一帆风顺。

(1) 创业的体制环境和政策环境还不成熟。在国家对体制的核心部分和重要环节加大改革力度之时，创业有一个高难度、高风险的区段。在对社会利益格局进行调整的过程中，常常会出现顾此失彼的现象。由于大学生并非我国现有创业大军的主体，因此国家在体制创新中给予大学生创业的特殊政策并不多，目前还没有形成一整套支持大学生创业的政策和法规。我国的工商、税务方面对于学生创办公司并没有明文规定的优惠政策。企业制度、人事制度、投融资制度上也未见对大学生创业的特殊政策，这就使得大学生在迈向社会进行创业时，往往与那些在社会和市场上奋斗多年的创业者站在同一条起跑线上，这显然是比较艰难的事情。

(2) 缺乏雄厚的物质基础作为创业的支撑。我国尚处于社会主义初级阶段，家庭经济收入普遍不高。特别是一些来自农村的大学生还在为衣食温饱担忧，不可能依靠家庭筹措创业资金。同时，我国大学生在经济上的独立意识与发达国家的学生相比尚有很大的差距。而目前我国的资本市场尚不成熟，风险投资并不充实，创业投资还处于起步阶段，融资的困难使许多大学生空怀优秀的创业计划而望市场之海兴叹。

(3) 不熟悉创业竞技场变化无常的“游戏规则”。在社会变化中产生的一系列全新的各行业运作模式和规则，不可避免地伴随着我们的一切创业行为。创业者必须熟悉这些运作模式或者说是游戏规则，而且要随时准备应对变化。特别是在市场经济体制不完备的情况下，有时我们面对的又是无规则游戏，这使创业者很难理解和应对这种创业环境。对于涉世不深的大学生创业者而言，似乎更难以把握。

(4) 传统文化惯性使创业人际环境存在负累。人们的思想中长期养成的“等、靠、要”依赖思想，扼杀了创业所需的创新、创造意识；害怕失败、嘲笑失败的文化氛围，使许多大学生安于平稳，不思进取。这些文化上的负累，对于特别需要协作精神、创造精神和进取精神的大学生创业者而言，自然会有相当大的负面影响。

(5) 大学生的创业素质还存在种种不足。在现代社会，创业者除了具备一般的素质和思想品德、知识结构之外，还要具备强烈的竞争和开拓创新的精神，社会适应能力及把握机会的决策能力，具体操作的实践能力，组织管理的协调能力。而我国传统教育忽视大学生创业教育，导致大学生的创业素质存在一些缺陷和不足，特别是适应能力、实践能力和创新能力普遍不强，成为大学生创业的最大制约因素。

3. 回报无限

青年时期是创业的黄金时期。新的时代形成了大学生创业兴业、自强自立、推动科技进步和经济发展的强大需求，也出现了大学生创业成功的黄金般的机遇。目前，已经有一批先行者在大学生创业潮中攻坚抢滩，一些大学生创办的学生公司和大学毕业生自主创办的企业，依靠知识和科技创造了很好的经济效益，他们中有的已经成为新式的“知本家”或者“富豪”。他们的创业行动对社会、经济、教育等方面所形成的观念的冲击无疑是深远而巨大的。他们对大学生创业的示范与演示作用，将鼓励着新一代大学生投身自主创业的大潮，在创业实践中建功立业。

(1) 创业可以满足大学生对独立自主的追求。渴望独立，追求自由，是当代大学生的一种普遍的心理倾向，他们不满足于循规蹈矩地按别人的指令做事，而希望自己掌握自己的命运。创业的过程实际上就是根据社会的需求，按照自己的方式开创事业的过程，这个过程虽然充满了艰难险阻，但同时也能“指点江山，挥斥方遒”。

(2) 创业可以提高大学生的综合素质。几乎没有一个成功的创业者会遵循自己创业之初的创业计划去按部就班地发展自己的事业。面对各种潜在的不确定性，许多创业者兵来将挡、水来土掩，在挑战各种不可预料的风险中激发着自己的创业热情和创造潜能。正是在适应环境、改造环境，创造性地解决问题的过程中，大学生逐渐增强了自己认知环境、适应环境和抵御风险的能力，而这种能力较之创业的物质结果，从某种程度上更会使人终身受益。

(3) 创业可以实现大学生对成就感的需求。成就感的需求是一种高层次的需求，它一方面指的是一个人需要被社会承认，另一方面指一个人希望自我实现。创业需要贡献必要的时间，付出极大的努力，承担必要的风险，但高风险就意味着高回报。创业所带来的收益特别是物质财富，极大地改善了大学生的经济地位和社会地位，使他们获得了独立自主，并由此获得强烈的成就感和精神上的极大满足。并且，大学生创业在获得物质回报和精神满足的同时，还通过促进经济社会的发展来回报社会。创业促进了新的经济结构和社会结构的形成，改变着人们对经济发展中各行业的认识的思维定势，推动了科学技术的创新进步，缓解了全社会的就业压力，极大地推动着经济和社会前行的步伐。

【扩展阅读】

在当前经济背景和就业环境下，伴随着商业经济和知识经济的迅猛发展，越来越多的大学生投入到创业的浪潮中，通过SWOT分析的方法，可以了解大学生创业的优势与劣势、机会与挑战，如下表所示。

大学生创业SWOT分析

Strength（优势）	Weakness（劣势）
学习能力强、有创新精神 有活力，勇于拼搏 有一定的专业技术素质	社会经验不足 普遍缺乏吃苦精神 创业心理准备不足

续表

Opportunity（机会）	Threat（威胁）
经济高速发展、创业机会多 国家提倡、政策优惠 风险投资开始关注大学生创业	来自普通创业者的竞争 来自家庭的压力 创业失败的后果

第三节　创业精神与创业能力

根据大量实证材料，有人提出一个多级结构的创业素质模型。如图 6－3 所示：

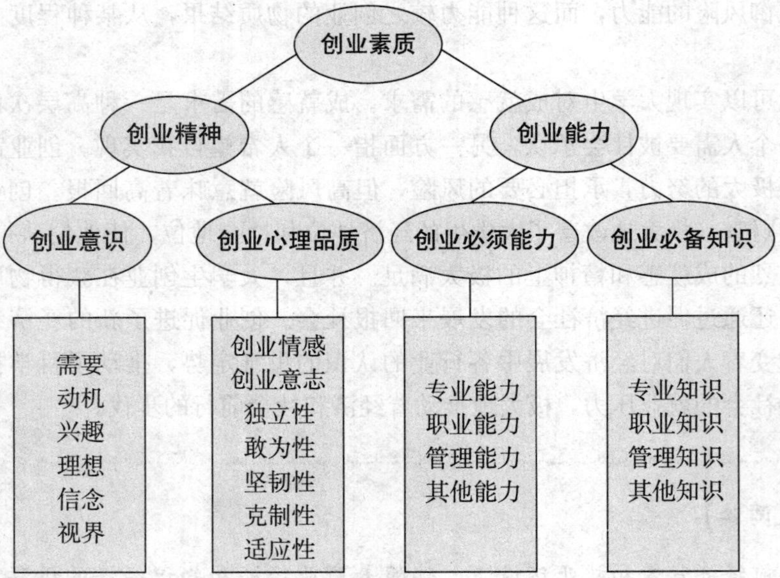

图 6－3　创业素质模型

一、创业精神

创业精神主要包括创业意识和创业心理品质两方面的内容。心理学、成功学的研究表明，在一个人的创业活动中，创业意识和创业心理品质作为个体的非认知性因素，是“个体行为的指挥和控制系统，具有激活、指向和调节功能”①。创业精神是创业者创业成功不可缺少的内在条件，它支配和调节着创业者的态度和行为，并规定着态度、行为的方向、力度，具有很强的选择性和能动性。其功能可以用图 6－4 表示：

① ［日］山内光哉著：《学习与教育心理学》，教育科学出版社 1986 年版，第 185 页。

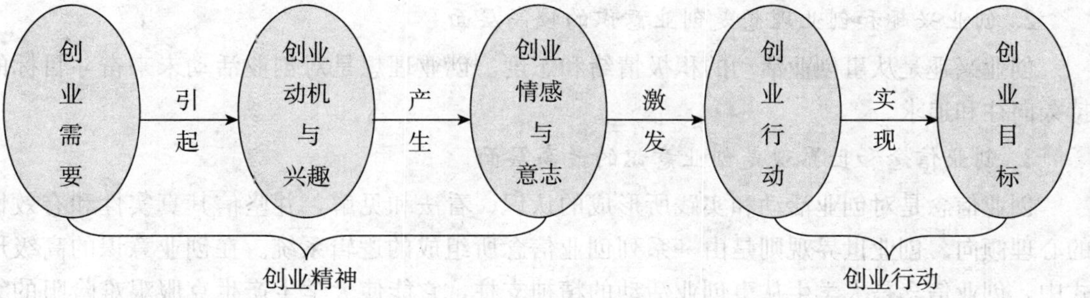

图 6－4　创业精神与创业行动

【扩展阅读】

一只狮子领着一群羊，胜过一只羊领着一群狮子。这一古老的西方谚语说明了创业者领袖精神的重要性。企业成功离不开团队力量，但更多层面上取决于领导者本人。创业者是企业的一面精神旗帜，其一言一行都将影响企业的荣辱兴衰。

创业者的领袖精神，是凝聚员工的一笔“不可复制”的财富，更是初创企业生存和发展的关键。

许多优秀的跨国企业中，这种领袖精神随处可见。摩托罗拉公司对高尔文“摩托罗拉大家庭”理念的继承，戴尔公司对戴尔“效率至上”原则的推崇，都证明了企业领袖精神的重要性。对创业者来说，注重塑造领袖精神，远比积累财富更重要，因为财富可在瞬间赢得或失去，但领袖精神永远是赢得未来的无形资本。

(一) 激发创业意识

所谓创业意识，是指在创业实践活动中对个体起动力作用的个性意识倾向。① 创业意识主要包括创业的需要、动机、兴趣等心理成分，是个体创业基本素质结构中的“动力系统”。

1. 创业需要和动机是创业意识的基本层面

创业源于人的强烈的内在需要，这种内在需要是创业活动最初的诱因和动力，是形成创业动机的基础，它取决于一个人的社会状况、社会地位和阶层等社会条件。如果没有创业的需要，就不可能产生创业行为，也绝不可能产生更高层次的创业意识。

创业动机是形成和推动创业行为的内驱力，是产生创业行为的前提和基础。创业是大学生自立人生、实现理想的重要途径。只有创业需要转化为创业动机时，才能形成创业者获得最佳效果和优异成绩的心理动力。

① 彭钢著：《创业教育学》，江苏教育出版社 1995 年版，第 87 页。

2. 创业兴趣和创业理想是创业意识的较高层面

创业兴趣是从事创业活动的积极情绪和态度。创业理想是对创业活动未来奋斗目标的持久向往和追求。

3. 创业信念和世界观是创业意识的最高层面

创业信念是对创业活动和实践所形成的认识、看法和见解，并坚信其真实性和有效性的心理倾向。创业世界观则是由一系列创业信念所组成的逻辑系统。在创业意识的高级形式中，创业信念是大学生从事创业活动的精神支柱，它能使大学生产生克服艰难险阻的大无畏的精神，坚持不懈，勇往直前。

创业意识不是凭空形成的，也不是靠一时冲动产生的，而是大学生在一系列创业活动中不断磨炼积累进而升华产生的。培养对创业的兴趣，这是创业成功的动力因素，也是培养创业精神的首要任务。

（二）培养创业心理品质

所谓创业心理品质，是指在创业实践活动中对人的心理和行为起调节作用的个性意识特征，主要是指创业的情感和意志及其过程，它是创业者基本素质结构中的调节系统。

1. 基于客观认识自我的自信

自信是创业者必备的心态和精神面貌。有人说，自信是成功的一半。这种自信，不是自傲自大和刚愎自用，而是建立在客观、准确的自我认识的基础上对自身能力的相信。创业有风险，想创业的人必须对自身能力有充分了解和估计，并能针对自身能力确定切实可行的创业目标，既不要盲目冒风险，又不要惧怕风险；妄自菲薄与妄自尊大，都不可能成为创业成功者。

2. 基于认同他人的合作精神

创业不可能孤军奋战，想创业的人必须先学会与人合作。在当前竞争激烈的社会中创业，创业者想要成功，必须有志同道合者与之共同奋斗。社会中的每个单一个体，都各有优缺点，各有性格，而且能力上也存在差异。创业者要学会认同他人，识别他人的能力与才华，同时也要对他人的缺点给予宽容，并理性处理他人与自己的分歧，给他人充分空间发挥才能，求同存异，志存伟业。另外，创业者还需要学会充分调动他人的积极性、主动性，与他人通力合作，组成具有凝聚力的团队，只有这样，才能取得事业的成功。

3. 愉悦、乐观的情绪和情感

对现实满足、能预见未来，使人产生愉悦、安宁的情绪；对现实不满、前途莫测，则会使人产生忧虑、不安的情绪。创业过程充满荆棘，必须有较强的控制自我情绪的能力，经常保持平衡、愉悦的情绪，能使人保持旺盛的精力，有充足的精力投入工作，才能沉着冷静地应付各种突发事情。创业过程中有成功的喜悦，创业者要懂得从成功的喜悦中不断给自己增加信心，与同伴分享成功的快乐，增加友谊情感；创业过程中也有失败的沮丧，创业者要及时从失败的阴影中走出来，总结失败的教训，不要怨天尤人，将责任推给他人，伤害他人感情，破坏团结气氛，而是应当互相鼓励，重振士气，开辟新天地。

4. 坚定的意志和百折不挠的精神

意志就是坚持，坚持做某事或坚持不做某事。做任何事如果不能坚持就很难成功，艰苦的创业更是如此。创业者必须意志坚定，乐于冒险，敢于挑战，迎难而上，不轻言失败和放弃，相信命运掌握在自己手中，变逆境为动力，具有顽强的斗志和拼搏精神，以耐心和毅力迎接困难和挑战。

5. 果断、勇敢、敏捷的行动

创业者必然是有实干精神的人。任何停留在口头和想象的目标，都只会永远是幻想。只有将想法和目标转化为行动，才能有取得成功的可能。果断、勇敢、敏捷的行为特征，能使创业者抓住每一次机会，使自己一步步迈向成功。犹豫不决、踌躇不前只会错失良机。

二、创业能力

创业者素质模型中的创业能力部分，包括两个要素，即创业必需的能力和创业必备的知识。因此，大学生应把提高创业能力、积累创业知识作为目标之一。

（一）提升创业必需的能力

创业者所必需的能力包括专业能力、职业能力、经营管理能力和其他综合性能力。

专业能力、职业能力是人们从事某一特定社会职业所必须具备的本领，也是维持生存、谋求发展的基本生活手段。具备了一定的专业、职业能力才有可能从事该专业、该职业的社会实践活动，而专业、职业能力的高低，则直接影响着社会实践活动的效率和成败。

经营管理能力是现代社会的一种十分重要的社会职业要求，是一种人、财、物、时间、空间的合理组合、科学运筹和优化配置的心理能量的显示，在较高的层次上决定着社会实践活动的效率和成败，因此是一种较高层次的创业能力。

其他综合性能力，包括发现机会、把握机会、利用机会、创造机会的能力，收集信息、处理加工信息、综合利用信息的能力，适应变化、利用变化、驾驭变化的能力，非常规性的决策和用人的能力，交往、公关、社会活动能力等，是一种社会环境和社会关系的综合开发和运筹的能力，在更高的层次上影响着社会实践活动的效率和成败，是一种最高层次的创业能力。

1. 创新能力

创业者经常能够预见到别人不能预见到的投资领域或新的赢利机会，或者是别人即使预见了也不敢投资的领域。这是创业人才核心素质的重要体现。成功的创业者，能够在充分吸取前人经验的基础上，发现不足之处；或由于环境变化，在前人的经验不适用的情况下，提出新的、有用的方法。他们能够从纷繁复杂的矛盾中发现问题的关键所在，在综观全局的同时，迅速预知未来。随着经营环境不确定性程度的增加，市场机会与陷阱扑朔迷离，真真假假难以区分，创业者必须从纷繁复杂的市场中识别出创新与风险创业机会。同时，创业者还要能创造机会，而且不受条件的限制去追求这些机会，担负起促变的责任。

2. 学习能力

学习能力是创业者的核心素质中的关键点之一。风险企业的创新特点决定了必须强调创业者的主动学习精神。如果创业者对千变万化的客观情况和飞速发展的科学技术不了解，就不可能有所创新。只有不断学习，时时保持创新的精神头脑，才有可能敏锐地发现自身的创新潜能和创新苗头，并进行进一步的发掘，或迅速转化为现实生产力。另外，创业者只有努力提高和超越自我，保持求知欲，尊重知识，不断学习，才能跟得上时代的步伐，以系统的思路、全新的观念去把握知识经济的脉搏。

3. 沟通能力

创业者的创业过程，既是一个个人奋斗的过程，也是一个创业团队合作的过程。必须赢得他人的理解和支持，才能将梦想变为现实。要别人理解和支持，沟通和表达能力就显得非常重要。沟通的目的是为了取得对方的理解和好感，而不是仅仅将自身的思想强加于他人。许多优秀的创业者都拥有强烈的个人魅力，在同投资商、客户或员工的交往沟通过程中，他们那富有感召力的表达方式达到了能够支配和影响他人的思想、情感、行为的程度。

【扩展阅读】

央视联合清华大学、中国农业大学以及国家发改委，推出了《中国百姓创业调查报告》。

该调查显示，26～35 岁是创业者的最佳时期。对于创业方向，多数人往往来源于工作生活中的启发，所占比重达到 70％。

创业者中男性比例大约是女性比例的 3 倍。女性创业选择最多的前三个行业分别为餐饮业、批发零售业、信息服务业；而男性选择最多的前三个行业分别为批发零售业、工业加工业、农业加工业。在被调查的创业者中，有过失败经历的创业者占 48％。

创业者遇到的最普遍的问题是资金困扰和客户拖欠账款，其次是市场需求，把握市场机会是创业成功的最关键因素，第三是创业前的市场调研。

研究表明，创业者应具备的前五大品格是：诚实守信的原则、人际交往的能力、创新求异的思想、灵活变通的本领、把握机会的意识。

（二）储备创业必备知识

创业者所必须具备的知识包括专业知识、职业知识、经营管理知识和其他综合性知识。专业知识和职业知识是从事某一专业或职业所必须具备的知识，一般是与专业能力、职业能力结合在一起发挥作用的。经营、管理知识是从事经营管理工作必须具备的知识。综合性知识是发挥社会关系运筹作用的多种专门知识，其中包括政策、法规、工商、税务、金融、保险、人际交往、公共关系等。

1. 管理知识

一个新创的企业，要想早日走上正轨并做大做强，或早或晚都要过“组织架构设计”这道关口。组织架构设计中，最根本的问题就是决策权限的分配，简单地说，就是首先要解决“谁说了算”的问题。这个问题解决不好，将会给企业的运作带来严重影响。在大学生新创企业中，多数是由几个要好同学共同创办的，这里就有一个“听谁的”和“怎么听”的问题。若只是简单地规定“谁听谁的”，而没有一个有效的决策权限分配系统，是无法应付日益复杂的经营管理问题，也解决不了创业团队中的意见分歧的状况。决策权需要详细分解，操作起来要很具体，并且有必要用书面的正式文件规定下来。

2. 营销知识

营销管理是指分析、规划、执行和控制各种方案，以便与目标市场的顾客建立和保持互惠交易，以实现组织的目标。其实质是要制定一套开发客户、提供服务、收款及售后服务的企业运作流程。例如，如何选择成本最低、成效又高的行销方法；如何找到可靠且成本低廉的供货商；如何提供成本最低却又能符合需求的产品与服务；怎样的收款流程最顺畅，以及如何降低呆账率化解风险等。

3. 资本和财务知识

企业无论在哪个阶段都会遇到缺少资金的困难，即便是风险资本供应最充分的国外创业者也是如此。为了筹集到创业所需要的足够资金，在公司创办之初，就要选择技术含量高、前景好、利润高的项目，这样才能引进投资，获得公司的启动资金。正式运作后，要了解公司是否上轨道，“让财务报表说话”是最好的方式。

不少的大学生创业者由于缺乏起码的财务管理知识，在企业的新创阶段没有养成良好的财务管理习惯，既不了解自己一个月到底净赚多少，实际净利率有多高，也没有充分考虑预留周转金，因此就有可能由于一笔款项周转不灵而导致创业失败。此外，创业者充分了解经营状况，最好要掌握一些账目管理的基本知识，翔实记录收入支出、进货销货以及成本核算等。坚持不断，有利于创业者对于未来可能的利润和收支平衡点做到心中有数，并对降低生产成本、报税、调整经营方向等起到参考作用。

【扩展阅读】

大学生如何获取创业知识？

大学生获取创业知识的途径就像是不同类型的机舱，各有各的“享受”。

“经济舱”：学校。如今，一些学校开设了创业指导课，教授创业管理、创业心理等内容，帮助大学生打好创业基础。大学图书馆中有很多创业指导方面的书籍，通过阅读可增加对创业的理解。大学社团活动，为大学生锻炼综合能力提供了实践机会。通过这种途径获得创业知识，无疑是最经济、最方便的。

“商务舱”：媒体。创业是目前媒体报道的热门领域，无论是传统媒体，还是网络媒体，每天都提供大量的创业知识和信息。一般来说，经济类、人才类媒体是首要选择，比较出名的有《创业家》、《21世纪经济报道》、《第一财经》等期刊，以及“中国创业论坛”等专业网站。此外，创业孵化中心、科技园、留学生创业园等机构的网站，也蕴藏着丰富的创业知识。通过这种途径获得的创业知识，针对性较强。

“头等舱”：商界人士。商业活动无处不在，大学生平时可多与有创业经验的商界人士交流，或向一些专业机构咨询。这些“过来人”的经验往往比看书本的收获更多。通过这种途径获得的创业技巧与经验，实用性非常强。

“驾驶舱”：创业实践。大学生创业项目、商业计划书等比赛活动，是大学生学习创业知识、积累创业经验的最好途径。此外，大学生还可通过实习见习、兼职打工、求职体验、市场调查等活动接触社会，了解市场，磨炼自己的心志，提高创业综合素质。

实践练习

进行一次创业人物访谈，并将访谈结果记录下来。访谈可参考如下提纲：

1. 你的创业点子、创业想法是如何产生的？

2. 你是如何确定创业项目的？

3. 创业前期需要进行哪些筹备工作？

4. 如何进行创业资金的筹集？

5. 你是单独创业还是建立了一个团队？团队是如何建立的？

6. 创业的过程中如何抓住机遇，充分利用资源？

7. 创业中可能遇到什么样的困难和风险？作为创业者该如何应付不可控因素？在遭遇困难时，你是如何重树信心的？

8. 你对自己的创业前景有何展望？接下来的打算如何？

9. 你认为作为一个创业者应该具备哪些素质？

10. 哪些素质是创业者需要自己有意识地锻炼培养的？

11. 大学生创业者应该做好怎样的心理准备？

选择你最想了解的一两位创业者或一两家企业，可以是你心目中的典范或仰慕的榜样，也可以是你所知甚少但非常想了解的，撰写一篇访问的专题报告。

其内容包括：访谈时间、地点、被访问者姓名、年龄、性别、创业的动机、经历、如何发现商机、成功的关键因素、如何找寻合伙人、如何融资、在初期生存阶段所经受的压力和危机有哪些、获得的外部帮助有哪些，重点是创业者的经验、体会、教训等。

案例思考

某大学2007届毕业生小黄曾参加了市政府举行的全市落实创业政策恳谈会。会上，他一说出自己想建立一个大学生求职网站的想法就得到了市领导的赞赏和支持。在市领导的鼓励下，这个充满了创业激情的小伙子迅速完善了先前酝酿许久的创业计划书、架构起未来网站的基本框架。但一个绕不开的问题是，由于自己并不会写电脑程序，网站的建立必须由专业的技术人员来完成，这名技术核心人物在哪里？苦苦找寻数月无果，小黄只好暂时收起创业梦想，先找份工作，给别人打工。

“对创业条件分析不足，这是我最大的失败。”小黄这样总结自己失败的起步。

坎坷求职经历激发创业梦想

大学最后一学期，迎接小黄的是一场接一场的招聘会、一次又一次的失望而归。“我们不停地奔波于各种招聘会，在海量的招聘信息里想要找到一个适合自己的企业却很难。”在与企业的接触中，小黄了解到企业也存在类似的烦恼。因为缺乏对学生的了解，企业仅通过一次招聘会或一次简单的面试签订用人协议，事后却发现招聘来的员工并不适合这份工作，为此浪费了大量人力物力。于是，他萌发出这样一个想法——办一个不同寻常的求职网站。

小黄介绍说，在网站中，他将为企业和大学生搭建起一个长期稳定的接触平台，只要大学生和企业登录注册，双方就可以通过这个平台相互了解，企业甚至可以跟踪大学生在校期间的各方面表现，决定毕业时是否录用。

接下来的几个月，小黄开始了广泛的市场调研。他去20多家企业登门拜访，与人力资源管理部门负责人沟通了这一想法，网站的特色服务内容得到70%的人的肯定。“我会用两到三年的时间向外界推广网站，吸纳大学生和企业登录，并向企业收取一部分会员费。三年后，点击量有了一定提升，广告将成为网站赢利的又一渠道。未来，在继续完善网站服务内容的基础上，推出一系列附加产品，我相信这会有更大的发展前景。”实际上，小黄已明确了网站的赢利模式。至于网站的长远规划，小黄表示他已制订了相应的计划。

渴望获得创业指导

尽管制订了自己的创业计划、确立了赢利模式、进行了市场调研，也得到了父母兄长的资金支持，但小黄却忽视了创业最为关键的因素之一——组建得力的团队。

“刚开始我以为这不是问题，懂程序的人多，肯定能吸引到这样的人。”直到制订创业计划的后期，小黄才向身边好友发布信息，结果只找到一个做网站的高中好友。“人太少了，编好这个网站的程序至少要两年。”小黄说，目前高校内具备这方面技术的人太少，而有能力和经验丰富的人又不愿意放弃工作跟他一起创业，好比没有左膀右臂，小黄孤军奋战的结果只能是败下阵来。

“合理的创业方案、资金和团队是创业的三大要素，缺一不可，之前我却没有认识到这一点。”小黄感到有些后悔。他说，如果当初有人能给他指导和提醒，或许就不会出现这样的错误，“学校应该开设创业指导选修课，给有创业想法的大学生一定的指导”。

目前，小黄暂时放下了自己的创业计划，开始忙于找工作。“等有了几年工作经验，我还会继续完成创业梦想。这几年，我会构建自己的生活圈，寻找创业的最佳团队。”

思考并讨论以下问题：

1. 阅读案例，对小黄的创业实践谈一下自己的看法。
2. 当前大学生创业存在的问题有哪些？
3. 什么样的大学生适合创业？应具备哪些要素？自己是否适合创业？
4. 你认为学校、教师在大学生创业中应该起什么作用？

第七章
大学生创业过程与技能

本章要点

创业是有章可循的，初次创业者需要了解创业的一般流程与创业所需要的各种知识和技能。本章从企业的基本知识、创业的基本流程入手，分析如何发现与评估商业机会，制订科学的创业计划，高效获取创业资源，帮助大学生创业者更好地实施创业行动。

学习目标

通过本章的学习，大学生应当在态度、知识和技能三个层面达到以下目标：

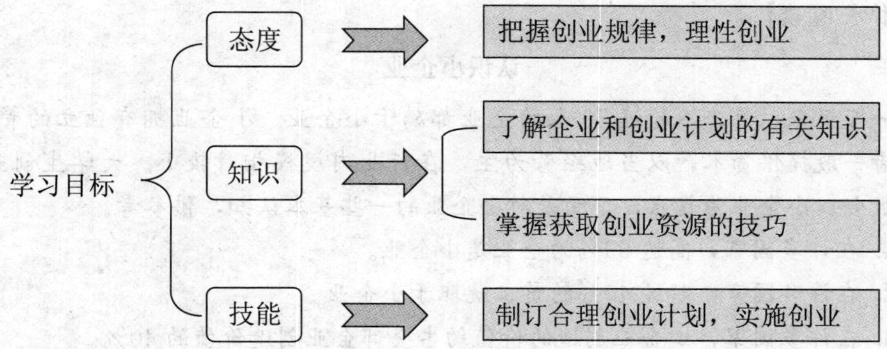

第一节 创业准备

一、认识企业

企业，是创业活动的基本场所。整个创业的过程、创业价值的实现都要在企业进行。大学生在了解了创业的基本概念、做好了创业的思想准备后，接下来就要考虑创办一个怎样的企业。

（一）企业的含义

企业是从事生产、流通或服务性活动的独立核算经济单位。它是依法设立的经济组织，是在商品经济范畴中，按照一定的组织规律，有机构成的经济实体，一般以赢利为目的，以实现投资人、客户、员工、社会大众的利益最大化为使命，通过提供产品或服务满足社会需求，以换取收入和利润。企业是社会发展的产物，因社会分工的发展而成长壮大。

企业对整个社会经济的发展与进步起着不可替代的作用，从一定意义上讲，企业素质的高低，企业是否适应市场经济发展的要求，直接关系着国民经济状况和社会的长治久安。企业在社会生活中的作用，主要表现为以下几个方面：

首先，企业作为国民经济的细胞，是最主要的市场主体，是市场活动的主要参加者；

其次，企业是社会生产和流通的直接承担者；

最后，企业是推动社会经济技术进步的主要力量。

【扩展阅读】

认识小企业

一般说来，员工不超过50人的企业都属于小企业。小企业拥有独立的管理，所有者一般提供资本，以当地经营为主，在行业内规模相对较小。大学生创业绝大多数会以小企业为起点，下面是对小企业的一些基本认知，供参考。

1. 在许多国家，高达99%的企业是小企业。
2. 在许多国家，超过40%的员工就职于小企业。
3. 在许多国家，小企业创造的价值约占全部企业创造价值的40%。
4. 小企业创造了约75%的新岗位。
5. 50%的小企业在成立的头两年内倒闭。
6. 60%的小企业的启动资金来自个人，如个人存款、亲友借款。
7. 通过小企业创造就业机会所需的成本要比通过大企业低得多。

8. 小企业吸纳了批发零售业和服务行业的大部分就业人数。

9. 在某些制造行业，小企业的销售额和雇佣人数占了较大部分。

10. 小企业失败的主要原因是管理不善。

11. 新企业存活期超过5年的机会只有25%。

12. 几乎在所有国家，小企业都是创业者的乐园。

（二）企业的基本要素

一个企业应具备以下一些基本的要素：

（1）拥有一定数量、一定技术水平的生产设备和资金；

（2）具有开展一定生产规模和经营活动的场所；

（3）有一定数量具备一定技能的生产者和经营管理者；

（4）从事社会商品的生产、流通等经济活动；

（5）进行自主经营，独立核算，并具有法人地位；

（6）生产经营活动的目的是获取利润。

（三）企业的类型

企业根据不同的标准也可以分为不同的类型。

1. 根据企业规模划分

根据企业规模大小不同，可分为大型企业、中型企业、小型企业。

大、中、小型企业的划分的标准主要根据经营规模、资金投入、生产经营管理人员的数量等。

2. 根据企业组织形式划分

根据企业组织形式不同，可分为个体企业、合伙制企业、股份制企业。

个体企业是由业主个人出资兴办，由业主自己直接经营管理的企业。业主个人享有企业的全部经营所得，同时对企业的债务负有完全责任。个体企业一般规模较小，内部管理机构简单。

合伙制企业是指由两人以上按照协议投资，共同经营、共负盈亏的企业。合伙制企业财产由全体合伙人共有，共同经营，合伙人对企业债务承担连带无限清偿责任。

股份制企业是指两个或两个以上的利益主体，以集股经营的方式自愿结合的一种企业组织形式。它是适应社会化大生产和市场经济发展需要、实现所有权与经营权相对分离、利于强化企业经营管理职能的一种企业组织形式。股份制企业由股东大会作为企业的经营机构。按照股东承担的责任不同，又分为无限责任公司、有限责任公司和股份有限公司。

3. 根据经济成分划分

根据经济成分不同，可分为国有企业、集体企业和私营企业。

国有企业也称为国有独资企业，是指完全由国家投资兴办的企业。国有企业的投资者是代表国家的政府机构，政府委托管理者进行经营管理。现阶段我国的国有企业正在进行改制，大部分国有企业将改制为股份制企业。

集体企业是由集体出资兴办的企业。我国经济体制改革之后，很多集体企业改为股份制，发展为企业集团。

私营企业是指由个人出资兴办的企业。近几十年来，我国的私营企业飞速发展，得到了国家政策的大力支持，在国民经济中发挥着不可或缺的作用。

4. 根据资源密集程度划分

根据资源密集程度不同，可分为劳动密集型企业、资金密集型企业和技术密集型企业。

劳动密集型企业，又称为劳动集约型企业，是指生产需要大量劳动力的企业，也就是说产品成本中活劳动量消耗占比重较大的企业。在劳动密集型企业里平均每个工人的劳动装备不高，比如纺织企业、服务企业、食品企业、日用百货等轻工企业以及服务性企业等。

资金密集型企业，又称资本密集型企业，是产品成本中物化劳动消耗所占比例较大或资金有机构成较高的企业。资金密集型企业的特点是投资大，占用资金多，现代化技术装备程度高，容纳劳动力相对少，劳动生产率高。如钢铁、机械制造、汽车、石油化工、电力等，均属于资金密集型行业。

技术密集型企业是指技术装备程度比较高，所需劳动力或手工操作的人数比较少的企业。技术密集型企业的单位产品所需资金投资较多，也需要集中较多熟练的技术人员，同时耗费原材料较少。也就是说，这类企业的技术密集程度与企业的机械化、自动化水平成正比，同企业的手工操作人数成反比。技术密集型企业是综合运用先进的、现代的科学技术成就的工业企业。

5. 根据经营性质划分

根据经营性质不同，可以分为工业企业、商业企业、农业企业、金融保险企业、房地产开发企业、交通运输企业、旅游服务企业、餐饮娱乐企业、邮电企业、中介服务企业等。

【扩展阅读】

小企业的优劣势分析

劣势：

1. 资金规模小，现金流有局限性
2. 员工少且存在结构性问题
3. 市场占有率小，销售量有限，导致成本较高
4. 所有的鸡蛋都在一个篮子里，运营风险较大
5. 存在社会公信度较差的问题
6. 研发和质量控制方面存在局限性

优势：

1. 市场细分到位，可个别接触客户

2. 较强的动力，创业精神引导性强

3. 运营机制具有较强的灵活性

4. 企业团队具有较少的官僚性

5. 不太招摇，容易为竞争对手忽略

6. 服务于当地/局部市场

因此，小企业适合进入具有以下特征的领域：（1）满足某个地区的需要；（2）生产周期较短或特殊需求产品的生产；（3）提供技术维修服务；（4）提供个别服务；（5）市场快速变化的情况下，有许多新的机会。

二、创业准备

机会总是被赋予有准备的头脑。“凡事预则立，不预则废”，准备得越充分，大学生创业成功的概率就越高。

（一）审视自我

在创业开始之前，大学生需要评估自己的优势和劣势，看看自己是否具备创业的素质和能力。大学生可通过认真思考和回答以下问题，来初步判断自己是否具备创业的基本素质和能力：

1. 你适合创业吗

作为创业者或者小企业的领导者，在如何拓展业务、如何定位市场、如何管理财务和员工等各种细节中，经常需要做出决定，而这些决定是在压力环境下要求你迅速独立完成的。创业需要热情、需要理念，更重要的还需要你的能力。你的策划和组织能力如何？你的团队组建和管理能力如何？你的决策和综合管理能力如何？你的创业风险（资金风险、竞争风险、团队分歧风险、核心竞争力缺乏风险等）规避能力如何？

2. 你能长时间保持创业激情吗

运营一个企业，有时能把你的意志耗尽。认真检查你个人拥有的技能、经验和意志。因为有可能在相当长的一段时间内，企业的业务没有进展，有可能会出现与员工发生思想激烈碰撞的现象，不理解你、不支持你的现象也可能会经常发生，这将会使你感到郁闷、孤独，你准备如何承受？你承受得了吗？创业者强烈的创业激情和坚强的意志，能够使其企业成功，并且在遇到经济衰退等困难的时候帮助他顽强地生存下来。因此，检查你选择自主创业道路的原因，确认在今后创业的道路上无论碰到什么困难，这些原因都将激励你勇敢地坚持下去，至少你的创业冲动能够强到使你长时间保持创业的激情。

3. 你的身体和精神状态适合创业吗

创业过程充满挑战，意味着长期而艰苦的工作。同时，创业也意味着创业者需要更加努力、自觉地工作，将失去很多休息时间。身体健康是承受创业高强度体力和精神压力的前提，你的身体健康状况是否允许你从事这样的工作？因为在创业过程中，有时会令人非常兴奋和愉快，有时会给人带来烦恼和颓丧，你有没有这样的心理准备？

4. 你的家庭支持你创业吗

和谐稳定的家庭是事业成功的基础。创业之初对你的家庭生活影响很大，能否成功，家庭支持也很重要，你确信你的家庭会支持你吗？

5. 你准备承受创业初期的风险了吗

创业始终伴随着风险。在确定了创业目标后，创业者接下来要问的问题是：创业的风险有哪些？我创业最坏的结果是什么？我能否接受？我能否从坏结果中走出来？

（二）心理准备

创业是一件极具挑战性的事情，创业的道路艰难曲折，要求创业者做好充分的心理准备。首先，创业者自身的素质和心态非常重要，在创业实践中起着关键的作用。

“贫贱最安稳，富贵险中求。”创业是与风险并存的，创业的成功有着很大的不确定性，而对于这种风险必须做好充分的心理准备。

（1）要对不得不面对的激烈竞争有心理准备。

（2）要对可能遇到的困难有心理准备。

（3）要对必须付出的艰辛和高强度工作有心理准备。

（4）要对失败有心理准备。

【扩展阅读】

优秀的创业心理素质

1. 自信，有勇气，有胆量。敢作敢为，勇于拼搏和开拓，勇于承担自己行为的后果。

2. 独立思考，自主判断。摆脱依靠意识，在选择人生道路和创业目标时可以摆脱干扰，自主决策。

3. 善于交流、合作、沟通。可以通过交流、合作和沟通取得理解、支持和帮助，为自己营造融洽的人际关系、创设良好的商业氛围和形成自己独特的个人魅力。

4. 不盲目冲动，有自制力。在变化面前可以保持冷静、理智。能够自觉约束自己，遵守企业准则和社会规范，可以控制自己的私欲。

5. 顽强向上，坚持不懈，不屈不挠。在创业的过程中保持高昂的斗志和坚定的信念。

6. 善于自我调节，适应性强。创业者在创业中要承受来各个方面的巨大压力，适时进行自我调节，保持清醒的头脑。

这些心理素质中有先天的因素，但更多的则是在后天的学习、生活、实践中不断磨炼出来的。有意识地培养以上的心理素质，对于创业成功会大有裨益。

(三) 资源整合

资源是创业必不可少的关键元素，创业者整合资源能力的大小基本决定了创业的成败。创业者整合资源的能力与创业者的素质、管理能力、企业研发能力等直接相关，创业者应该注重资源整合能力的提升。

1. 人脉资源

人脉资源整合是资源整合中的重中之重，整合到大量的人脉资源就可以吸引到人才、资本、技术等，创业就会变得更容易、更快乐。人脉资源的整合在某种程度上来说就是做人，做一个让他人快乐同时也让自己获益的人。

以下是人脉资源积累的几个技巧：

(1) 长期投资。平时要注意人脉资源的积累，这也是一种投资。你必须从现在开始建立联系，人脉资源的形成需要很多时间和精力。积累人脉资源，必须以自身的人格魅力来积聚，靠酒肉、投机、侥幸得来的资源不会长久。

(2) 维护管理。人脉资源可以通过合作、交流、关心、帮助、友情、亲情等进行维护，并不断巩固，同时在维护中可以不断地发展新的人脉关系。

(3) 不断拓展。每个人一生中能认识多少人？包括老师、同学、亲戚、同事、朋友、客户等，一般不超过 500 人，而能够真正帮助自己的一般不会超过 50 人，所以在客观上就需要不断认识更多的人。

2. 信息资源

信息资源即是财富。创业者在创业整个过程中，需要整合利用大量的信息，才能一步一步将其发展为一个新创企业并有效运作。商业机会的获得和评估，有赖于信息的整合和分析。

信息资源与人力、物力、财力以及自然资源一样，都是创业者的重要资源，因此，应该像管理整合其他资源那样整合信息资源。

创业者在做决策时，关心的问题来自包括竞争对手、政府、行业、合作伙伴、客户等在内的周边环境的变化。在对变化的预测、分析的基础上做出尽可能合理的决策，这个层次上的信息整合通常是针对创业者以及创业企业管理中所遇到的问题。

3. 资金筹措

资金筹措，是指创业者为了生存和发展的需要，筹集和运用资金的活动。任何创业都是需要成本的，就算是最少的启动资金，也要包含一些最基本的开支，如产品定金、店面租金等，更别说大一些的商业项目了。因此，对创业者来说，能否快速、高效地筹集到资金，是创业的第一步。

创业启动资金通常有六种来源：自己投资、向亲戚朋友借款、找合伙人融资、银行贷款、政府支持、风险投资。大学生基本没什么资金，低成本小项目的资金也许能够向家人或朋友借，但是，如果金额相对较大，如需要上百万的资金，就需要进行创业融资活动。资金筹措的主要渠道有：

（1）银行等金融机构的贷款。银行贷款被誉为创业融资的“蓄水池”。银行贷款有以下四种形式：①抵押贷款，指借款人向银行提供一定的财产作为信贷抵押的贷款方式；②信用贷款，指银行仅凭对借款人资信的信任而发放的贷款，借款人无须向银行提供抵押物；③担保贷款，指以担保人的信用为担保而发放的贷款；④贴现贷款，指借款人在急需资金时，以未到期的票据向银行申请贴现而融通资金的贷款方式。成功申请贷款并非只与银行打交道就可以了，而是需要经过工商管理、税务、中介机构等一道道“门槛”，手续烦琐，任何一个环节都不能出问题。

（2）政府、高校的支持。政府陆续出台的扶持大学生创业的政策，为大学生提供了创业融资的另一渠道。许多省市和高校推出了大学生“零成本”创业的新举措，即毕业若干年内的高校毕业生从事个体经营，从注册登记之日起的若干年内免收登记类和证照类等各类行政收费，取消最低注册资本限制。

（3）风险投资。风险投资是一种高风险、高回报的投资。风险投资家以参股的形式进入创业企业，为降低风险，在实现增值目的后会退出投资，而不会永远与创业企业捆绑在一起。风险投资通常比较青睐高科技创业企业。风险投资家关心创业者手中的技术，也关注创业企业的赢利模式和创业者本人。虽然大学生要想取得风险投资是比较困难的事情，但相对而言，可以从风险投资获得比银行贷款更大的资金额度。

【扩展阅读】

大学生应避免的创业误区

眼高手低

比尔·盖茨的神话，使IT业、高科技业成为大学生眼中的创业金矿，以至于不少学生不屑于从事服务业或技术含量较低的行业。其实，高科技创业项目往往需要一大笔启动资金，创业风险和压力都非常大，大学生如果对自身经验和能力认识不足，对创业的期望值又过高，一开始起点较高，就很容易失败。因此，大学生创业不妨放平心态，深刻了解市场和自己，然后从小规模做起，从实际做起，第一步走稳了再走第二步。

纸上谈兵

缺乏经验是目前大学生创业中普遍存在的问题，不少大学生创业者不习惯对其产品或项目做市场调查，而是进行理想化的推断，例如：“如果有3亿人需要我们的产品，每件售价100元，我们就有300亿元的销售市场”这种推断方法是站不住脚的，而且常常起着误导作用。大学生在创业初期一定要做好市场调研，一些可行性研究也可委托专业机构进行，在了解市场的基础上创业才能长久。

单打独斗

在强调团队合作的今天，创业者想靠单打独斗获得成功的概率大大降低。团队精神已成为不可或缺的创业素质，风险投资商在投资时更看重有合作能力的创业团队。大学生一般都有个性，自信心较强，在创业中常常自以为是、刚愎自用，这些都影响了创业的成功。因此，对打算创业的大学生来说，强强合作，取长补短，要比单枪匹马更容易积聚创业实力。

第二节 发现与评估创业机会

在创业过程中，目标市场的选择正确与否，对企业经营的成败有着重要的影响。

选择合适的市场，首先要进行市场分析，在科学分析的基础上进行目标市场的划分与选择，从而确定合适的市场策略，制订合理的竞争策略。

一、选择创业项目的方法

目前，我国大学生创业的成功率还较低，创业成败的一个重要原因就是选择创业项目的方法失当，通过对创业成功人士经历的分析和总结发现，在创业项目选择的方法上是有规律可循的。

1. 了解政策变化

有变化就有机会，环境的变化往往可以带来商机。随着我国改革开放的不断深化，各地陆续推出一系列新政策、新举措，随之也会带来更多的商机。因此应借助国家和地方政策的变化，找到创业机会而顺利起步。某地创业者根据国家粮食收购政策的变化——即允许个体进入粮食流通领域，就当起了粮食经纪人。

2. 搜索市场空白

这可能是最简单最直接的选项方法了。有空白就存在着巨大的消费需求，但要善于迅速捕捉稍纵即逝的市场机会。因此使用这种方法适合于寻找“短平快”项目。等到别人回过神来，你已经赚得盆满钵溢。在温州有一个拥有千万资产的人叫叶建林，他创业成功的秘密就是“生意一火就转行”。从开酒楼始，到大排档、火锅店，每一次他都创当地餐饮业之先河，赢利颇丰。道理就在于他能敏锐地发现和抓住市场空白，捷足先登。

3. 发挥技能专长

创业者自身具备的技能是成功创业的有力武器，也是选择创业项目的重要依据。自身的技能优势比较容易形成自己的经营特色，他人难以模仿，而且也有助于实现项目的永续经营。基于此，选项时创业者应尽可能挑选与自身技能密切相关的项目。这里所说的技能涵盖项目运作过程中使用到的所有技术和能力，既包括生产技术，也包括经营管理技能，甚至创意能力等。

【典型案例】

何伟哲是某大学机械专业大四学生，他的另一个身份是某家教服务有限公司的总经理。做家教对大学生来说不算稀奇事，可从自己做家教到介绍同学做家教，最后还开了一个家教中介公司，却让同龄人刮目相看。

刚读大一时，小何跟其他同学一样，想做家教赚点生活费。小试牛刀做了一段时间以后，小何开始尝试给家教中介介绍客户，从中收一点劳务费。不久之后，他发现单枪匹马在家长和家教之间做中介毕竟不规范，难以做大。他在网上搜索发现，北京有一家家教机构，专业化分工很强，已经在不少大城市建立了分支机构。何伟哲受到了启发，在经过一番调查后，去年年底，他和另外6名同学一起成立了家教服务有限公司。别看公司小，分工却很明确，有的负责接听咨询电话，有的负责在校外找客源，有的负责在校内物色优秀的家庭教师。

为了创品牌，小何对家教老师的要求很高，招聘时要经过笔试、面试几道严格的程序。随着名气不断增大，7月份，他们在江东游泳中心附近租下了180平方米的场地，从校内出来开始向校外扩张。

如今，何伟哲的家教公司规模也越来越大，兼职的学生员工发展到了300多名，每月的营业额都有5万左右。很快何伟哲就要毕业了，他将继续经营“易达”，准备再招收10～20名大学毕业生。

点评：

大学生创业，懂得发挥技能专长很重要。由于大学期间做过家教，轻车熟路，有专长优势。开办家教中介公司，专门为想找家教的学生和想请家教的家长服务，方便他人的同时，也找到了梦想的突破口，实现了创业。进行专长创业的人，缘于自身的专长技能优势，在创业的道路上，又很好地把握了机遇，值得参考。

4. 用好自然和社会资源

自然资源是指利于创业的各种自然条件，如自然风景、气候、水土、地理位置、能源等，从创业选项的角度讲，这些自然资源应该具有独特性。社会资源内涵更为丰富，包含了除自然之外的所有因素，如民族风俗、传统工艺、人脉关系等。由于各地独特的自然和社会资源不可复制，这使得借助这种方式选择的创业项目具有独占性，客观上提高了他人进入和竞争的门槛。

5. 改变经营模式

通过改变传统的、固有的企业经营模式，寻找创业机会，如对某个产业的经营全过程进行全部或局部的重新调整就可能产生商业机会。管理学将此称之为“价值链重构”。美国的戴尔就是将计算机产业的价值链进行了重新设计，以直销代替代理制销售模式，迅速扩大了产品市场份额，使戴尔公司一跃成为世界最著名的公司之一。

6. 关注外围经营项目

任何一项具体的产业都是生产某种物质产品和提供某种劳务活动的集合体。其中包括众多的相互关联、相互影响的经营项目，这些经营项目有核心和外围之分。例如运输行业的核心经营项目是交通工具，外围经营项目是零配件供应、燃料供应、交通工具修理等。这些外围项目借助核心项目快速发展带来的市场机会，竞争对手较少，容易获取“一人得道，鸡犬升天”的效果。安徽有个聪明人叫奚兴根，在当地政府决定大力发展养蟹的时候，他又去做成品蟹的销售生意；别人也卖成品蟹的时候他又去做成品蟹交易市场。总之，他在成品蟹养殖这个产业核心项目外围打转转，靠着这种方法，他的项目做一个成一个。

7. 理性“跟风”

“跟风”的关键在于把什么情况下跟、怎么跟的问题处理好。创业者首先要分析一下“拟跟项目”，看它是否具备发展潜力，项目的生命周期是否长久，是否具备特色经营的可能性；其次，创业者要评估自身的状况，是否具备长期与竞争者抗衡的资金实力，是否拥有将“拟跟项目”做成特色品牌的能力等。当这些条件搞清楚以后，决定“跟风”就不是盲目的，而是理性的了。

【典型案例】

看电视发现商机

魏呈亮，25岁，山东莱芜人，2008年毕业于山东师范大学美术专业。他以艺术创作为职业，创办了“绘声绘色”墙体彩绘工作室。他将艺术融入生活、融入创业中，开辟手绘墙画新兴艺术行业。

魏呈亮去年毕业后四处寻找工作，由于专业限制，处处碰壁。偶然在一次看电视时，他发现了重大商机。看到央视二套介绍装修的“交换空间”节目，在设计师为客厅墙壁进行墙体彩绘的时候，魏呈亮突然想到：这就是自己一直梦寐以求的事业。

由于在莱芜还没有墙体彩绘工作室，大型装饰公司很少承接小型家庭壁画，手绘墙壁的市场前景很好。在一个多月的准备工作之后，魏呈亮找来几个同学一起成立了一个名为“绘声绘色”墙体彩绘的艺术工作室。

点评：

只要有一双善于发现商机的眼睛，那么机会已经在你身边徘徊了。在发挥技能专长的同时，看到市场空白点，抓住商机，创业的项目就找到了。要注意，当你身边的同学朋友在抱怨一些生活中的不方便时，或者诉说着自己的小愿望，这里面就包含着一定的需求，只要你肯动脑筋去解决难题，既方便了他人，又为自己创业拉开了精彩的帷幕。

二、选择创业项目的原则

（一）知己知彼原则

所谓知己，就是创业者在选择项目之前，应该首先对自己的状况有一个清楚的认识和判断。例如，自己可支配多少创业资金，有哪些从业经验和技能专长，自己的兴趣和爱好是什么，社会关系状况如何，自己在性格上有哪些优势和弱点，家庭成员是否支持，等等。从创业者本人的角度看，“知己”越深入，越详尽，就越容易找到扬长避短并适合自己的项目，越能提高创业成功率。

所谓知彼，是要了解创业所在地的社会经济环境。要认真分析当地的发展政策，包括产业结构政策、金融政策、税收政策、就业政策等；当地的消费环境，例如居民的购买力水平、购买力投向、购买习惯等；当地的自然和人文资源，包括具有市场开发价值的工业原料和农林渔牧产品、传统的生产加工技术、独特的自然和人文景观等；当地市场的竞争强度，包括拟选择项目所在行业的竞争者数量、规模、实力水平等。深入考察创业环境能够帮助创业者开阔视野，敏锐捕捉到市场机会，增强项目选择的合理性。

（二）市场调研原则

市场调查就是通过收集有关资料和数据，加以研究和分析，为市场的预测提供可靠的依据。在正式实施创业项目之前，要有目的有计划地做好市场调查，对创业市场的需求进行深入的研究分析。例如，自己的小企业准备满足哪些顾客的需要？把自己准备提供的产品或服务列一张清单，并列出顾客需要的产品或种类。这些顾客是男人、妇女还是儿童？其他企业有可能成为自己潜在的顾客吗？把所有可能影响自己企业项目的因素写下来，如：

（1）顾客想要什么产品或服务？产品的哪方面最重要，是尺寸、颜色、质量，还是价格？

（2）顾客可接受的产品价格是多少？

（3）顾客的消费特点是什么？

（4）顾客构成特点是什么？

（5）当地该产品的年销售总量是多少？

（6）顾客数量在增加吗？能保持稳定吗？

(7) 他们的购买力和购买欲望如何?

(8) 什么地方最适宜经营?

(9) 至少需要多少经营所需的流动资金?

(10) 这个行业的竞争激烈吗? 有哪些潜在的竞争对手? 这些企业的经营状况如何?

……

把所有问题列出来，做成清单，通过调查研究逐个予以解决。可靠的答案使自己能够正确选择创业方向。

(三) 自有资源优先原则

创业者在审视了创业环境之后，应该从中甄选出重点利用和开发的资源。甄选应贯彻自有资源优先原则。所谓自有资源，就是创业者本人拥有的或自己可以直接控制的资源，包括专有技术、行业从业经验、经营管理能力、个人社会关系、私有物质资产等。相对于其他非自有资源，自有资源的取得和使用成本往往较低；同时这些资源在利用过程中也容易使项目获得标新立异的优势，在今后的市场竞争中占据主动地位。

(四) 量入为出原则

在创业行动之前，不少创业者对未来充满激情，于是创业时必须考虑的财务问题往往被忽略掉，最终发展前景很好的项目因资金周转困难而中途夭折。所以量入为出是创业者必须切实遵循的一个原则。如项目启动资金量是否可以承受，后续资金投入能否跟上，还要考虑项目投入中固定部分和流动部分的合理比例，不能顾此失彼。

【扩展阅读】

选择创业项目的五个“要”

创业项目选择的正确与否直接关系到创业的成败。选择创业项目要做到五个“要”。

一、要选择国家政策鼓励和支持，并有发展前景的行业

想开创自己的事业，就要知道哪些行业是国家政策鼓励和支持的，哪些是允许的，哪些是限制的，等等。选择国家政策鼓励和支持、并有发展前景的行业。

二、要认真进行市场调研，寻找社会需求

创业者必须树立这样一个观点，即“企业是为解决顾客的问题而存在的”。没有满意的顾客就没有公司的存在。

三、要充分利用自身优势和长处，从事自己有兴趣的、熟悉的行业

每一个人都有自己的长处、优势。比如有的对某一行业、某一领域、某种产品比较熟悉，有的在技术上有专长，有的有某种兴趣爱好，有的善于公关和沟通等，这就是自己的长处。充分发挥自己的长处和优势，选择自己有兴趣或熟悉的行业。

四、要量力而行，从干小事、求小利做起

创业是一种有风险的投资，必须遵循量力而行的原则，大学生创业应该将为数不多的资金投到风险较小、规模也较小的行业中去，先赚小钱，再赚大钱，聚沙成塔，滚动发展。

五、要坚持创新，做到“人无我有，人有我优，人优我特”

创业，如果仅仅重复别人的产品和思路而没有自己的创新，是不会有大的发展的。只有创新，才能找到市场空白，才能以优质的质量和服务，以有特色的产品赢得消费者的青睐。创业之路也因此会越走越宽广。

三、商业机会的评估

（一）商业机会的内涵

“机会”一词，在《辞海》中的解释是“机遇，时机”。针对创业活动，商业机会是创业活动中的机遇和机会，是对新产品、新服务或新业务需求的一种有利环境，是一种有利于创业的偶然性和可能性，或者说还没有被实现的商务必然性。

商业机会存在于社会和经济的变革过程中。环境的变化，会给各行各业带来改变，透过变化，就会发现新的前景。例如，产业结构的变化，科技的进步，价值观与生活形态的变化，人口因素的变化，社会和政治结构的变化，以及顾客需求的变化，甚至着眼于大家“苦恼的事”和“困扰的事”，都能从中发现某些创业机会。

商业机会有四个本质特征：吸引力、持久性、及时性以及能创造或增加价值。具备这几个特征的机会，创业者应迅速抓住。创业者利用机会时，机会窗口必须是敞开的。“机会窗口”是一种隐喻，以描述企业实际进入市场的时间期限。一旦新产品市场建立起来，机会窗口就会打开。随着市场成长，企业进入市场并设法建立有利可图的地位。在某个时点，市场成熟，机会窗口会关闭。

商业机会就是通过把资源创造性地结合起来，迎合市场需求（或兴趣、愿望）并传递价值的可能性。因此，商业机会实际上是一个动态发展的概念。随着市场需求被创业者精确定义出来，未得到利用或未充分利用的资源也被更精确地定义为潜在的用途，商业机会就从其最基本的形式中发展起来，形成了一个商业概念。这一概念的核心是如何满足市场需求或如何利用资源。随着商业概念不断成熟，商业机会就发展成为商业模型。如果从市场需求角度出发，这个模型就要确认满足市场需求所需资源的类型和数量。于是，商业机会发展到其最复杂的形式，正式的现金流、活动日程安排和资源的需求都被添加到模型中来。这些附加内容使商业概念变成一个完整的商业计划。从商业机会的最初形式到商业机会和新企业的形成，理论上是一个有序的系统化过程。但在实践中，这一过程很少是有序或完全系统化的。在创业者的不断开发下，机会从一个简单的概念发展得越来越复杂。

所以，机会不是被发现的，而是被创造出来的。

（二）好的商业机会的特征

即使某个商业机会有着较大的原始市场规模，较大的时间跨度，其市场规模也会随时间以较高的速度成长，所以创业者仍然需要进一步分析、判断该机会是不是较好的商业机会。

较好的商业机会有以下几个特征：

1. 在前景市场中，前5年的市场需求稳步且快速增长

不难设想，如果某个商业机会的市场需求不能稳步而快速增长，新创企业将不可能驻足于足够大的赢利空间之中，也就不可能迅速成长起来。在激烈的市场竞争中，新创企业无疑会纷纷落马，这对创业者是极为不利的。

2. 创业者能够获得利用特定商业机会所需的关键资源

这里所称的资源，包括利用特定商业机会所需的技术资源、资本资源、财力资源、资讯资源、公共关系资源等。理性地看，某个商业机会再好，即便存在巨大的赢利空间，若创业者缺少利用该机会所需的关键资源，那他也无法利用这一机会。

3. 创业者不会被锁定在“刚性的创业路径”上，而是可以中途校正自己的创业路径

市场千变万化，科技日新月异，政府政策不断调整。创业者需要根据这些变化不断调整自己的“创业路径”。所谓创业路径，即创业的战略思路、组织结构、运营策略、市场技巧、技术路线等。如果创业者利用特定商业机会的创业路径是不可调整的，无论是因为主观的原因，还是客观的原因，创业者都不可能真正抓住和利用相应的商业机会。

【典型案例】

“不安分者”眼中的商机

高中毕业后干起家电维修的小胡和小姜，每天都以修收录机、电视机为生，前者是“不安分者”，后者是循规蹈矩的“老实人”。一天小胡突发奇想，寻找到新的商机：他发现当地的农民用上了自来水后，将来就有可能使用洗衣机，有洗衣机便会有维修洗衣机的业务。于是，他买回本地市场上常见品牌的洗衣机供周围的人使用，目的之一是让人们尝尝洗衣机的甜头，目的之二是学习洗衣机的结构、保养和维修。果不其然，一年后，一台台洗衣机进入农村，维修业务几乎全被小胡承揽了。

点评：

优秀创业者一个基本素质，就是善于从他人的问题中发现机会，主动把握机会。优秀创业者的一个基本素质，就是善于从他人的问题中发现机会，主动把握机会。对照一下你自己，又有何感想？

4. 创业者可以通过创造市场需求来创造新的利润空间，牟取额外的企业利润

创新经济学告诉我们，市场是可创造的。企业要占领市场、获取利润，往往需要靠自己去创造新的市场需求。典型的例证，四川成都彩虹电器集团发展微型电热器具之初，北京四通集团创业伊始发展电脑打字机，都是通过创造市场需求来创造和扩大利润空间，占领市场，获得额外的企业利润的。尽管当时存在着对电热器具、打字机的市场需求，但若这些企业不去创造市场对于微型电热器具、电脑打字机的特定需求，或者这些需求是不可创造的，或者这些企业创造市场需求的努力得不到潜在用户的响应，那么这些新创企业的创业努力就不可能获得市场的利润回报，这些企业也不可能获得较大、较快的发展。

5. 特定商业机会的风险是明朗的，至少有部分创业者能够承受该机会的风险

在风险面前无所作为，是企业经营的大忌之一。然而，如果某一商业机会的风险不明朗，无法搞清风险的具体来源及其结构，那么创业者就无法把握风险、规避风险或抑制风险，就无法降低风险损失。因此，一个好的商业机会，其风险必须是明朗的，是创业者能够承受的一定数量的风险，否则，该商业机会就无所谓“机会”了。

（三）评估商业机会

评估商业机会的目的是在众多的机会中，通过分析、判断和筛选，发现可以利用的商业机会。曾有人言：“机会之中蕴涵着商业利润，发现具有吸引力的商业机会是创业成功的基石。”一些创业者的经验表明，固然抓不住机会无法创业，但抓错了机会则有害于创业。

蒂蒙斯总结概括了一个评价创业机会的框架体系（见表 7－1 所示），其中涉及 8 大类共 50 余项指标。通过一种量化的方式，创业者可以利用这个体系模型对行业和市场问题、竞争优势、经济结构和收获、治理团队、致命缺陷等做出判定，来评价一个创业企业的投资价值和机会。

表 7－1　蒂蒙斯的商业机会评价框架

行业与市场	1. 市场容易识别，可以带来持续收入 2. 顾客可以接受产品或服务，愿意为此付费 3. 产品的附加价值高 4. 产品对市场的影响力高 5. 将要开发的产品生命长久 6. 项目所在的行业是新兴行业，竞争不完善 7. 市场规模大，销售潜力达到 1 千万～10 亿元 8. 市场成长率在 30％～50％甚至更高 9. 现有厂商的生产能力几乎完全饱和 10. 在五年内能占据市场的领导地位，达到 20％以上 11. 拥有低成本的供货商，具有成本优势

续表

经济因素	1. 达到盈亏平衡点所需要的时间在1.5～2年以下 2. 盈亏平衡点不会逐渐提高 3. 投资回报率在25%以上 4. 项目对资金的要求不是很大，能够获得融资 5. 销售额的年增长率高于15% 6. 有良好的现金流量，能占到销售额的20%～30%以上 7. 能获得持久的毛利，毛利率要达到40%以上 8. 能获得持久的税后利润，税后利润率要超过10% 9. 资产集中程度低 10. 运营资金不多，需求量是逐渐增加的 11. 研究开发工作对资金的要求不高
收获条件	1. 项目带来的附加价值具有较高的战略意义 2. 存在现有的或可预料的退出方式 3. 资本市场环境有利，可以实现资本的流动
竞争优势	1. 固定成本和可变成本低 2. 对成本、价格和销售的控制较高 3. 已经获得或可以获得对专利所有权的保护 4. 竞争对手尚未觉醒，竞争较弱 5. 拥有专利或具有某种独占性 6. 拥有发展良好的网络关系，容易获得合同 7. 拥有杰出的关键人员和管理团队
管理团队	1. 创业者团队是一个优秀管理者的组合 2. 行业和技术经验达到了本行业内的最高水平 3. 管理团队的正直廉洁程度能达到最高水平 4. 管理团队知道自己缺乏哪方面的知识
致命缺陷	不存在任何致命缺陷
创业者的个人标准	1. 个人目标与创业活动相符合 2. 创业家可以做到在有限的风险下实现成功 3. 创业家能接受薪水减少等损失 4. 创业家渴望进行创业这种生活方式，而不只是为了赚大钱 5. 创业家可以承受适当的风险 6. 创业家在压力下状态依然良好

续表

理想与现实的战略性差异	1. 理想与现实情况相吻合 2. 管理团队已经是最好的 3. 在客户服务管理方面有很好的服务理念 4. 所创办的事业顺应时代潮流 5. 所采取的技术具有突破性，不存在许多替代品或竞争对手 6. 具备灵活的适应能力，能快速地进行取舍 7. 始终在寻找新的机会 8. 定价与市场领先者几乎持平 9. 能够获得销售渠道，或已经拥有现成的网络 10. 能够允许失败

【扩展阅读】

市场评估准则

1. 市场定位。一个好的创业机会，必然具有特定市场定位，专注于满足顾客需求，同时能为顾客带来增值的效果。创业带给顾客的价值越高，创业成功的机会也会越大。

2. 市场结构。针对创业机会的市场结构进行几项分析，包括进入障碍，供货商、顾客、经销商的谈判力量，替代性竞争产品的威胁，以及市场内部竞争的激烈程度。

3. 市场规模。市场规模大小与成长速度，也是影响新企业成败的重要因素。一般而言，市场规模大者，进入障碍相对较低，市场竞争激烈程度也会略微下降。

4. 市场渗透力。对于一个具有巨大市场潜力的创业机会，市场渗透力（市场机会实现的过程）评估将会是一项非常重要的影响因素。聪明的创业家知道选择在最佳时机进入市场，也就是市场需求正要大幅成长之际，你已经做好准备，等着接单。

5. 市场占有率。从创业机会预期可取得的市场占有率目标，可以显示这家新创公司未来的市场竞争力。一般而言，在成为市场的领导者，最少需要拥有20%以上的市场占有率。

6. 产品的成本结构。产品的成本结构，也可以反应新企业的前景是否亮丽。例如，从物料与人工成本所占比重之高低、变动成本与固定成本的比重，以及经济规模产量大小，可以判断企业创造附加价值的幅度以及未来可能的获利空间。

第三节 制订创业计划

创业计划是全方位描述创业整体设想的文件，制订创业计划需要分析和描述创办一个新的风险企业所需的各种因素，其目的是通过撰写计划的过程对企业自身进行自我评估，对创业前景有更加清晰的认识，并且期望通过计划书获得风险投资家的风险资本。

从国内外风险投资发展的经验来讲，创业企业是否有很好的创业计划书对于成功地吸引风险投资是极为关键的。由于创业企业多是新成立或设立不久的企业，缺乏历史数据。对于迫切需要风险资金的创业者而言，只能通过创业计划书，向风险投资者描绘未来的企业；而风险投资家面对大量的潜在可行的创意时，也只能通过对创业计划书的评估来做出选择。因此，创业计划书是风险企业和风险投资家发生利益关系的第一载体，一份良好的创业计划书往往被称为风险企业吸引风险投资的“敲门砖”。

一、创业计划书的作用

当前很多人对创业计划书作用的认识存有片面性。如有人认为：“创业计划书的主要作用就是去吸引风险投资，吸引不来钱，等于废纸一张。”其实这种观点是片面的。创业计划书是一种和国际接轨的商业文件，具有明显的商业价值。这种商业价值是从多方面表现出来的。

寻求风险投资只是其中的一个方面，除此之外还有如下作用。

1. 指导作用

创业计划书是创业全过程的纲领性的文件，是创业实践的战略设计和现实指导。因此创业计划书对于创业实践具有非常重要的指导作用。

2. 聚才作用

创业计划书的聚才作用是很宽泛的。主要表现在：吸引创业人才，吸引新股东加盟，吸引有志之士参加创业团队。

3. 整合作用

创业计划书的整合作用是一个最根本、最重要的作用。通过编写创业计划书，梳理思路，完善信息，有效整合已有的各生产要素，使各个生产环节之间的关系更加优化，最终把各种资源有序地整合起来，形成一种增量资源，从而获得明显的经济效益。

4. 融资作用

资金是企业的血液，是创业的要素，是创业企业能够获得快速发展和崛起的前提。风险投资家决定是否投资的首要参考是创业者的创业计划。因此，写好创业计划书具有获得风险投资支持的不可替代的作用。

二、创业计划书的撰写规范

高水平的创业计划一般都具有以下特点：

1. 完整的格式

创业计划书中各个章节排列都按照严格的顺序。同时，严谨规范的创业计划也可以反映出创业者是一位经过严格训练、头脑清楚、办事严谨、条理清晰、具有真正管理能力的优秀人才。

2. 明确的针对性

不同的投资者兴趣不同，文化背景也不同。在撰写创业计划书之前，创业计划书的撰写者一定要对可能的风险投资者的背景及相关情况有明确的了解。要针对具体的投资者写出具体的创业计划书，投其所好，吸引和打动投资人。

3. 言简意赅的语言

创业计划书既要内容充实，又要言简意赅；既要逻辑清晰，又要重点突出。对一些关键数据的表述力求直观明了，可采用图表等方式，易于给审阅者留下深刻印象。

4. 适宜的长度篇幅

创业计划书篇幅长短要适中，既要把该说的情况全部阐述清楚，又不能烦琐。英文的创业计划书一般以30～50页为宜，中文的创业计划书以20～35页为宜。

5. 适中的写作风格

在真实客观的基础上，写作风格要掌握适中，恰到好处，不温不火，既不要太平淡无奇，引不起投资者胃口，又不要太过玄虚，过于煽动性。一定要记住，创业计划书既不是动员报告，也不是文艺作品，它是一篇实实在在的说明书。

6. 严密的逻辑性

介绍技术时，要用科学事实和必要的数据，阐明技术的先进性和实际性。介绍设想时，更需要有充分的市场研究结果，阐述想法的合理性。分析市场时，要对未来3～7年的市场前景有合情合理的科学分析，言之有据。对新兴产业、新技术，如果没有第一手材料，也一定要提供可以类比的产品资料。如果是现有企业，还要对过去3～5年的经营状况有简要而可信的分析。

【扩展阅读】

创业计划书的“8C”写作要素

1. Company（公司/团队）。介绍创业企业和创业团队的详细情况，通过详细介绍使读者了解并信任你的公司和创业团队。

2. Concept（概念）。介绍公司的核心产品，让读者能快速、准确地了解公司要卖的是什么。

3. Customer（顾客/市场）。告诉读者顾客是谁，顾客的范围是什么。进行详细的市场分析，让读者明白市场需求、市场规模和市场前景，进而明确投资回报情况。

4. Competition（竞争）。让读者明白你的竞争对手是谁，他们有什么优势劣势。与之相比，你的竞争能力如何，有没有竞争获胜的法宝。

5. Capabilities（能力）。对产品的把握是否到位，技术是否纯熟，能力是否足够。

6. Capital（资本）。创业项目投资总额多少，有多少自有资本，资金来源和融资渠道有哪些，所得投资将主要用于哪些方面。

7. Conduct（经营/管理）。介绍企业的经营策略、营销战略、管理体制等相关内容。

8. Continuation（后续经营）。当事业赢得开局后，后续的计划如何，短、中、长期的发展规划分别是什么。

三、创业计划书的内容及格式

（一）创业计划书的内容

一份完整的创业计划书，通常包括以下内容：

1. 摘要

摘要是全部计划书的核心所在，是创业计划的精髓。摘要一般包括以下内容：公司介绍、主要产品和业务范围、市场概貌、销售计划、生产管理计划、管理者及其组织、财务计划、资金需求状况等。摘要要放在最后写，即在完成创业计划书之后，在对整个项目有整体把握的基础上，以简练、精辟的语言表达出来。

2. 公司介绍

公司介绍主要陈述公司发展历史、现在情况以及未来的规划。具体而言，主要包括公司名称、地址、联系方法等基本信息，公司的业务状况、发展史、未来发展规划等经营信息，公司与众不同的竞争优势等信息。

3. 公司的研究与开发

公司的研发情况是指投入研究开发的人员和资金计划及所要实现的目标，主要包括研究资金投入、研发人员情况、研发设备以及研发的产品的技术先进性和发展趋势。首先，对技术的来源和所有权问题进行详细、诚实的说明。然后介绍企业的技术研发力量和未来的技术发展趋势，以及研发新产品的成本预算和时间进度。

4. 产品或服务

创业计划的核心是一项创新性的产品或服务，以及它对最终客户的价值。主要内容是：产品的名称、特征及性能用途，产品的开发过程，产品处于生命周期的哪一段，产品的市场前景和竞争力如何，产品的技术改进和更新换代计划及成本。在这部分，创业者要对之做出详细、准确的说明，并且要通俗易懂。

5. 管理团队

越来越多的事实证明商业竞争的实质就是人才的竞争，谁能留住人才并善用他们，谁就能在商业竞争中获胜。对团队的表达，一般包括：对管理团队的主要情况作全面介绍，将管理机构、各部门的构成情况等以一览表等形式展示出来，特别需要提出的是，要充分体现创业团队的战斗力和团队精神，包括他们的职业道德、能力与素质。

6. 市场与竞争分析

在众多的创业计划书中，大约有17%不成功的理由是产品市场不够大，或不能创造足够的利润。因此，创业者要在对市场进行了充分的市场调研的基础上，对自身产品或服务的市场进行合理的预测，并制定出相应的市场策略。内容主要包括：

(1) 市场用户情况。分析在同业的经营中拥有什么样的用户和多少用户，市场占有率如何，市场竞争情况任何，是否已经建立了完整的市场营销网络，营销手段如何等。

(2) 产品或服务的市场前景预测。尽管预测不一定与实际相符合，但是作为一种新的产品或服务，在商业计划书中要对其进行初步的预测，以分析要承担的风险。在计划书中要回答下列的问题：新产品所在行业的前景如何，新的产品是否存在市场需求，市场需求的规模有多大，影响未来需求的因素有哪些，新产品的潜在目标顾客是什么等。

(3) 市场营销策略。即产品从生产现场到达最终用户手中的全过程，计划书中应当回答以下问题：营销机构和营销队伍，营销渠道的选择和营销网络的构建，广告策略和促销策略，价格策略，市场渗透与开拓计划，市场营销中意外情况的应急对策等。

7. 生产经营计划

生产经营计划，主要阐述创业者的新产品的生产制造及经营过程。从这部分内容可以了解生产原料如何采购、供应商有关情况，劳动力和雇员情况，生产资金的安排以及厂房、土地等。这部分内容要详细，细节要明确。这是对项目估值时的重要依据。在创业计划书中还要列出企业的主要设备和设施，包括生产设备、交通工具、厂房设施、商店设施、办公用品等，写明是否租赁，是否分期付款等。描述设备和设施的状况，是否可以继续使用，是否需要技术改造或维修更新。

8. 财务规划

财务规划是需要企业花较多的精力来做具体的分析，很多的创业计划书在谋求资金支持时遭遇失败，常常是由于其计划书将注意力集中于技术或产品等其他方面，而忽略了财务的规划。财务规划一般包括：

(1) 财务规划的条件假设；

(2) 预计的资产负债表，预计的利润表及附表，预计的现金流量表；

(3) 资金需求表，对所需资金的筹集情况、需要数量、时间以及使用状况、对投资的回报情况等做出分析。

9. 风险因素

风险因素是指详细说明项目实施过程中可能遇到的风险，并且提出有效的风险控制和防范手段。企业可能面临的风险包括：技术风险、市场风险、管理风险、财务风险和不可预见的风险。创业者要客观、实事求是地分析各种风险，不可人为缩小、隐藏风险因素。

(二) 创业计划书的格式

下面是一份创业计划书的模板，大学生创业者可参照拟定自己的创业计划书。

创业计划书

创业项目名称 ______________________

创 业 者 姓 名 ______________________

计划撰写日期 ______________________

通 信 地 址 ______________________

邮 政 编 码 ______________________

电　　　话 ______________________

传　　　真 ______________________

电 子 邮 件 ______________________

目　　录

一、创业项目概况

主要经营范围：

拟成立企业（机构）类型：

□生产制造 □零售 □批发 □服务 □农业 □新型产业 □传统产业 □其他

二、创业项目持有者的个人情况

以往与创业相关的人生经验（包括时间、地点、内容）：

教育背景，培训学习的相关课程（包括时间、地点、内容）：

三、市场评估

目标顾客描述：

市场容量或项目预计市场占有率：

市场容量的变化趋势：

竞争对手的主要优势：

1.

2.

3.

4.

竞争对手的主要劣势：

1.

2.

3.

4.

本项目相对于竞争对手的主要优势：

1.

2.

3.

4.

本项目相对于竞争对手的主要劣势：

1.

2.

3.

4.

四、市场营销计划

1. 产品

产品或服务	主要特征

2. 价格

产品或服务	成本价	销售价	竞争对手的价格

折扣销售	
赊账销售	

3. 地点

(1) 选址细节：

地　　址	面积（平方米）	租金或建筑成本

(2) 选择该地址的主要原因：

(3) 销售方式（选择一项并打√）：

将把产品或服务销售或提供给：□最终消费者　□零售商　□批发商

(4) 选择该销售方式的原因：

4. 促销

人员推销		成本预测	
广告		成本预测	
公共关系		成本预测	
营业推广		成本预测	

五、项目运营组织结构

1. 本项目运营将登记注册成：

□个体工商户　　□有限责任公司

□个人独资企业　　□其他

□合伙企业

2. 拟成立企业（机构）的名称：

3. 拟成立企业（机构）的员工（请附企业组织结构图和员工工作描述书）：

4. 拟成立企业（机构）将获得的营业执照、许可证：

类　型	预计费用

5. 拟成立企业（机构）的法律责任（保险、员工的薪酬、纳税）：

种　类	预计费用

6. 合伙（合作）人与合伙（合作）协议：

内容 合伙人 / 条款				
出资方式				
出资数额与期限				
利润分配和亏损分摊				

续表

内容 合伙人 条款				
经营分工、权限和责任				
合伙人个人负债的责任				
协议变更和终止				
其他条款				

六、固定资产

1. 工具和设备

根据预测的销售量，企业（机构）拟购置以下生产经营设备：

名　称	数　量	单　价	总费用（元）

供应商名称	地　址	电话或传真

2. 交通工具

根据交通及营销活动的需要，拟购置以下交通工具：

名　称	数　量	单　价	总费用（元）

供应商名称	地　址	电话或传真

3. 办公家具和设备

办公室拟购置以下设备：

名　称	数　量	单　价	总费用（元）

供应商名称	地　址	电话或传真

4. 固定资产和折旧概要

项　目	价值（元）	年折旧（元）
工具和设备		
交通工具		
办公家具和设备		
店铺		
厂房		
土地		
合计		

七、流动资金（月）

1. 原材料和包装

项　目	数　量	单　价	总费用（元）

供应商名称	地　址	电话或传真

2. 其他经营费用（不包括折旧费用和贷款利息）

项　目	费用（元）	备　注
业主工资		
雇员工资		
租金		
营销费用		
公用事业费		
维修费		
保险费		
登记注册费		
其他		
合计		

八、销售收入预测（12个月）

销售的产品或服务 \ 销售情况 \ 月份		1	2	3	4	5	6	7	8	9	10	11	12	合计
（1）	销售数量													
	平均单价													
	月销售额													
（2）	销售数量													
	平均单价													
	月销售额													
（3）	销售数量													
	平均单价													
	月销售额													

续表

销售的产品或服务 \ 销售情况 \ 月份		1	2	3	4	5	6	7	8	9	10	11	12	合计
(4)	销售数量													
	平均单价													
	月销售额													
(5)	销售数量													
	平均单价													
	月销售额													
(6)	销售数量													
	平均单价													
	月销售额													
(7)	销售数量													
	平均单价													
	月销售额													
合计	销售总量													
	销售总收入													

九、销售和成本计划

项目 \ 金额（元） \ 月份		1	2	3	4	5	6	7	8	9	10	11	12	合计
销售	含流转税销售收入													
	流转税(增值税等)													
	销售净收入													
成本	业主工资													
	员工工资													
	租金													
	营销费用													
	公用事业费													

续表

金额（元）/月份/项目		1	2	3	4	5	6	7	8	9	10	11	12	合计
成本	维修费													
	折旧费													
	贷款利息													
	保险费													
	登记注册费													
	原材料(列出项目)													
	(1)													
	(2)													
	(3)													
	(4)													
	(5)													
利润														
税费	企业所得税													
	个人所得税													
	其他													
净收入（税后）														

十、现金流量计划

金额（元）/月份/项目		1	2	3	4	5	6	7	8	9	10	11	12	合计
现金流入	月初现金													
	现金销售收入													
	赊销收入													
	贷款													
	其他现金流入													
	可支配现金（A）													

续表

月份 金额（元） 项目		1	2	3	4	5	6	7	8	9	10	11	12	合计
现金流出	现金采购支出													
	(1)													
	(2)													
	赊购支出													
	员工工资													
	租金													
	营销费用													
	公用事业费													
	维修费													
	贷款利息													
	偿还贷款利息													
	保险费													
	登记注册费													
	设备													
	其他（列出项目）													
	税金													
	现金总支出（B）													
月底现金（A－B）														

四、创业计划书的写作技巧

（一）计划摘要要写出特色

计划摘要是创业计划书的浓缩和精华。它涵盖了创业计划的要点和核心内容，主要包括：公司内部的基本情况，公司的能力以及局限性，公司的竞争对手，营销和财务战略，公司的管理队伍等情况。因此计划摘要需满足以下要求：

（1）既简明而生动地勾画出项目的全貌，又能突出项目的重点；

（2）既说明项目的先进性和可行性，又突出项目的商业价值和高回报性；

（3）既有清晰的逻辑思路，又有切实的证据加以印证；

(4) 既能看清项目发展的脉络，又能展示项目实施团队的能力和作用；

(5) 既能看到项目已经具备的相关优势，又能明了需要帮助和支持的方向、目标和作用。

(二) 从潜在投资者的角度构思

要从潜在投资者的角度构思商业计划，就是说要进行错位思考。

从潜在投资者的角度构思商业计划，有三个非常重要的问题：表明行动的方针，展示你的管理团队，点燃未来的曙光。

1. 表明行动的方针

在创业计划书中不仅应该清晰描述如何设计生产产品？更重要的是，你将怎样组织和指挥你的团队实现你的既定方针和目标。

2. 展示你的管理队伍

把一个创业设想转化为一个成功的创业企业，其最关键的是：要使投资者感觉到："这是一支能一直杀入世界杯的球队!"因此，在创业计划书中，应明确指出团队的人才结构特点、优势、潜能及在特殊条件下的实战能力。

3. 点燃未来的曙光

就是要展示创业企业未来的前景。要抓住三个重点展示"曙光"。首先，要展示企业未来的发展态势，体味到曙光；其次，要显示企业未来盈利的计算依据，让投资人感受到曙光；最后，要明确企业未来股东撤股的设想和时机，让投资人预见到曙光。

(三) 在竞争环境下展示项目特色

在创业计划书中，创业者要清楚地展示出自己项目的特色，阐明以下问题：

(1) 创业者应深入分析竞争对手的情况，仅仅一般性的分析竞争对手是谁，还远远不够。

(2) 竞争对手的产品与本企业的产品相比，有哪些相同点和不同点？

(3) 竞争对手所采用的营销策略是什么？

(4) 你将采取什么样的招法和战略战胜你的竞争对手。

(四) 阐明特有优势

目前，国家和地方在鼓励大学生创业方面出台了一系列政策措施，如设立大学生创业基金、建立创业基地或创业孵化园、减免税收等，使大学生创业在享受政策支持方面具有独特优势。这一点应在计划书中进行阐明。

(五) 创业计划的检查和修改

检查和修改的过程是对创业计划书进行提升和提炼的过程，是进一步理清创业思路，夯实创业准备工作的过程。

1. 检查格式

创业计划书的主体格式尽管并不固定，但是其主要内容、纲目却是必需的，不可或缺的。例如创业计划书主封面的要求非常严格。在主封面除了应该写明的项目名称和项目编制人（或单位）之外，特别是应该标明“版本”及“保密级别”。版本表示你的计划书的修改情况，保密情况反映你的创业项目的安排、战略策划和整体设想的保密情况。相当一批跨国的风险投资商是不希望你的商业策划书成为公知性策划书的。

当前，国内有相当多的大学在搞创业计划书比赛。对创业计划书完全进行公开宣读和公开评议，这对鼓动大家的创业热情是必要的，但是，应控制在一定范围内，创业计划的核心是保密的，不能把自己的商业秘密在没进行实践以前公知化。

2. 检查文字

计划书中的用词、用字和标点和相关的数字计算都要十分准确。应尽量用简单而准确的词语来描述每件事、每一商品及其属性的定义，段落要清晰。阐述问题的逻辑层次要清楚。该用图表说明的地方应该用图表说明。篇幅较长的创业计划书应该有目录。

3. 检查内容

内容检查分两个层次，一个是通盘检查也叫整体检查，另一个是重点检查。通常做法是在整体检查的基础上进行重点检查；在重点检查并进行重点修改后，再进行通盘检查并定稿。

内容检查主要应检查什么呢？

（1）创业计划书是否能准确地阐明了你的创业思路，以及你对该商业模式的运作想法和开拓市场的方法。

（2）创业计划书是否显示出你具有管理公司的才能，或者是否聘请了有经验的管理精英或取得了具有相应管理能力的团队骨干的支持。

（3）创业计划书是否显示了你具有迎战风险、偿还借款的能力，是否能够给预期的投资者提供一份完整的、实在的、恰切的分析。

（4）创业计划书是否能展示出你已进行过认真的市场分析。要让投资者或加盟者能够感受到你在计划书中阐明的市场需求不仅是确实的，而且是有潜力的。

如果你的创业研发工作已经取得了一定的进展，你还可准备产品模型或照片，但应该注意在展示实物和照片时不暴露核心商业秘密。

【扩展阅读】

商业计划书的包装要求

在商业计划的内页封面，有必要将你的有关信息在此标明。你需要再加上一个封面，封面用纸的纸质要坚硬耐磨，尽量使用彩色纸张，这样可以使你的文件外观更具吸引力，但颜色不要过于耀眼。你还可以使用透明胶片作封面。

在内页封面中，应包括以下信息：你公司或项目名称、出版时间、指定联系人、联系人的职务、电话号码、传真机号码、电子邮件、地址、所在国家和城市、邮政编码、网址。

封面还应写上保密须知。须知内容如下：

保密须知

本商业计划书属商业机密，所有权属于［公司或项目名称］，其所涉及的内容和资料只限于已签署投资意向的投资者使用。收到本计划书后，收件人应即刻确认，并遵守以下的规定：(1) 若收件人不希望涉足本计划书所述项目，请按上述地址尽快将本计划书完整退回；(2) 在没有取得［公司或项目名称］的书面同意前，收件人不得将本计划书全部和/或部分地予以复制、传递给他人、影印、泄露或散布给他人；(3) 应该用像对待贵公司的机密资料一样的态度对待本计划书所提供的所有机密资料。

本商业计划书不可用作销售报价使用，也不可用作购买时的报价使用。

封面上还应包括商业计划编号、授方的签字、公司名称和日期等信息。

第四节　获取创业资源

一、人脉

人脉即人际关系、人际网络，体现人的人缘、社会关系。稳健、强势的社会关系对创业者来说是十分重要的。尤其在当前市场经济条件下，拥有人脉对创业者顺利创业将起到极大的促进作用。

在个人创业过程中人脉资源是第一资源，拥有良好的人脉关系，你能更容易找到投资人、获得新技术与新产品新信息、建立有效的销售渠道等。整合人脉资源是创业成功的基本条件。

(一) 人脉的分类

人脉按形成的过程可以分为：血缘人脉、地缘人脉、学缘人脉、事缘人脉、客缘人脉、随缘人脉等。

1. 血缘人脉

血缘人脉是由家族、宗族、种族形成的人脉关系，相互之间由亲情维系。

2. 地缘人脉

因居住地域形成的人脉关系，最典型的就是“两眼泪汪汪”的老乡关系，即地缘关系。

老乡关系因所处地域的大小而不同，出了乡同乡的是老乡，出了县同县的是老乡，出了省同省的是老乡，出了国全中国的人都是老乡。老乡之间体现的是乡情。

3. 学缘人脉

学缘关系是因共同学习而产生的人脉关系。学缘人脉不仅局限于时间较长的小学、中学、大学的同学关系，随着人们现代交际意识的提高，各种各样的短期培训班以及会议中，都蕴涵着十分丰富的人脉关系资源，学缘人脉往往在专业、志向、职业等方面有相似性，相互利益又较少发生冲突，往往对创业者会有极大的帮助。

4. 事缘人脉

事缘关系是因共同工作或处理事务而产生的人脉关系。事缘人脉不仅仅局限于工作中的同事、上司、下属，一段短暂的共事经历也能形成良好的人脉关系。比如一个单位或多家单位为完成一项任务或项目，而临时抽调人员组成团队，任务完成后各自归队，但共同工作与生活的友谊则会留在每一个人的心中。

5. 客缘人脉

客缘关系是因工作中与各类客户打交道而形成的人脉关系。比如厂家、供应商、零售商、加盟商、合作商、消费者等，在进行商务交易和往来的过程中，其实是互为顾客关系。这种真金白银的商业活动在考验着每一个人的能力和品行。在利益的博弈中有时能真正考验相互关系的深浅。

6. 随缘人脉

“有缘千里来相会”，人是有缘分的。一次短暂的聚会，一次偶然的邂逅，这都是上天给我们安排的随缘机会，只要我们抢抓机遇，善于表现自己，而又理解他人，缘分就会降临，你的人生或事业也可能从此就会与众不同。

另外，人脉按作用还可以分为：政府人脉资源、金融人脉资源、行业人脉资源、技术人脉资源、思想智慧人脉资源、媒体人脉资源、客户人脉资源、高层人脉资源（比如老板、上司）、低层人脉资源（比如同事、下属）等。

（二）开拓人脉资源

1. 多用熟人

熟人介绍是一种事半功倍的人脉资源扩展方法，它具有倍增的力量。一个人的能力再强，但是他的精力和时间是固定的、有限的。一位营销人员，要想在短时间内开发出大量的客户资源，只有利用中转介绍的机制，才能产生“一生二，二生三，三生万物”的几何指数的倍增效应。人脉资源的拓展也是如此。

【典型案例】

一个推销员拜访一个成功人士，问他：“您为什么取得如此辉煌的成就呢？”成功人士回答：“因为我知道一句神奇的格言。”推销员说：“您能说给我听吗？”

成功人士说："这句格言是：我需要你的帮助！"推销员不解地问："您需要他们帮助您什么呢？"成功人士答："每当遇到我的客户时，我都向他们说：我需要您的帮助，请您给我介绍3个您的朋友的名字，好吗？很多人答应帮忙，因为这对他们来说只是举手之劳。"闻听此言，推销员如获至宝，他按照那位成功人士的经验，不断地复制"3"的倍数，数年之后，他的客户群像滚雪球一样越滚越大，通过真诚的交往和不懈的努力，他终于成为美国历史上第一位一年内销售超过10亿美元寿险的成功人士，他就是享誉美国的寿险推销大师甘道夫。

熟人介绍加快了与人信任的速度，提高了合作成功的概率，降低了交往成本，确实是一种人脉资源积累的捷径。所以，在商务活动中，我们要养成一些习惯性的话语，例如："如果有合适的客户或对象麻烦介绍给我，谢谢！""如果有需要这方面产品或服务的人，麻烦您告诉我。""我们今晚有活动，您可以带一些朋友一起过来。""您有这方面的朋友吗？是否介绍给我让我们认识一下？"……这样的话多说几次之后，对方也会形成一种习惯性的思维，如果真有合适的客户或对象，他就会想起你说过的话。

2. 巧用贵人

我们通常所说的"贵人"可能是指某位身居高位的人，也可能是指令你心仪、愿意模仿的对象，无论在经验、专长、知识、技能等各方面都比你略胜一筹。他们也许是你的上司，也许是你的同事或朋友。

我们苦心经营人脉无非是希望有能在关键时候帮助我们的"贵人"。其实，"贵人"无处不在，人间充满着许许多多的因缘，每一个因缘都可能将自己推向另一个高峰，不要随便忽视任何一个人，也不要疏忽任何一个可以助人的机会，学习对每一个人都热情相待，学习把每一件事都做到完善，学习对每一个机会都充满感激。其实，我们就是自己最重要的贵人。

3. 善用名片

名片就是资源，善用名片是拓展人脉资源的重要途径。

首先，当你和他人在不同场合交换名片时，务必详尽记录与对方会面的人、事、时、地、物。交际活动结束后，应回忆复习一下刚刚认识的重要人物，记住他的姓名、企业、职务、行业等。第二天或过个两三天，主动打个电话或发个电邮，向对方表示结识的高兴，或者适当地赞美对方的某个方面，或者回忆你们愉快的聚会细节，让对方加深对你的印象和了解。

其次，对名片进行分类管理。你可以按地域分类，比如按省份、城市，也可以按行业分类，还可以按人脉资源的性质分类，比如同学、客户、专家等。

第三，养成经常翻看名片的习惯，工作的间隙，翻一下你的名片档案，给对方打一个问候的电话，发一个祝福的短信等，让对方感觉到你的存在和对他的关心与尊重。

【典型案例】

世界推销大师乔吉拉德非常重视名片的作用。他认为，递名片的行为就像是农民在播种，播完种后，农民就会收获他所付出的劳动。乔吉拉德去餐厅吃饭付账的时候，通常是多付一些小费给服务生，然后给他一盒自己的名片，让服务生帮助自己送给其他用餐的顾客。每当他寄送电话或网费账单的时候，也夹两张名片，人们打开信封就会了解到他的产品和服务。乔吉拉德说：“我在不断地推销自己，我没有将自己藏起来。我要告诉我认识的每个人，我是谁，我在做什么，我在卖什么，我要让所有想买车的人都知道应该和我联系。我坚信推销无时无刻不在进行，但是很多销售人员往往意识不到这一点。”

除了名片之外，乔吉拉德每月都会给所有的客户寄卡片。平均一月要寄出16 000至17 000张卡片。他并不像其他汽车经销商那样，在卡片上写一大堆“大降价”、“跳楼降价”、“疯狂甩卖”、“独家降价”之类的话，而是在一月份写上“新年快乐”，二月份写上“情人节快乐”等，然后签上自己的名字寄出去。一年12个月里面，人们每月都会收到他精心寄送的卡片。持续的人脉资源积累，为乔吉拉德赢得了空前的成功，他一生总共销售了13001辆车，最高单月销售纪录为174辆，平均每日售出约6辆车。这些纪录自他1978年1月宣布退休后，至今仍未有人打破。

二、团队

无论是在传统的制造业，还是在现代的高科技产业中，由团队创立的企业要比个人创业的企业多很多。特别是在高科技产业中，创业所要求的能力涵盖管理、技术、营销、财务等各个方面，远不是单个创业者自己力所能及的。从质量角度来说，大量的实证研究表明，团队创办的企业在存活率和成长性两方面都显著高于个人创办的企业。

团队是一个由少数成员组成的小组，小组成员具备相辅相成的技术或技能，有共同的目标，共同承担最终的结果和责任。团队有如下特征：①拥有一个共同的任务和目标；②成员同舟共济，共同承担风险与责任；③成员间知识技能具有互补性；④成员之间信息共享，彼此尊重、诚信；⑤对团队的事务尽心竭力，全方位奉献。

（一）组建创业团队

根据团队的特征，创业者在建立创业团队时，应该尽可能把“主内”与“主外”的不同人才、耐心的“总管”和具有战略眼光的“领袖”、技术与市场等方面的人才都考虑进来，保证团队的异质性。团队的组建还要注意个人的性格与思维方式差异。如果一个团队总能提出可行性建议，拥有能不断发现问题的成员，对于创业过程将大有裨益。另外还有一点需要特别注意，那就是一定要选择对团队项目有热情的成员，并且要使所有人在企业初创就要有每天长时间工作的准备。任何人才，不管他的专业水平多高，如果对创业事业信心不足，将无法适应创业的需要。

创业团队的凝聚力、合作精神、敬业精神会帮助新创企业渡过危难时刻，加快成长步伐。另外，团队成员之间的互补、协调以及与创业者之间的补充和平衡，对新创科技型企业起到了降低管理风险、提高管理水平的作用。

【扩展阅读】

"V"形雁群

大雁南飞过冬时，为什么雁群总是排成"V"形？

科学家们经过多年的研究，既弄懂了这其中的原因，还总结出大雁的其他一些习性：

当带头大雁扇动它的翅膀时，它为紧跟其后的大雁创造了一股向上的动力。按照"V"字队形飞行，整个雁群会比雁单独飞行至少增加71%的飞行距离。

当一只大雁掉队时，它会马上感到单独飞行的阻力，因而会很快飞回队形以利用队伍所提供的动力。

当领队的大雁感到疲惫时，"V"字队形中的另一只大雁就会充当领队。在后面的大雁会发出鸣叫声，鼓励前面的大雁保持速度。

如果一只大雁病了，或受了枪伤掉队时，会有另外两只大雁离开队形，跟着它下来，以帮助和保护它。它们会守着这只大雁，直到它能重新飞行或死去，然后它们靠自己的力量再次出发或跟随另一队大雁去追上自己的队伍。

大雁告诉我们：具有共同方向和群体意识的人们会更容易成功。

（二）创业团队的组建

创业团队的组建是一个相当复杂的过程，不同类型的创业项目所需的团队不一样，创建步骤也不完全相同。概括来讲，大致的组建程序如下：

1. 明确创业目标

创业团队的总目标就是要通过完成创业阶段的技术、市场、规划、组织、管理等各项工作，实现企业从无到有、从起步到成熟。总目标确定之后，为了推动团队最终实现创业目标，再将总目标加以分解，设定若干可行的、阶段性的子目标。

2. 制订创业计划

在确定了总目标以及一个个阶段性子目标之后，紧接着就要研究如何实现这些目标，这就需要制订周密的创业计划。创业计划是在对创业目标进行具体分解的基础上，以团队为整体来考虑的计划，创业计划确定了在不同的创业阶段需要完成的阶段性任务，通过逐步实现这些阶段性目标来最终实现创业目标。

3. 招募合适的人员

招募合适的人员也是创业团队组建最关键的一步。关于创业团队成员的招募，主要应考虑两个方面：一是考虑互补性，即考虑其能否与其他成员在能力或技术上形成互补。这种互补性的形成既有助于强化团队成员间彼此的合作，又能保证整个团队的战斗力，更好地发挥团队的作用。一般而言，创业团队至少需要管理、技术和营销三个方面的人才。只有这三个方面的人才形成良好的沟通协作关系后，创业团队才可能实现稳定高效；二是考虑适度规模，适度的团队规模是保证团队高效运转的重要条件。团队成员太少则无法实现团队的功能和优势，而过多又可能会产生交流的障碍，团队很可能会分裂成许多较小的团体，进而大大削弱团队的凝聚力。一般认为，创业团队的规模控制在 2～12 人最佳。

4. 职权划分

为了保证团队成员执行创业计划、顺利开展各项工作，必须预先在团队内部进行职权的划分。创业团队的职权划分就是根据执行创业计划的需要，具体确定每个团队成员所要担负的职责以及享有的权限。团队成员间职权的划分必须明确，既要避免职权的重叠和交叉，也要避免无人承担造成工作上的疏漏。此外，由于还处于创业过程中，创业环境又是动态复杂的，随时会出现新的问题，团队成员可能更替频繁，因此创业团队成员的职权也应根据需要不断地进行调整。

5. 构建创业团队制度体系

创业团队制度体系体现了创业团队对成员的控制和激励能力，主要包括了团队的各种约束制度和各种激励制度。一方面，创业团队通过各种约束制度（主要包括纪律条例、组织条例、财务条例、保密条例等）指导其成员避免做出不利于团队发展的行为，实现对其行为的有效约束、保证团队的稳定秩序。另一方面，创业团队要实现高效运作还要有有效的激励机制（主要包括利益分配方案、奖惩制度、考核标准、激励措施等），使团队成员看到随着创业目标的实现，其自身利益将会得到怎样的改变，从而达到充分调动成员的积极性、最大限度发挥团队成员作用的目的。要实现有效的激励，首先就必须把成员的收益模式界定清楚，尤其是关于股权、奖惩等与团队成员利益密切相关的事宜。需要注意的是，创业团队的制度体系应以规范化的书面形式确定下来，以免带来不必要的混乱。

6. 团队的调整融合

完美组合的创业团队并非创业一开始就能建立起来的，很多时候是在企业创立一定时间以后随着企业的发展逐步形成的。随着团队的运作，团队组建时在人员匹配、制度设计、职权划分等方面的不合理之处会逐渐暴露出来，这时就需要对团队进行调整。由于问题的暴露需要一个过程，因此团队整合也应是一个动态持续的过程。在完成了前面的工作步骤之后，团队整合工作专门针对运行中出现的问题不断对前面的步骤进行调整，直至满足实践需要为止。在进行团队整合的过程中，最为重要的是要保证团队成员间经常进行有效的沟通与协调，培养强化团队精神，提升团队士气。

【扩展阅读】

创业团队组建的基本原则

1. 目标明确合理原则。目标必须明确，这样才能使团队成员清楚地认识到共同的奋斗方向是什么。与此同时，目标也必须是合理的、切实可行的，这样才能真正达到激励的目的。

2. 互补原则。创业者之所以寻求团队合作，其目的就在于弥补创业目标与自身能力间差距。只有当团队成员相互间在知识、技能、经验等方面实现互补时，才有可能通过相互协作发挥出“1＋1＞2”的协同效应。

3. 精简高效原则。为了减少创业期的运作成本、最大比例地分享成果，创业团队人员构成应在保证企业能高效运作的前提下尽量精简。

4. 动态开放原则。创业过程是一个充满不确定性的过程，团队中可能因为能力、观念等多种原因不断有人离开，同时也有人要求加入。因此，在组建创业团队时，应注意保持团队的动态性和开放性，使真正完美匹配的人员能被吸纳到创业团队中来。

(三) 组建高效能的创业团队

团队管理的最终目的就是为了能够实现团队整体绩效的提升。那么，高效能的团队从何而来呢?

1. 构建统一价值观

要想发挥团队核心的力量，打造一支高效能的团队，就必须在团队中建立统一的价值，将这一统一的价值具体凝结为团队中的理念和团队精神，实现价值共守、精神共通、情感共流、命运共担。让团队中的每一位成员清楚明确团队的这些价值观对每个人的影响，从而发挥团队成员的协作力量。

2. 选择适合成员

任何团队都是由个体成员构成的，然而不是所有个体都适合成为团队的成员。因为团队是有目标的，与目标相悖的个体的存在将极大降低团队的效能。因此在团队建立初期和发展过程中一直存在着团队成员的选择问题。

在团队的发展过程中，团队领导者必须以严谨的态度去挑选每一名候选人，并从中选拔出最具潜力的人才。对于人才的选择，团队所看重的应不仅是其受教育背景、综合素质，还要考虑候选人所具备的对团队所从事事业的热忱度、新知识的学习能力和一定的逻辑分析能力，同时候选人个人性格的开放性与协作性也是受考察的重点指标。工作的技巧可以培养，工作的经验可以积累，但是一个人的性格却无法被轻易改变。即使某些成员有出色的工作技能，如果他们缺乏责任心与团队精神，那么这样的员工聚在一起也很难构建起一支真正具有战斗力的优秀团队来。

团队成员的初选固然重要，团队成员在团队运行过程中的优胜劣汰也同样重要。随着团队的成长，有的团队成员变得已经无法成为团队发展的推动力量了，为了保住团队的效能，这时就不得不将他们淘汰掉。这些成员有些是因为其能力，更多的是因为他们的态度、信念等而被淘汰。

3. 提升个体效能

在选择到合适的人、确立了团队规则后，公司最主要的工作就是提升团队成员的个体效能。这包括两方面工作：最充分地激发每一个人的才能；从能力与态度两方面提升团队成员，尽量不使一个成员掉队。

不论多大的团队，如果团队无法使它的成员感受到在团队目标的实现过程中自身物质与精神目标的实现，很难想象他能全力以赴地为组织目标而奋斗。激励的方式很多，如给业绩突出的成员以经济回报，给有能力的人提供发展空间，以一种积极、充满斗志的企业文化激励每一名员工发挥自己最大的潜力，破格提拔人才，重点关注20%最优秀的人才，让他们发挥领头羊的影响效用等。总之要使整个团队形成生机勃勃的前进气氛，就必须建立团队成员激励回报体系。

然而，仅仅是激励并不能完全提升团队成员的个体效能。随着时间的推移，一方面团队成员的能力可能存在退化，另一方面团队成员的个人目标可能变得不适合实现组织的目标，因此，在团队中总有人因为无法跟上组织发展的步伐而被淘汰掉。不过对于团队的发展而言，成员的淘汰对组织也是一种伤害。与其淘汰成员，同时使组织受到损害，不如帮助面临被淘汰的成员提升其个体效能。因此优秀的团队需要随时对其成员进行全方位的培养。

团队在人才培养上应该形成严密有序的人才梯队，这也是构建优秀团队的重要策略。从一线员工、主管、经理到总监，优秀团队在每一个管理层上，都有相应的人才培训及接班计划，保证了每一个团队的组建都有可持续发展潜力，不会出现人才断层现象，以发挥最大的人才效应。同时，团队应该在内部推动形成人文关怀的氛围，使每一名员工都有被关注、受信任的温暖感觉，努力促使组织的目标与个人的目标相结合，最大限度地激发员工的潜力，同时使整个企业保持一种学习型组织的上进姿态，团体的竞争力也就是在这种氛围中逐渐形成的。

4. 激励团队士气

团队的高效能不仅来自于共同认可的价值观，更重要的是需要团队成员用一种正确的态度去对待。而如何使团队成员既能够独立高效地完成工作目标，也使团队的凝聚力得到强化，激励团队的士气就是一种最有效的手段。

激励团队士气，使团队成员能够感受到团队的高效能、良好的人际关系，认知、共享、珍惜团队取得的成果，更使团队成员切实感受到外界的威胁，警惕大规模的来自于各方面的压力。要达到以上目标，必须有高昂的士气做保障。而不断地去激励这种团队的士气，会使团队中每位成员的潜力超常发挥，团队的高效能和高业绩也就水到渠成了。

【扩展阅读】

创业企业人力资源管理

1. 重视员工队伍或团队的组建。由于人员较少，创业阶段企业容易按照团队的原则组织，通过共同愿景的建立，团队内部知识和信息的交流和学习，塑造创业阶段企业独特的优势。

2. 将人力资源管理制度化。人力资源战略的作用周期相对漫长，紧迫程度不如其他职能战略，管理者往往有忽视的倾向，或者在人力资源战略的制定和执行中随意性很大。企业应将人力资源的吸收、开发和使用制度化，形成条例或规范，加以固定，包括员工的聘用制度、培训制度、奖惩制度、沟通制度等。

3. 建立以人为本的企业文化。建立员工参与的组织氛围，鼓励创新精神、容忍失误。让员工具有主人翁责任感是创业阶段企业吸引和挽留人才的重要手段。创业阶段企业建立全员参与的组织氛围有特定优势。

4. 多种奖惩方式的结合。创业阶段企业应该在奖惩制度化的基础上，将不同奖惩方式配合使用。除了一般的薪酬激励外，最需要是侧重精神激励和企业文化的作用，加强双向沟通。

5. 开拓多元化培训的方式和渠道。对创业阶段企业来说，可以开拓多种培训渠道，其中工作实践是最直接和有效的方式，也可通过合作的方式进行人力资源利用和开发。

6. 克服家族式管理的倾向。任意干预企业事务、任人唯亲、赏罚无序都是家族式管理的常见现象，是导致企业落入创业陷阱和创业失败的重要原因。

三、技术

技术资源泛指根据生产经验和自然科学原理而发展成的各种工艺、操作方法与技能的总称。在中小企业创业的过程中，技术资源占有十分突出的地位。创业企业的技术水平往往对企业整体的资源配置方式起到决定性的作用。

创业企业成功的关键是首先寻找成功的创业技术。其原因有三：一是创业技术是决定创业产品的市场竞争力和获利能力的根本因素；二是创业技术的先进程度决定了所需创业资本的大小；三是从创业阶段来说，由于企业规模较小，因此管理及对人才的需求度不像成长期那样高，但对先进技术的需求却相当迫切。

做成功企业的核心是要有好的产品，而企业的产品必须做到专业化。要做到产品专一，在同一领域内做到最专，技术上要一直领先。技术资源的主要来源是人才资源，重视技术资源的整合同时也就是注重人才资源的整合。整合技术资源只是起点，技术资源整合是为了技术的不断创新，自主研发并拥有自主知识产权，保持技术的领先，占领市场，壮大企业。

创业企业的技术资源对于提升企业竞争力的作用十分明显，企业之间的技术资源的差距对于企业竞争能力的影响是决定性的。

（1）技术资源是生产流程和管理模式的决定性因素。企业的任何生产流程和管理模式都需要有相应的技术资源来支撑，在先进的生产流程和管理模式的实施过程中，技术资源往往是起决定性的因素。比如，戴尔公司依靠其先进的生产运营模式，对我国电脑市场大举进攻，而我国本土电脑企业却应对乏术，这归根结底是由于我国企业技术资源不足导致的后果。

（2）高质量技术资源是诸多厚利行业最有效的进入壁垒。技术具有一定程度的排他性。许多成功的公司将开发和拥有高质量的技术资源作为构筑市场进入壁垒的最重要的武器。各大跨国公司在我国打着“以技术换市场”的旗号占据利润最丰厚的市场，让我国的企业无可奈何。索尼在我国的彩电市场上曾经创造出了销售5万台彩电的总利润超过我国企业销售500万台彩电总利润的神话。我国的DVD厂家也为获得技术使用权而付出了巨额的技术使用费。所有这一切都证明，没有高质量的技术资源却奢谈构筑企业的竞争优势无疑是痴人说梦。

（3）技术资源决定了企业差异化竞争战略的选择空间。各种资源产生的竞争优势可保持的时间长短是大不相同的，拥有不同生产资源的企业在竞争战略的设计中拥有的选择权往往是不同的。在种种生产资源中，技术资源是获取难度大、对竞争优势贡献大、且维持市场非常长的一种生产要素。因为它往往得到官方的法律支持，维护其在一定时空范围内的合法垄断地位，所以拥有高新技术资源的企业在竞争中拥有更大的竞争优势。

此外，人才也是技术资源的一部分。创业企业在整合人才资源时一定要注重人才培养，同时要千方百计留住公司的骨干人才。

因此，创业企业应根据自身发展，建立起一套人才资源规划体系：

（1）建立起完善的激励体系，用奖惩制度去激发员工的潜能。

（2）建立起培训机制，培养人才，同时也让人才在企业里发挥其最大的潜能为企业做出贡献。

（3）善待员工，这是留住人才的唯一法宝。这种善待，不光是指精神上给予人才的满足，也要适当配以物质奖励。

（4）要量才而用，用人的长处，控制人的短处。

（5）分工尽可能明确，但可根据职务的重要与否适当地兼职。

四、融资

融资主要是指资金的融入，也就是通常意义的资金来源，具体是指通过一定的渠道、采用一定的方法、以一定的经济利益付出为代价，从资金持有者手中筹集资金，满足资金使用者在经济活动中对资金需要的一种经济行为。

（一）融资的方式

对创业者来说，能否快速、高效地筹集资金，是创业企业站稳脚跟的关键，更是实现二次创业的动力。据了解，目前国内创业者的融资渠道较为单一，主要依靠银行等金融机构。而实际上，风险投资、民间资本、创业融资、融资租赁等都是不错的创业融资渠道。

1. 创新基金

近年来，我国的科技型中小企业的发展势头迅猛，已经成为国家经济发展新的重要增长点。政府也越来越关注科技型中小企业的发展。同样，这些处于创业初期的企业在融资方面所面临的迫切要求和融资困难的矛盾，也成为政府致力解决的重要问题。

有鉴于此，结合我国科技型中小企业发展的特点和资本市场的现状，科技部、财政部联合建立并启动了政府支持为主的科技型中小企业技术创新基金，以帮助中小企业解决融资困境。创新基金已经越来越多地成为科技型中小企业融资的“营养餐”。

【典型案例】

兰州大成自动化工程有限公司运行一年来，主要进行产品开发，几乎没有收入，虽然技术的开发有了很大的进展，但资金的短缺越来越突出。当时正值科技型中小企业技术创新基金启动，企业得知后非常振奋，选择具有国际先进水平的“铁路车站全电子智能化控制系列模块的研究开发与转化”项目申报创新基金。

为此，他们进一步加快了研发的速度，于1999年12月通过了铁道部的技术审查，取得了阶段性的成果。正因为企业有良好的技术基础，于2000年得到了创新基金100万元的资助。

同年，该项目又得到了甘肃省科技厅50万元的重大成果转化基金，教育部“高等学校骨干教师资助计划”12万元的基础研究经费。2001年，针对青藏铁路建设的技术需求，该项目被列入甘肃省重点攻关计划，支持科技三项费用30万元。

2. 中小企业担保贷款

一方面中小企业融资难，大量企业嗷嗷待哺；一方面银行资金缺乏出路，四处出击，却不愿意贷给中小企业。究其原因主要在于，银行认为为中小企业发放贷款，风险难以防范。然而，随着国家政策和有关部门的大力扶植以及担保贷款数量的激增，中小企业担保贷款必将成为中小企业另一条有效的融资之路，为创业者“安神补脑”。

3. 风险投资

广义的风险投资泛指一切具有高风险、高潜在收益的投资；狭义的风险投资是指对以高新技术为基础，生产与经营技术密集型产品的投资。根据美国全美风险投资协会的定义，风险投资是由职业金融家投入到新兴的、迅速发展的、具有巨大竞争潜力的企业中的一种权益资本。

4. 天使投资

天使投资是自由投资者或非正式风险投资机构，对处于构思状态的原创项目或小型初创企业进行的一次性的前期投资。天使投资虽是风险投资的一种，但两者有着较大差别：

天使投资是一种非组织化的创业投资形式，其资金来源大多是民间资本，而非专业的风险投资商；天使投资的门槛较低，有时即便是一个创业构思，只要有发展潜力，就能获得资金，而风险投资一般对这些尚未诞生或嗷嗷待哺的“婴儿”兴趣不大。

在风险投资领域，“天使”这个词指的是企业家的第一批投资人，这些投资人在公司产品和业务成型之前就把资金投入进来。天使投资人通常是创业企业家的朋友、亲戚或商业伙伴，由于他们对该企业家的能力和创意深信不疑，因而愿意在业务远未开展之前就向该企业家投入大笔资金，一笔典型的天使投资往往只是区区几十万美元，是风险资本家随后可能投入资金的零头。

5. 典当融资

风险投资虽是天上掉馅饼的美事，但只是一小部分精英型创业者的“特权”；而银行的大门虽然敞开着，但有一定的门槛。“急事告贷，典当最快”，典当的主要作用就是救急。与作为主流融资渠道的银行贷款相比，典当融资虽只起着拾遗补缺、调余济需的作用，但由于能在短时间内为融资者争取到更多的资金，因而被形象地比喻为“速泡面”，正获得越来越多创业者的青睐。

【典型案例】

周先生是位通讯设备代理商，前段时间争取到了一款品牌新手机的代理权，可是问题在于要在三天内付清货款才能拿货，而他的资金投放在另一商业项目上，他可不甘心失去这得来不易的代理权。周先生脑子转到了自己的那辆“宝马”车上，于是，他马上开车来到典当行。

业务员了解情况后告诉他：当天就可以办理典当拿到资金。周先生大喜过望，立即着手办理典当手续，交纳相关证件、填表、把车开到指定仓库、签合同、领当金。不出半天的工夫，他就拿到了他急需的50万元，一个月后来赎当，这笔当金帮他赚了近10万元。

6. 政府基金

近年来，政府充分意识到中小企业在国民经济中的重要地位，尤其是各省市地方政府，为了增强自己的竞争力，不断采取各种方式扶持科技含量高的产业或者优势产业。为此，各级政府相继设立了一些政府基金予以支持。这对于拥有一技之长又有志于创业的诸多科技人员，特别是归国留学人员是一个很好的吃“免费皇粮”的机会。

【扩展阅读】

美国经济学家格利和爱德华·S. 肖把融资方式按照其储蓄与投资的关系分为内源融资和外源融资。

从企业的角度看，内源融资是指企业经营活动创造的利润和扣除股利后的剩余部分（留存收益）以及经营活动中提取的折旧。折旧是以货币形式表现的固定资产在生产过程中发生的有形和无形损耗，它主要用于重置损耗的固定资产的价值；留存赢利是企业内源融资的重要组成部分，是企业再投资或债务清偿的主要资金来源。

外源融资是指企业通过一定方式从外部融入资金用于投资，包括来自金融中介机构的贷款、企业间的商业信用、通过公开市场或私人市场发行股票、债券和票据等。

外源融资要靠企业外部的机构或个人获得资金。它对企业的资本形成具有高效性、灵活性、大量性和集中性等特点。内部融资的资本形成具有自主性、低成本性、抗风险性、有限性等特点，是企业生存与发展不可或缺的重要组成部分。

一般来说，内源融资的成本低，但来源有限且不稳定，如果仅仅依靠内源融资，企业的发展会受到很大限制。企业要实现其潜在增长率，必须要有外源融资。

（二）做好融资准备

所谓“知己知彼，百战不殆”，融资准备工作也必须从“内外”两大因素入手：一是做好内部建设，对企业现状和发展前景有清晰的认识；同时逐步了解外部的融资环境，可以通过聘请专业融资顾问获得帮助，为成功融资创造条件。具体包括以下几项：

1. 企业自身建设

涉及赢利模式、管理团队、市场客户和产品技术等几大要素。其中管理团队具有管理能力、凝聚力和进取心，是创业成功的重要保证。

2. 制定融资战略

需要考虑的问题有：融资的时机、所需资金的数量、融资采取的方式等。企业还应当根据不同的发展阶段来考虑融资数量和资金投入的时机。融资方式的选择需要结合企业自身条件和各种融资渠道的风险、成本综合考虑。

3. 资料和人员的准备

将企业的情况和融资计划表达成简明、有说服力的书面文档，凸显企业价值，使投资者通过相关材料对企业有清楚的认识。需要注意的是，随着融资各项工作的到位，内部操作人员专业素质缺乏亦可能导致融资谈判失败，所以适时组织内部人员参加专业培训也是重要的准备。

4. 聘请外部专家

由于创业者往往缺乏融资经验与时间精力，聘请专业融资顾问应该是最好的选择，他们将为融资的各个步骤提供专业意见，并利用积累的融资渠道为企业引荐合适的投资者。

5. 接触潜在投资者

创业者和投资者之间是一种长期合作关系，需要达成充分的相互了解与信任。企业应在广泛调研的基础上，根据自身的发展模式和价值取向进行选择与接触。事实上在与投资者的交流中，创业者往往能够获得很多有利于企业发展的宝贵建议。

【典型案例】

融资的陷阱

2003年时，余先生投资5万元开了一家小企业。目前资产已增至20多万元，企业发展势头相当不错，但苦于资金有限，余先生想经过融资扩展业务。他先后找过十几家风险投资公司和投资中介公司，但都没有结果。

就在余先生快失去信心时，遇见一家表示有意向的投资公司。这家公司自称是大型国有企业下属的风险投资公司，有项目专员、助理、副总、总监，对余先生的项目询问得很细致，评价也很好，投资部总监还表示“先做朋友、再做项目”。

当时，余先生十分感动，因此投资公司提出要调查项目的真实性，并且按“惯例”由项目方先预付调查费时，他毫无防备之心。钱寄出去后不久，余先生发现那家投资公司的电话、投资总监的手机号码全都变成了空号……

点评：

很多创业者以为，融资就是他人给钱，不会遇到骗子，因而就有了麻痹思想。诈骗者利用创业者等米下锅的心态，先是夸口公司范围、专业水平以取得创业者的信任，然后对融资项目大加赞扬，让创业者觉得遇上了“贵人”，最后借调查项目名义骗取调查费、公关费等。

对创业者来说，除了要对投资公司的背景进行全面调查，还需求保持警惕的心态，特别是对各种付款要求，要多问几个“为什么”，必要时可通过签订法律合同来保证自己的利益。

第五节 注册企业

一、选择公司的法律形式

创业首要的就是要选择适合的企业形式。目前我国企业形式很多，有国有企业、外资企业、有限责任公司、股份有限公司、独资企业、合伙企业等。

公民个人出资设立的企业形式主要是以下三种：个人独资企业、合伙企业和公司企业。

（一）个人独资企业

所谓个人独资企业是指依照《中华人民共和国个人独资企业法》在中国境内设立，由一个自然人投资，财产为投资人个人所有，投资人以其个人财产对企业债务承担无限责任的经营实体。

对于创业者而言，设立个人独资企业的优势在于：第一，依据我国《个人独资企业法》的规定，设立个人独资企业没有最低注册资本金的要求，且设立条件及程序较之其他形式要更为简单。但创业者需注意，虽然法律对个人独资企业的最低注册资本金无具体要求，但企业的设立、经营、管理必然需要投资者的资金投入。第二，个人独资企业只须以投资人为主体缴纳个人所得税即可，企业无需纳税，大大减轻投资人的税务负担。

但对于创业者而言，也要明了设立个人独资企业的劣势：首先，投资人的无限责任。即当个人独资企业财产不足以清偿其所欠债务时，投资人必须以个人的其他资产承担无限清偿责任。所以，从投资人的责任角度而言，个人独资企业承担的责任较大。其次，个人独资企业还容易发生筹资困难问题。由于个人的财力有限，企业往往会因信用不足、信息不对称而存在筹资障碍，阻碍企业的进一步发展。

（二）合伙企业

合伙企业是指合伙人之间以合同关系为基础的企业组织形式，为了共同的目的，相互约定共同出资、共同经营、共享收益和共担风险。合伙企业分为普通合伙和有限合伙。所谓普通合伙企业是由普通合伙人组成，合伙人对合伙企业债务承担无限连带责任。而有限合伙企业由普通合伙人和有限合伙人组成，普通合伙人对合伙企业债务承担无限连带责任，有限合伙人以其认缴的出资额为限对合伙企业债务承担责任。

设立合伙企业的优势在于：

（1）合伙企业也无最低注册资本金的限制。同个人独资企业一致，合伙企业法虽对合伙企业无最低资本金的要求，但企业的设立、运作、管理等各方面还是需要资金的投入和支持的。

（2）较之个人独资企业，合伙人的出资方式更加灵活。除货币、实物、知识产权等一些常见的出资方式外，经全体合伙人协商一致，普通合伙人还可以提供劳务作为出资方式，具体评估方法由全体合伙人协商一致确定。

（3）新合伙企业法为能人和富人提供了一个共舞的平台。富人有充裕的资金，但是没有时间来经营企业，也不想承担无限责任。而能人有知识有才能有技术，但苦于没有资金创立企业。有限合伙企业为这两类人的合作提供了一个很好的平台。

（4）国家对合伙企业的纳税较优惠。新修订的《合伙企业法》规定："合伙企业的生产经营所得和其他所得，按照国家有关税收规定，由合伙人分别缴纳所得税。"这一规定避免了重复纳税，有利于合伙人更好地开办企业。

设立合伙企业的劣势在于：

（1）普通合伙人的无限连带责任。当合伙企业财产不足以清偿企业债务时，各普通合伙人须承担无限连带责任。但从另一方面看来，正是合伙人的无限连带责任增加了合伙企业的信用，使债权人更愿意与合伙企业合作。

（2）由于合伙企业是典型的合作企业，两个以上的合伙人会使得企业的权力不集中，在进行一些重大决策时过程会冗长，且合伙人之间较易产生分歧，关系也较难处理。

（3）任何一个合伙人的破产、死亡或退伙都有可能导致合伙企业的解散，因此合伙企业的存续期限不可能很长。

（三）公司企业

我国的公司类型主要有两种：有限责任公司和股份有限公司。有限责任公司，指由50人以下股东共同出资，每个股东以其所认缴的出资额对公司承担有限责任。股份有限公司将全部资本分为等额股份，股东以其所持股份金额为限对公司承担责任。与有限责任公司比较而言，股份有限公司无论是从注册资本还是设立条件、设立程序都比有限责任公司要严格得多，所以大学生创业时应首选的公司形式是有限责任公司。

（1）公司较之个人独资企业和合伙企业而言，最大的区别就在于其有限性。在我国《公司法》中，无论是有限责任公司还是股份有限公司，股东承担的均是有限责任。有限责任公司的股东以其出资额为限承担责任。较之个人独资企业和合伙企业的无限责任而言，投资人的责任大大减轻了，降低了其投资的风险。

（2）新《公司法》大大减少了设立公司所需的最低注册资本金，有限责任公司的最低注册资本统一规定为3万元，并允许分期缴付注册资本，大大降低了设立公司的难度。

（3）新《公司法》增加了一人有限责任公司的内容。一人有限责任公司对于创业者而言，其最大的优势就在于降低了其创业风险。对于有一些资金想独立创业而又不希望承担无限责任的大学生而言，一人有限责任公司是最优选择。但创业者需注意的是，目前《公司法》对一人有限公司的部分规定仍十分严格，如一人有限责任公司的最低注册资本金至少是10万元，且需一次性付清。一人有限责任公司每一会计年度末都必须编制财务会计报告，并经会计师事务所审计。同时《公司法》还规定："一人有限责任公司的股东不能证明公司财产独立于股东自己财产的，应当对公司债务承担连带责任。"这就避免投资人滥用公司法人独立地位和股东有限责任，逃避债务，损害公司债权人利益。

（4）相对于个人独资企业和合伙企业而言，有限责任公司较易筹资，如可以通过借款，发行股票或发行债券等方式进行筹资，更容易取得债权人和金融机构的信任。

有限责任公司形式的弊端在于：

（1）公司的设立条件和程序较之个人独资企业和合伙企业更加严格，如关于最低注册资本金的要求就可能使许多缺乏资金的创业者望而却步。

（2）在征税方面，公司除要缴纳企业所得税外，股东还须缴纳个人所得税，公司的税收负担相对较重。

（3）在个人独资企业、合伙企业中，投资者对企业享有绝对的控制权，而公司企业中，股东对公司并不享有绝对控制权，股东一旦出资，资金即转化为公司的财产，由公司来统一进行管理和使用。

二、注册公司流程

（一）注册公司需要准备的注册资料

（1）个人资料（身份证、法人户口本复印件或户籍证明、居住地址、电话号码）；
（2）注册资金；
（3）拟订注册公司名称若干；
（4）公司经营范围；
（5）租房房产证、租赁合同；
（6）公司住所；
（7）股东名册及股东联系电话、联系地址；
（8）公司的机构及其产生办法、职权、议事规则；
（9）公司章程。

（二）注册公司的步骤

企业注册的一般步骤如下：

1. 核名

到工商局去领取一张《企业（字号）名称预先核准申请表》，填写拟定的公司名称，由工商局上网（工商局内部网）检索是否有重名，如果没有重名，就可以使用这个名称，核发一张《企业（字号）名称预先核准通知书》。

2. 租房

去专门的写字楼租一间办公室，如果你自己有厂房或者办公室也可以，有的地区不允许在居民楼里办公。租房后要签订租房合同，并让房东提供房产证的复印件。

3. 编写公司章程

可以在工商局网站下载“公司章程”的样本，参照进行修改。章程的最后由所有股东签名。

4. 领取“银行询证函”

到会计师事务所领取“银行询证函”。联系一家会计师事务所，领取一张“银行询证函”（必须是原件，会计师事务所盖章）。

5. 开立公司账户

去银行开立公司账户。所有股东带上自己入股的那一部分资金到银行，带上公司章程、工商局发的核名通知、法人代表的私章、身份证、用于验资的资金、空白询证函表格，到银行去开立公司账户。开立好公司账户后，各个股东按自己出资额向公司账户中存入相应的资金。

银行会发给每个股东缴款单，并在询证函上加盖银行的公章。

6. 办理验资报告

持银行出具的股东缴款单、银行盖章后的询证函，以及公司章程、核名通知、房租合同、房产证复印件，到会计师事务所办理验资报告。

7. 注册公司

到工商局领取公司设立登记的各种表格，包括设立登记申请表、股东（发起人）名单、董事经理监理情况、法人代表登记表、指定代表或委托代理人登记表。填好后，连同核名通知、公司章程、房租合同、房产证复印件、验资报告一起交给工商局。工商局审核通过后，颁发营业执照。

8. 办理公章、财务章

凭工商局审核通过后颁发的营业执照，到公安局指定的刻章社去刻公章、财务章。后面的步骤中，均需要用到公章或财务章。

9. 办理企业组织机构代码证

凭营业执照到技术监督局办理组织机构代码证。办这个证需要半个月，技术监督局会首先发一个预先受理代码证明文件，凭这个文件，可以办理后面的税务登记证、银行基本户开户手续。

10. 去银行开基本户

凭营业执照、组织机构代码证，去银行开立基本账户。

11. 办理税务登记

领取执照后，30 日内到当地税务局申请领取税务登记证。办理税务登记证时，必须有一个会计，因为税务局要求提交的资料中有一项是会计资格证和身份证。

12. 申请领购发票

如果你的公司是销售商品的，应该到国税局申请发票，如果是服务性质的公司，则到地税局申领发票。

【扩展阅读】

新《公司法》关于公司注册规定变化

一、降低公司注册资本的数额要求

新《公司法》取消了按照公司经营内容区分最低注册资本数额的规定，将有限责任公司的注册资本最低限额降至 3 万元人民币，并规定股份有限公司注册资本的最低限额降低为 500 万元。注册资本允许公司在 2 年内分期缴足，但首次出资额不得低于注册资本的 20%。投资公司可以在 5 年内缴足。

二、增加了一人有限责任公司形式

由于增加了一人有限责任公司形式，有限公司设立的法定人数不再具有两人以上限制，只规定由50个以下股东出资设立即可。一人有限责任公司仍然属于有限责任公司的范畴，因此，《公司法》对有限责任公司的一般规定，都适用于一人有限责任公司。同时，针对一人有限责任公司的特殊性，新《公司法》对一人有限责任公司也做了一些特别规定。

三、放宽出资方式

原《公司法》仅规定公司可以货币、实物、工业产权、非专利技术、土地使用权出资。为放宽出资方式，同时避免增加过多的交易风险，新《公司法》采取列举和概括相结合的方法，规定股东可以用货币出资，也可以把实物、知识产权、土地使用权等以用货币估价并可以依法转让的非货币资产作价出资。

四、提高非货币资产的出资比例

原《公司法》规定，无形资产的出资比例不得高于公司注册资本的20%，而新《公司法》规定货币出资金额不得低于公司注册资本的30%，即非货币资产（包括无形资产）最高出资比例不得高于注册资本的70%。

依照《公司法》规定，公司的注册资本必须经法定的验资机构出具验资证明。验资机构出具的验资证明是公司注册资本数额的合法证明，依照国家有关法律、行政法规规定，能够出具验资证明的法定验资机构是会计师事务所和审计事务所。

实践练习

根据下面的提示，明确自己的创业目标，并编制一份创业计划书。

1. 你创建自己企业的名称及日期：________________

2. 企业所有制形式选择：□个人独资企业　□合伙企业　□有限责任公司　□股份有限公司

3. 你的顾客主要是：□个人　□团体　□公共机关　□其他

4. 你设计的产品和服务是：________________

5. 五个最主要的竞争对手是：①______②______③______④______⑤______

6. 可能的竞争来自：①其他公司　②技术　③行业人员

7. 你的企业竞争力：□弱　□较弱　□平均水平　□较强　□强

8. 你的产品或服务的需要在递增还是在递减：________________

9. 你可能引进的产品或服务是：________________

10. 你可能进入的市场是：________________

11. 你的企业与众不同的是：________________

12. 你的企业最大的营销障碍是：________________

13. 你的企业最大的营销机会是：________________

14. 你的总体经营目标和增长计划是：________________

案例思考

从校园里“摆地摊”起家，到事业网点辐射乌鲁木齐各社区，成为高校的“地摊王”，再到如今拥有17家专卖店、100余名大学生创业成员、500万元净资产，迈出这三大步，24岁的新疆大学学生高泽宇只用了3年。然而，他并不满足于此，他有着更大的抱负：要吸纳更多的大学生创业，真正做到“万人同创业”。

自来水和馕成就“地摊王”

高泽宇刚入学时，没有满足于安逸的校园生活，而是想着如何利用课余时间进行勤工俭学，为自己赚取学费和生活费。不久后，他萌发创业念头，还曾对同学宣称“要做中国优秀的企业家”，但却遭到同学的嘲笑，说他是在做白日梦。

同学的嘲笑并没有打击高泽宇的信心。为了找项目，他几乎跑遍了乌鲁木齐，最终拿着筹到的5000元钱，决定从摆地摊做起。他给自己算了一笔账：假如毕业后去找工作，以月薪2000元计，贷款30万元买房，20年不吃不喝才能还清；而摆地摊第一个月、第一年可能不赚钱，但往后，钱可能翻倍地赚。两相比较，自然是创业成功的机会大。

2006年夏天，高泽宇召集了平时要好的20多名同学，在新疆大学找了块空地，把物美价廉的品牌运动鞋摆满了3张课桌，卖力地推销。然而只卖一天，学校就不让摆了。暑期他们便将目光转向小区，没有运输工具，他们就用床单打成背包，背着去小区卖。创业的艰辛让他们更懂得金钱的来之不易。炎炎夏日，他们连一瓶矿泉水都舍不得买，每天就吃馕、喝自来水。每天下午3点多开始摆摊，常常在小区坚持到凌晨1点多才离开。回到学校已经深夜两三点，还要聚在一起讨论一天的得失。

大学生放下身段到小区摆地摊并不常见，别人不理解、被人挖苦是常事。因此，第一天练摊，就有一半的伙伴退出，一周后，仅留下5名同学。但这并没有吓跑高泽宇。在他看来，地摊经济就是要人多，一个人摆摊和几百人摆摊的效果必然大相径庭。他坚持不断扩充队伍，还通过开讲座传播创业经验，招募更多有创业理想的学生加入。“地摊经济”越做越大，高泽宇要花费更多时间在创业上，学习和创业不能兼顾。再三权衡后，他选择休学两年，一心一意地开创自己的事业。

高泽宇并不满足于只做运动鞋的生意，开始开发电子产品。听说广州电子产品进价低，他就只身一人到广州进货。在广州，他曾用4 000元换来一台假笔记本电脑，防骗经验增长的同时，他也有了更长远的计划，应在广州建立发货办事处，以西安为总部，发起以笔记本电脑等为突破口的西北5省电子产品攻坚战，客户群体为高校学生。

创业之初，高泽宇就认定只有做到专业，才能在竞争中立于不败之地。因此自开业起，他就向顾客提供专业的售后服务：所有产品免费终身维修，并维修非本店购买的品牌运动鞋。一边是品牌运动鞋，一边是电子产品，高泽宇面向社区和高校的“地摊经济”越做越大，乌鲁木齐市几乎所有大型社区和主要高校都有他的地摊创业团队，团队成员越来越多，资金也越来越足。高泽宇把所有资金都投入到事业中，创业3个月后，他们在乌鲁木齐市有了第一家实体运动品牌店。

两次重组，创业团队走上正轨

创业之路充满荆棘和坎坷，高泽宇在3年创业路上也经历了大起大落。

2006年10月23日，正在西安开发市场的高泽宇得到部分团队成员背叛的消息，立即回到乌鲁木齐。回到库房，眼前的景象让他目瞪口呆：库房里大量的运动鞋被4名团员私分，现场人去楼空，一片狼藉，留下了40余万元的债务由高泽宇承担。他意识到，用感情维系来管理团队再也不管用了。

面对如天文数字般的债务，高泽宇甚至有过轻生的念头。但一番痛苦抉择后，他决定重新振作起来，重组团队。经历过失败的他深谙财聚人散、财散人聚的道理，他要让每个人都树立主人翁意识。但由于缺乏管理经验，2008年5月，第二次团队危机也悄然爆发。5个和高泽宇从摆地摊时一同走来的创业伙伴此时对创业失去兴趣，开始拉帮结派。面对日益紧张的团队关系，事业拓展无望，高泽宇下决心解散团队。那天会上，除了不想创业的5个人，其余人获悉后都失声痛哭。他们堵住大门、高喊继续创业的样子让高泽宇热泪盈眶。回想创业以来的点点滴滴，他决定和剩下的十余个成员继续为共同的创业梦奋斗。

从摆地摊开始，高泽宇的身边始终围绕着一批有创业激情的大学生创业者，这让许多人感到好奇。从2006年就一直跟随高泽宇创业的赵志强说，完全是高泽宇的个人魅力使然。他难忘第一次旁听高泽宇与团队成员开会时的场景：从晚上10点至第二天凌晨5点，高泽宇激昂地与团队成员畅谈未来发展、梳理目前存在的难题。这种忘我的创业激情震撼了他，他预感高泽宇日后定会成功，下定决心要跟他共同创业。

2008年5月至今，上下拧成一股绳的大学生团队进入了快速发展期，公司设有市场部、销售部、宣传部等，部门间权责明晰、责任明确，团队中以能力为先，谁能力强就负责主要事务。团队以高泽宇为主要负责人，主要管理者8名，团队成员20余名，另有大学生员工百余名，成员平均年龄不到24岁。如今，他们的运动品牌专卖店已经开了17家，预计在2009年10月，专卖店将扩张至50家；同时，业务面也越拓越宽，2009年还开发了装修业务。

昔日为创业而休学，今日回炉重读

3年前，为了全心全意投入创业，高泽宇和公司宣传主管赵智强都选择了休学。但在创业过程中，高泽宇有时也感到力不从心，制度管理、人文文化知识匮乏，让高泽宇感到急需“充电”。去年，公司终于走上良性运转轨道，24岁的高泽宇来到新疆财经大学学习工商管理，22岁的赵智强则在新疆职业大学学习连锁经营管理。

高泽宇常被同龄人称为“叔叔辈”，他外表成熟、稳重又健谈。他和时下的年轻人似乎没有多少共同点，他不爱上网、不会打游戏、不懂手机的各项功能；他每天只睡4小时，剩余时间几乎全在发展事业上……高泽宇的公司以“万人体育用品有限公司”命名，饱含了他远大的理想抱负：吸纳更多的大学生共同创业。

如今，他的体育用品店和“地摊经济”成为许多大学生闲暇时的打工首选，部分学生还被选拔为团队成员。同时，他还在积极筹办大学生创业联合会，希望为有创业理想的大学生建立一个交流平台，并为他们提供实习实践基地，打造真正的万人创业。

思考并讨论以下问题：

1. 阅读案例，你对高泽宇的创业经历有什么感想？
2. 讨论大学生创业前需要做哪些准备工作。
3. 分析高泽宇的创业过程，思考大学生创业应注意的问题。
4. 你认为决定创业成功的关键因素是什么？

第八章
创业企业运营与管理

本章要点

创业成功与否，关键在于创业企业的管理。创业企业要想在市场竞争中发展壮大，加强企业管理，不断修炼内功才是王道。

本章探析创业企业管理的基本内容，包括企业愿景与战略、基本管理模式、营销管理、财务管理、团队管理和风险管理等基本管理方法，帮助创业者做好创业企业的管理，实现初创企业由生存到发展的跨越式成长。

学习目标

通过本章的学习，大学生应当在态度、知识和技能三个层面达到以下目标：

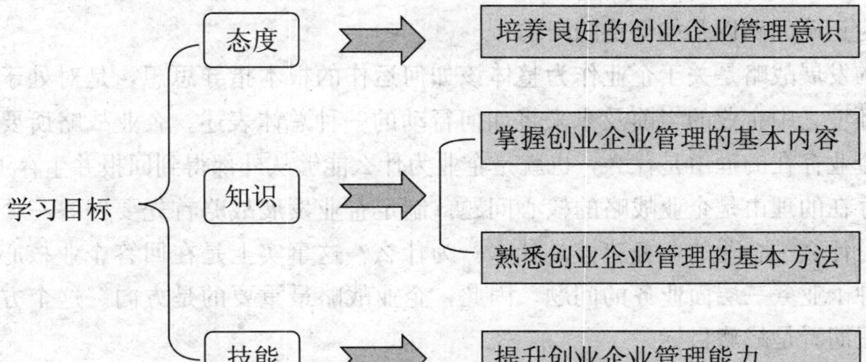

第一节　初创企业管理

一、企业愿景与发展战略

（一）企业愿景

企业愿景是指企业的长期愿望及未来状况，组织发展的蓝图，体现组织永恒的追求。

企业是什么？企业将是什么？企业应该是什么？这三个问题集中起来体现了一个企业的愿景，即企业愿景需要回答以下三个问题：企业要到哪里去？未来是什么样的？目标是什么？

愿景是一个企业的梦想。当亨利·福特在一百年前说他的愿景是“使每一个人都拥有一辆汽车”时，有人认为他在发神经病。但现在，他的梦想已经在一些国家基本实现了。这种梦想通常会使人感到不可思议，但又会不由自主地被它的力量所推动。因此，如果愿景是一种被人立即就能把握实现的目标，那它充其量只能说是一个战略目标，而不是愿景。

愿景的力量在于它是处于可实现而又不可实现的模糊状态，它既是宏伟的又是激动人心的。所以，有人说愿景不可能实现时，可以反问他，假如愿景是那么轻易就可以实现的话，那愿景又怎么会激动人心呢？

（二）企业发展战略

1993年国内的房地产很火，当时有很多人都劝海尔改行，在房地产界发展。海尔的舵手张瑞敏回忆说：“当时思想上稍微守不住防线，企业决策就错了，海尔也就不可能是今天的海尔了，做事情不能争一日之短长，我做事情是有目标的，不达目的我是不会走神的，俗话说‘将军赶路不追小兔’。”作为一个企业领导者，要做的最主要的事情就是把方向、定战略、抓大事，使企业运营向着未来愿景的目标前进。企业的发展战略是要解决企业走对方向、走正确的路以及如何走的问题。

企业的发展战略是关于企业作为整体该如何运作的根本指导思想，是对处于动态变化的内外部环境之中企业的当前及未来将如何行动的一种总体表述。企业战略所要回答的核心问题是企业存在的理由是什么，也就是企业为什么能够从外部得到回报并生存下去。

企业存在的理由是企业战略的核心问题。制定企业发展战略首先要回答三个问题：企业的业务是什么？企业的业务应该是什么？为什么？这事实上是在回答企业核心业务、新兴业务、种子业务三层面业务的问题。因此，企业战略最重要的是方向。这个方向长远看是愿景，短期看是战略目标。

企业的愿景是战略与文化的交叉，并且体现于战略，而企业的发展战略则服务于愿景。愿景制定之后，战略将围绕愿景制定阶段战略指标体系、年度经营计划等。因此，战略就是愿景的澄清、梳理和具体化的过程。战略目标是为了实现愿景的阶段性指标或任务。企业的发展战略具有以下特征：

（1）全局性、指导性和长远性。战略规定了企业在一定时期内的发展目标以及实现这一目标的基本途径，对于企业的经营管理具有指导和统领的作用，它考虑的是企业在未来相当长一段时期内的总体发展问题，通常着眼于3～5年乃至更长远的目标。

（2）竞争性和风险性。企业战略的制定是为了使企业在激烈的市场竞争中得以立足并克敌制胜，而凡是参与竞争就有失败的可能，市场环境总是处于变化之中，任何企业战略都伴随着风险。

（3）现实性和稳定性。企业发展战略的制定建立在企业现有的主观条件和客观环境之上，不能脱离现实条件，一经制定，在相当长的时期内要保持稳定，不做大的变化，以利于各部门执行。

企业成立之初首先需要完成的就是根据市场环境形势制定企业发展战略，企业的所有经营决策工作均围绕企业战略来展开实施，企业各项决策的目标就是保证企业战略的实现。

一般来说，企业发展战略制定的步骤如下：

（1）进行企业内外部环境分析。要明晰以下问题：企业的现实市场需求及潜在市场需求，现实竞争对手及潜在竞争对手，现实生产资源及潜在生产资源，现实自身优势及潜在自身优势，现实核心问题及潜在核心问题等。

（2）提出企业发展战略草案。企业发展战略草案不需要很具体、很系统、很严谨，但要把核心内容阐述得淋漓尽致。

（3）征求有关方面的意见。就战略草案征求有关方面的意见，特别是业内人士和战略专家的意见。鉴于企业内部能力有限，也可委托咨询机构研究企业发展战略。采取这种方式，一定要选好咨询机构。采取这种方式，在咨询机构提交研究报告之后，除了内部充分讨论，也需要再适当征求外部有关方面的意见。

（4）决策和确立企业的战略。为了企业的整体利益和长远利益，在决策企业发展战略时要充分发扬民主，广泛听取各部门意见，尤其是不同意见。企业发展战略应该由企业领导集体决策。在判断是与非、做与不做的政策导向时，要充分考虑长远利益与短期利益的协调，不能为了暂时的现象或者短期的利益而迷失了前进的方向。

【典型案例】

中国隐形冠军的经验之谈

中国指甲钳大王梁伯强作为中国隐形冠军做了经验之谈。从他进入指甲钳市场之前的自费全球调研，立志成为世界指甲钳冠军，到重金聘请业内技术精英，设立高标准的测检中心和研发中心，搜罗大量国内国际技术参数，找准目标竞争对手，经过细心分析、逐项对比，把实质性的差距逐个攻破，再到主动出击，勇于与竞争对手短兵相接，把丰厚的利益留给经销商，把委屈留给自己，再到通过软性封杀，誓死维护行业领导地位：努力争夺行业第一品牌，创立中国指甲钳研发制造中心，制定行业标准，占领行业的制高点，提高竞争门槛，不断为企业建立防火墙，不惜一切维护行业领先地位，我们无一不感受到这个小个子男人是具备如此强烈的征服世界的“野心”。这种“野心”，是善意的雄心壮志，是“我想成为什么，所以我能成为什么”的最佳诠释。

二、初创企业管理模式

（一）管理模式

管理模式，通俗地讲就是一个企业在管理制度上和其他企业不一样的地方，从制度经济学的角度说包括了正式制度和非正式制度两个方面，也就是企业在管理规章制度和企业文化上最基本的不同特征。一般来说，不同的国家的企业有不同的管理模式，而且同一企业在不同时期也有不同的管理模式。

管理模式大致可分为：传统/等级模式、人际关系模式、系统模式和现代人本主义管理模式。

（1）传统/等级模式侧重于组织内管理体制和管理技术的提升与完善，强调组织内正式或非正式团体的建设，目的在于提高组织的效率，对员工实行平等式的管理。

（2）在系统模式下，管理的侧重点转向于注重组织的整体性和目标性，强调人与人之间、人与部门之间、部门与部门之间的整体协调，对员工实行协作互动式管理。

（3）当今人本主义管理模式则强调以人为中心，强调个体在组织中的作用，管理的中心任务是围绕如何调动员工的工作积极性而开展人力资源管理与开发，目的在于使组织更富有活力，对员工实行民主的、开放的管理。

（二）企业现代管理模式

典型的现代企业管理模式与方法有：企业资源计划、制造资源计划、准时生产、精良生产、按类个别生产、优化生产技术、供应链管理、企业过程重组、敏捷虚拟企业等。先进企业管理模式是实现集成化管理与决策信息系统的理论基础。管理企业应熟悉和掌握这些理论和方法，使企业运转规范、高效。

（三）初创企业五种适用管理模式

未来的企业管理的目标模式是以制度化管理模式为基础，适当地吸收和利用其他几种管理模式的某些有用的因素。为什么这样讲呢？因为制度化管理比较“残酷”，适当地引进一点亲情关系、友情关系、温情关系确实有好处，甚至有时也可以适当地对管理中的矛盾及利益关系做一点随机性的处理，“淡化”一下规则，因为制度太呆板了。

1. 亲情化管理模式

这种管理模式利用家族血缘关系中的一个很重要的功能，即内聚功能，也就是试图通过家族血缘关系的内聚功能来实现对企业的管理。从历史上看，虽然一个企业在其创业的时期，这种亲情化的企业管理模式确实起到过良好的作用，但是，当企业发展到一定程度的时候，尤其是当企业发展成为大企业以后，这种亲情化的企业管理模式就很快会出现问题。因为这种管理模式中所使用的家族血缘关系中的内聚性功能，会由其内聚性功能而转化成为内耗功能，因而这种管理模式也就应该被其他的管理模式所替代了。我国亲情化的企业管理模式在企业创业时期对企业的正面影响几乎是99%，但是当企业跃过创业期以后，它对企业的负面作用也几乎是99%。这种管理模式的存在只是因为我们国家的信用体制及法律体制还不完善，使得人们不敢把自己的资产交给与自己没有血缘关系的人来运作，因而不得不采取这种亲情化管理模式。

2. 友情化管理模式

这种管理模式也是在企业初创阶段有积极意义。在钱少的时候，也就是在为朋友可以而且也愿意两肋插刀的时候，这种模式是很有内聚力量的。但是当企业发展到一定规模，尤其是企业利润增长到一定程度之后，单靠友情难以维持正常的管理，企业如果不随着发展而尽快调整这种管理模式，那么就必然会导致企业很快衰落甚至破产。我国有一个民营企业叫“万通”，一开始就是五个情投意合的伙伴创办的一个友情化企业，当初大家卧薪尝胆，创业者之间完全可以不计较金钱。但是，当万通拿到第一笔大的利润的时候，五个人就开始有摩擦。当时万通的比较大的股东叫冯仑，他还想继续坚持这种管理模式而使企业发展，他组织企业的创办者读《水浒传》，让大家记取散伙与分裂的教训，但结果并没有解决问题，几个人只好解散了这个企业，放弃了这种友情化管理模式。后来万通由于创业者各自另起炉灶而孵化出了好几个企业。

3. 温情化管理模式

这种管理模式强调管理应该是更多地调动人性的内在作用，只有这样，才能使企业很快地发展。在企业中强调人情味的一面是对的，但是不能把强调人情味作为企业管理制度的最主要原则。人情味原则与企业管理原则是不同范畴的原则，因此，过度强调人情味，不仅不利于企业发展，而且企业最后往往都会失控，甚至还会破产。有人总喜欢在企业管理中讲温情和良心，认为一个人作为企业管理者如果为被管理者想得很周到，那么被管理者就必然会给企业很好的回报，即努力工作，这样企业就会更好地发展。可见，温情化管理模式实际上是想用情义中的良心原则来处理企业中的管理关系。在经济利益关系中，所谓的良心是很难谈得清楚的。良心用经济学的理论来讲，实际上就是一种伦理化的并以人情味为形式的经济利益的规范化回报方式。因此，如果笼统地讲什么良心，讲什么人性，不触及利益关系，不谈利益的互利，实际上是很难让被管理者好好干的，最终也搞不好企业。管理并不只是讲温情，而首先是利益关系的界定。有些人天生就是温情式的，对利益关系的界定往往是心慈手软，然而在企业管理中利益关系的界定是“冷酷无情”的，对利益关系的界定，到一定时候“手不辣”、“心不狠”是不行的。只有那种在各种利益关系面前“毫不手软”的人，尤其对利益关系的界定能“拉下脸”的人，才能成为职业经理人。

4. 随机化管理模式

随机化管理模式在现实中具体表现为两种形式：一种是民营企业中的独裁式管理。之所以把独裁式管理列为随机化管理的一种，就是因为有些民营企业的创业者随时可以改变任何规章制度，他的话就是原则和规则，因而这种管理属于随机性的管理。另外一种形式，就是发生在国有企业中的行政干预，即政府机构可以任意干预国有企业的经营活动，最后导致企业的管理随意。可见，这种管理模式要么表现为民营企业中的独裁管理，要么表现为国有企业体制中政府对企业的过度行政干预。现在许多民营企业的衰落，就是这种随机化管理模式造成的。因为在这种管理模式下，创业者的话说错了，别人无法矫正，甚至创业者的决策错了，别人也无法更改，最后的结果只能是企业走向衰亡。

5. 制度化管理模式

所谓制度化管理模式，就是指按照一定的已经确定的规则来推动企业管理。当然，这种规则必须是大家认可的带有契约性的规则，同时这种规则也是责权利对称的。但制度化太呆板了，需要适当地“软化”，毕竟被管理的对象是人，而人不是一般的物品，人是有思维的，是具有能动性的，所以完全讲制度化管理也不行。适当地吸收一点其他管理模式的优点，综合成一种混合性的企业管理模式，这样做可能会更好一点。这恐怕是中国这十几年来在企业管理模式的选择方面，大家得出的共识性的结论。

企业初创时期，事务相对简单，管理层次和管理幅度也还没有十分宽泛，因此可以采取直接管理的方法，比如一些家族企业在规模和领域还不大的时期，采用直接管理是十分有效的。但当企业发展壮大以后，管理方法就需要随之创新和优化。一般来说，我们可以将企业的“管理”方法分成上述这样几种类型，并在企业的不同发展阶段合理科学地、单一或复合地加以运用。

三、营造良好的企业文化

一个国家如果没有文化，这个国家就失去了灵魂；一个企业没有文化，这个企业就没有了凝聚力，从而也会丧失持久的竞争力。

(一) 企业文化的定义

企业文化是指企业全体员工在长期的发展过程中所培育形成的并被全体员工共同遵守的最高目标、价值体系、基本信念及行为规范的总和。

也有人认为，企业文化是企业为解决生存和发展的问题而树立形成的，被组织成员认为有效而共享，并共同遵循的基本信念和认知。企业文化集中体现了一个企业经营管理的核心主张，以及由此产生的组织行为。

企业文化是企业成员共同的价值观念和行为规范。讲通俗点，就是每一位员工都明白怎样做是对企业有利的，而且都自觉自愿地这样做，久而久之便形成了一种习惯；再经过一定时间的积淀，习惯成了自然，成了人们头脑里一种牢固的“观念”，而这种“观念”一旦形成，又会反作用于（约束）大家的行为，逐渐以规章制度、道德公允的形式成为众人的“行为规范”。

（二）企业文化建设的基本内容

企业文化建设的内容主要包括物质层、行为层、制度层和核心层等四个层次的文化。学习型组织的塑造是企业文化建设的宗旨和追求的目标，从而构成企业文化建设的重要内容。

1. 物质层文化

物质层文化是产品和各种物质设施等构成的器物文化，是一种以物质形态加以表现的表层文化。企业生产的产品和提供的服务是企业生产经营的成果，是物质文化的首要内容。其次企业的生产环境、企业容貌、企业建筑、企业广告、产品包装与设计等也构成企业物质文化的重要内容。

2. 行为层文化

行为层文化是指员工在生产经营及学习娱乐活动中产生的活动文化，指企业经营、教育宣传、人际关系活动、文娱体育活动中产生的文化现象，包括企业行为的规范、企业公共关系的规范和企业服务行为的规范。

（1）企业行为的规范是指围绕企业自身目标、企业的社会责任、保护消费者的利益等方面所形成的基本行为规范。企业行为的规范从人员结构上划分为企业家的行为、企业模范人物行为和员工行为等。

（2）企业公共关系规范主要指企业经营面对不同的社会阶层、市场环境、国家机关、文化传播机构、主管部门、消费者、经销者、股东、金融机构、同行竞争者等方面所形成的关系。

（3）企业服务行为的规范是指企业在为顾客提供服务过程中形成的行为规范，是企业服务工作质量的重要保证。

3. 制度层文化

制度层文化主要包括企业领导体制、企业组织机构和企业管理制度三个方面。企业制度层文化是企业为实现自身目标对员工的行为给予一定限制的文化，它具有共性和强有力的行为规范的要求。它规范着企业的每一个人。企业工艺操作流程、厂纪厂规、经济责任制、考核奖惩等都是企业制度文化的内容。

（1）企业领导体制是企业领导方式、领导结构、领导制度的总称。

（2）企业组织结构是企业为有效实现企业目标而筹划建立的企业内部各组成部分及其关系，企业组织结构的选择与企业文化的导向相匹配。

（3）企业管理制度是企业为求得最大利益，在生产管理实践活动中制定的各种带有强制性义务并能保障一定权利的各项规定或条例，包括企业的人事制度、生产管理制度、民主管理制度等一切规章制度。

企业的制度层文化是行为层文化得以贯彻的保证。

4. 核心层文化

这是指企业生产经营过程中，受一定的社会文化背景、意识形态影响而长期形成的一种精神成果和文化观念，包括企业精神、企业经营哲学、企业道德、企业价值观念、企业风貌等内容，是企业意识形态的总和。

(1)“参与、奉献、协作”的企业精神，是现代意识与企业个性相结合的一种群体意识，是企业经营宗旨、价值准则、企业信条的集中体现。它构成企业文化的基石，通常通过厂歌、厂徽、厂训、厂规等形象地表现出来。

(2)“以市场为导向”的企业经营哲学，是指企业经营过程中提升的世界观和方法论。是企业在处理人与人、人与物关系上形成的意识形态与文化现象，与民族文化、特定时期的社会生产、特定的经济形态、国家经济体制及企业文化背景有关。

(3)“以人为本”的企业价值观，是企业在追求经营成功过程中所推崇的基本信念和奉行的目标，体现在处理股东、员工、顾客、公众等利益群体的关系中，包括利润价值观、经营管理价值观和社会互利价值观。

【扩展阅读】

多样化的企业文化

英国企业

推崇“文化”，英国公司里最崇拜文化，认为只有融入了公司文化，才能把个人发展和公司发展融为一体，事半功倍地青云直上。

德国企业

严谨认真、讲究逻辑，讲诚信，讲承诺，一旦有过约定，他们就一定会兑现自己的诺言。

法国企业

不拘小节，追求创新，有比较宽松的环境，给予个人最大的成长空间。

日本企业

一般认为，日本的传统社会及其文化有几个显著的特点：农耕社会，儒教文化，集团主义，单一民族，注重人际关系及情义，敬人及爱人的友善心理，等等。以此为基础而产生的日本的企业文化，也具有与欧美企业文化不同的一些鲜明特征。例如，在以儒教文化为价值观之本的日本企业文化中，就十分崇尚“精神”，因此，在日本企业的公司歌曲或者由企业创始人制订的企业哲学中，是根本不提“利润”二字的。

韩国企业

员工关系决定企业成败的“人才第一”理念：韩国的优秀企业大都以“人才

第一”为基点，非常重视组织成员的人和团结，积极致力于创立能够反映员工创造性建议和意见的企业文化，提倡每个员工的责任承担，爱社心和主人精神，从而形成了共同体式的企业文化。

（三）打造企业文化的几个着力点

企业文化是以人为本的管理哲学。现代企业越来越重视人在企业发展中的重要作用，所以，打造独具特色的良好的企业文化，牢牢把握企业文化建设的着力点，对增强企业的向心力和凝聚力具有十分重要的意义。

1. 重视企业战略文化

企业要实现可持续发展，必须有一个长远的发展目标和发展规划。企业今后朝什么方向发展、如何发展等问题都应让全体员工尽快了解。发展战略只有得到全体员工的认同，才能发挥出应有的导向作用，才能成为全体员工的行动纲领。在初创企业文化建设中，要充分利用网络等载体，采取灵活多样的形式，搞好企业发展战略的宣传和落实。通过积极开展企业战略文化建设，进一步理清工作思路，明确企业的发展方向，激发员工的工作热情。

2. 建设企业人本文化

人才是企业发展的宝贵资源。在新形势下，企业需要一大批不同层次、不同专业的人才。企业必须把人才队伍建设作为企业文化建设的一部分，通过在企业内部营造尊重人、塑造人的文化氛围，增强员工的归属感，激发员工的积极性和创造性。随着科技的不断发展，更新员工知识结构的课题也摆在了企业的面前。初创企业应努力营造良好的学习氛围，搭建人才成长的平台，使全体员工增强主人翁意识，与企业同呼吸、共成长。要通过对员工进行目标教育，使他们把个人目标同企业发展目标紧密结合在一起，自觉参与到企业的各项工作中。

3. 规范企业制度文化

企业文化与企业制度之间是相互支撑、相互辅助的关系，制度文化是企业文化的重要组成部分。在制度文化建设中，要突出创新、严于落实，建立科学的企业决策机制和人力资源开发机制，制定完善的企业运行规则和经营管理制度，构建精干高效的组织架构，使各项工作衔接紧密，保证企业目标顺利实现。员工参与民主管理的程度越高，越有利于调动他们的积极性。初创企业建立开放的沟通制度，可以及时了解员工的思想动态。同时，要强化监督，规范管理行为，营造和谐的文化氛围，促进企业管理水平的提高。

4. 打造企业团队文化

企业发展目标的实现，离不开员工之间的相互协作。只有通过培养团队精神，企业才能不断创造新业绩，在激烈的市场竞争中立于不败之地。初创企业文化建设的重要任务，就是在企业内部营造有利于企业发展的良好氛围，使领导与领导、领导与员工、员工与员工之间精诚合作，促进企业目标顺利实现。同时，要恰当处理企业外部各方面的关系，尽可能地减少摩擦和矛盾，争取方方面面的理解和支持。

5. 增强企业创新意识

创新可以为企业文化注入活力，提升企业文化建设水平。要通过创新企业文化，促进企业不断发展。初创企业文化创新的关键是对企业旧的经营哲学、管理理念等进行创新，让企业文化建设迈上一个新台阶。要创造可以容忍不同思维的环境。如果创新只许成功不许失败，那么企业也很难保持旺盛的创造力和生命力。作为市场竞争主体，企业应具备与现代市场经济相适应的能力，企业文化建设也应反映市场经济的要求。市场竞争形成了新的竞争理念和模式，在企业文化建设过程中，必须充分理解这种理念和模式，以确保企业持续健康发展。

【扩展阅读】

企业文化的功能

激励作用。企业文化注重研究的是人的因素，强调尊重每一个人，相信每一个人，凡事都以职工的共同价值观念为尺度，能最大限度地激发职工的积极性和创造性。

协调作用。企业文化的形成使企业职工有了共同的价值观念，对很多问题的认识趋于一致，增强了他们相互之间的信任、相互交流和沟通，使企业的各项活动更加协调。

约束作用。企业文化对职工行为具有无形的约束力，经过潜移默化形成一种群体道德规范和行为准则，实现外部约束和自我约束的统一。

塑造形象作用。优秀的企业文化向社会大众展示着企业成功的管理风格、良好的经营状况和高尚的精神风貌，从而为企业塑造良好的整体形象，树立信誉，扩大影响，是企业巨大的无形资产。

第二节　创业营销管理

营销是个人和集体通过创造并同他人交换产品和价值，以满足需求和欲望的一种社会和管理过程。

营销存在于任何一个市场。根据美国市场营销协会的定义：市场营销是关于构思、商品和服务的设计、定价、促销和分销的规划与实施过程，目的是创造能实现个人和组织目标的交换。该定义不仅指出营销是一个包括分析、计划、执行和控制的过程，营销的产品覆盖商品、服务和创意；同时也指出营销应建立在交换的基础上，营销的目标是使营销有关各方都达到满意。

一、创业企业营销管理常见问题

（一）公司没有真正的市场导向

对细分市场的判断和确定能力很差，公司主要通过低价和经销商倾销来提升销量；公司的营销战略在销售压力和经销商压力下如同一纸空文，对不同的细分市场没有优先顺序或区分性很弱，没有对各个细分市场的规模和竞争情况进行分析，没有深度的细分市场调研和信息。公司缺乏其自身在各个细分市场的独特优势的认识。

初创企业需要在市场细分上采用更科学和系统的方法，例如利益细分和价值细分。需要按细分市场的重要性顺序进行排序。公司如何管理覆盖所选择的细分市场的品牌投资组合？是否存在品牌冲突？

（二）公司不是完全的客户驱动型

许多面向消费者的公司还是运营导向的，他们认为服务消费者是营销和销售的工作，没有建立培训流程来创造一种消费者文化，没有有效的激励机制来促进更好地对待消费者。

公司应该从产品导向转化为客户导向，企业应充分研究客户的独特价值。通过建立企业内部培训流程，强调服务于消费者的重要性。

（三）企业需要更好的定义和监控他的竞争对手

初创企业缺乏收集和分发竞争性情报的系统。一些特别情报仅是关于他们的财物状况而不是关于他们的消费性产品或服务。

企业应该设置竞争情报的管理人员，进行行业内标杆企业的定期分析研究。

（四）企业不能很好地发现新的机会

企业没有及时跟上一些好的新理念，已经投放的产品概念很大程度上是失败的。

针对此问题，初创企业应该研究全球市场、人文社会、经济和生活方式的主要变化，学习并引入产生新的营销理念。

（五）企业营销计划过程的不足

营销目标没有完全量化，计划没有具体的行动措施，计划没有和考核激励相挂钩。

初创企业应该制定计划的模板，内容应包含：目标、关键行动举措和风险评估等内容，计划和业绩评估相挂钩，奖励最好的计划和执行业绩。建立一套营销计划体系来形成富有洞察力的长期和短期计划。

（六）企业品牌的建立和交流很弱

目标市场对提供的产品或服务很少关注、渴望或感兴趣，与竞争者的产品和服务相比较，感知价值较少，与竞争的产品和服务相比较，没有可测量的溢价。

要思考企业在品牌规划上是否有足够的投入？应建立并优化品牌活动评价体系。

（七）企业没有很好地组织开展营销

营销部门实际上是销售部门，营销部门和销售部门的关系不好，研发和营销不能很好地合作，研发人员只想完成他们自己的目标而不考虑消费者的期望。

营销必须在产品开发、价格和分销上拥有发言权，而不仅仅是广告和促销。各个部门一起定时沟通，建立业务质询体系，通过整合营销以平衡利润和销量。

（八）企业的产品和服务政策需要更紧密

企业有太多的产品类别，企业在他的产品类别里有太多种产品，其中很多是赔钱的。

初创企业需要建立一套业务和产品评估体系，必须保持对产品和服务组合强有力的控制，并跟踪弱势产品，改善或者砍掉它们。

二、创业企业营销战略选择

（一）“空白领域”营销战略

大企业为了获得超额利润，追求规模经济效益，一般采用少品种、大批量的生产方式，这就为创业企业留下了很多大企业难以涉足的“狭缝地带”，即“空白领域”，给创业企业提供了自然发展空间。

一般说，常见的“空白领域”产品具有如下特点：

（1）规模较小，对大企业来说，生产的价值不大；

（2）大企业认为信誉风险大；

（3）属于多品种、小批量生产方式；

（4）小批量特殊专用。

因此，创业企业在创业之初，应随时注意和寻找这样的空白领域，并根据自身的特点有选择地进入。一方面可以避开自身资金少，实力弱的劣势而获得进入该领域的先占优势，另一方面，又能避开与大企业的正面竞争，充分发挥自身的优势，发展壮大自己。

（二）“专门化”营销战略

许多创业企业的失败，往往是因为选择了与较大企业相同的战略基点，在直接对抗中由于实力不敌，陷入困境。若是选择大企业所忽略的细分市场，并为之提供专门化服务，创业企业不仅可以生存，而且能够得到较好发展。

“专门化”战略主要有以下几种类型：

第一，产品类型专门化。即企业集中力量于一个产品系列、一种产品或某种产品特色的生产和经营上。

第二，顾客类型专门化。即企业只为某种类型的顾客提供所需的一种或多种产品与服务。

第三，地理区域专门化。即企业将其产品销售范围集中在某一个地方或区域。

创业企业在运用专门化战略时，应进行周密的市场调研和分析，通过市场细分，寻找能够发挥自身创业优势的专门化市场，这些市场一般具有如下特点：被较大的竞争者所忽视或放弃，有与创业企业实力相称的市场规模和购买力，创业企业拥有经营该分市场的条件，能够有效提供服务，能够依靠所建立的顾客信誉，保卫自身地位，对抗较大企业的攻击。

【典型案例】

米勒啤酒

中国的消费者都知道“万宝路”，但很少有人知道生产经营该品牌香烟的公司——菲力浦摩里斯公司。正是这家公司在1970年买下了米勒啤酒公司，并运用市场细分策略，使米勒啤酒成为了啤酒业的老大。

首先，米勒公司在做出营销决策前对市场进行了调查。他们发现，根据对啤酒饮用程度的不同，可将消费人群分为两类，轻度饮用者和重度饮用者。而且重度饮用者引用量是轻度饮用者的8倍。结果一出来，决策者清楚了他们面对的群体：多数为蓝领阶层，爱好体育运动。这是市场消费者的主流。于是，针对这些消费者，米勒啤酒公司改变了原来在消费者心中“高价优质”的定位，将消费目标人群从妇女及社会高收入者转向真正爱喝啤酒的下层人士，并且根据这个市场定位来重新创作广告。

同时，米勒啤酒公司并没有放弃市场细分出来的另外一个群体——低热度啤酒市场。开发出一种叫莱特的低热度啤酒，还对它进行了恰当的包装：高质量，男人气概。

恰当的市场细分和定位使莱特啤酒的销售额当年就达到了200万箱。

在整个20世纪70年代，米勒啤酒取得了巨大的成功。到1980年，米勒啤酒的市场份额已经达到了21.1%，成了市场的龙头老大。

(三)“生存互补”营销战略

这是根据创业企业力量单薄、产品单一的特点而制定的一种营销战略。大企业为了获得规模经济效益，必然要摆脱“大而全”的生产体制，求助于社会分工与协作，这在客观上增加了大企业对中小企业的依赖性，进而为创业企业的生存和发展提供了可靠的基础。创业企业在决定自己的生产方向时，不是着力于开发新产品，而是接受一个或几个大企业的长期固定的定货，与大企业建立紧密的分工协作关系。这就是所谓的“生存互补”战略。

因此，创业企业一定要考虑到大企业发展的趋势和要求，以“生存互补”领域为起点，走专业化发展道路，由小到大，由初级到高级，逐步积蓄力量，不断成长壮大。例如：杭州万向节厂就是成功运用“生存互补”战略，趁国内汽车万向节生产之虚，利用自己的专长由一个乡镇企业发展为国内最大的专业生产万向节的生产企业。

（四）“专知生存”营销战略

创业企业在生产经营过程中，通过技术开发和工艺创新，可以取得新颖性、先进性、实用性很强的技术发明成果或设计出新结构、新式样的新产品。这些不仅可以作为创业企业开拓细分市场，满足新的社会需求，降低生产成本，扩大产品差异化的手段，而且还可以增强创业企业的竞争优势。但是，大企业比创业企业具有更强的科研能力、商品化能力和市场控制能力，创业企业的“专知”一旦被模仿就会因知识价值的提前下降而被挤出市场。所以，创业企业应注重产权保护，通过法律手段，维护自己“专知”产品的专有权或垄断权，以赢得相对平稳的发展空间。

【典型案例】

索尼公司通过“创造需求”开发新产品

索尼的营销政策“并不是先调查消费者喜欢什么商品，然后再投其所好，而是以新产品去引导他们进行消费”。

索尼的创始人盛田昭夫认为，新产品的发明往往来自于灵感，突然闪现，且稍纵即逝。现在流行于全世界的便携式立体声单放机的诞生，就出自于一种必然中的“偶然”。一天，井深抱着一台索尼公司生产的便携式立体声盒式录音机，头戴一副标准规格的耳机，来到盛田昭夫房间。从一进门，井深便一直抱怨这台机器如何笨重。盛田昭夫问其原因，他解释说：“我想欣赏音乐，又怕妨碍别人，但也不能为此而整天坐在这台录音机前，所以就带上它边走边听。不过这家伙太重了，实在受不了。”井深的烦恼，点亮了盛田昭夫酝酿已久的构想。他连忙找来技师，希望他们能研制出一种新式的超小型放音机。结果不出所料，该产品投放市场，空前畅销。索尼为该机取了一个通俗易懂的名字——“沃可曼（Walkman）”。日后每谈起这件事，盛田昭夫都不禁感慨万千。当时无论进行什么市场调查，都不可能由此产生“沃可曼”的设想。而恰恰正是这一不起眼的小小的产品，改变了世界上几百万、几千万人的音乐欣赏方式。

索尼公司在“创立旨趣书”上写着这样一条经营哲学：“最大限度地发挥技术人员的技能，自由开朗，建设一个欢乐的理想工厂。这就是‘创造需求’的哲学依据。”

（五）满足潜在需求的开发战略

在现实生活中，总有一些只得到局部满足或者未被满足的社会需求，这样的需求称为潜在需求。潜在需求一方面取决于消费者对产品的需求，另一方面又取决于企业能否生产出必要的产品去创造和引导需求。因此，创业企业在进行深入的市场调研和分析后，一旦发现前景良好的潜在需求，就应着手做好开发、生产、销售和管理工作，并提高后来者的进入障碍，延长自己垄断这一市场的时间，以取得更多的经济效益。

(六)“满足服务”的营销战略

企业在创业之初，其营销活动可以触及市场竞争的各个层面。企业既可以根据自身的特点，通过提供特殊的售前、售中或售后的“满足服务”，来扩大自己的经营范围，也可以针对大企业售后服务不到位的现象，提供全方位的“满足服务”。比如，创业企业可以根据自身优势，在大企业服务网难以触及的市场区域内建立具有相对优势的服务网，为自己创造出一个发展空间。

第三节 创业企业财务管理

创业期企业和其他企业一样，目标是生存、发展和获利，财务管理的目标服务于企业目标是谋求企业价值最大化，具体来讲就是：不断降低资金成本和财务风险，提高投资报酬，降低投资风险，加速资金周转，合理分配收益。财务管理的内容涉及财务活动和财务关系两个方面。财务管理应始终处于企业管理的核心地位。但创业企业的管理团队往往是由一些工程技术人员组成，整体缺乏财务管理方面的知识和经验，常常暴露出一些问题。

一、创业企业常见的财务问题

(一) 财务管理随意性大

创业期企业的所有者往往也是经营者，这种所有权和经营权的高度统一，给企业经营管理带来高效率的同时，也带来了一些负面影响。多数创业期企业财务管理模式属集权式管理，一切事情由所有者决定，财务一般由所有者单线控制，由于所有者自身一般不具备专门的财务知识，同时又因为创业企业经营规模较小，不可能在机构、人员和制度建设方面投入太大，使财务管理具有很大的随意性。

(二) 财务人员素质低

创业期企业在发展初期，人与人的关系大多基于血缘关系和地缘联系，对团体以外的人有着天然的不信任。在财务、会计这些敏感岗位，“忠诚度”成为用人的重要标准，“任人唯亲”较为普遍。财务会计人员大多未经过正规的专业学习和培训，缺乏必要的财务管理能力，常常使创业期企业的财务管理活动仅限于对货币资金的控制，提供考核员工的财务数据及其他一些有限财务信息，不能充分发挥财务管理参与决策的职能。

（三）内部会计控制薄弱

一般创业期企业都有自己独特的内部会计控制制度，但制度的制定受经营管理者的偏好影响，设计不尽合理，且常常“朝令夕改”，内控执行也易流于形式，使财务管理工作带有很大的随意性和盲目性。

在观念上，创业企业更多地把会计作为一种信息披露的需要或者是记账的手段，而没有视之为管理工具。在会计记账过程中往往忽略企业的实际情况，有时就会产生错误信息，对决策者产生误导。而且即使财务报表反映出了存在的问题，管理者也常常不重视，不能利用财务工具为管理服务。大多数的创业期企业为了节约人工成本，职责分工不明确。内部控制失效的另外一个重要表现就是重钱不重物，资产损失浪费严重。不少创业者很重视对货币资金的管理，收支严格，保管妥善，出了差错及时查找；而对原材料、半成品，固定资产等却管理不严，保管不善，出了问题也无人查找，资产损失浪费严重。

有关创业期企业的调查显示，创业期企业财务上的内部控制制度总的来说残缺不全，像财务清查制度、成本核算制度、财务收支审批制度等基本制度不健全，或者虽然建立了其中的几项制度，但实际工作中从未认真执行过，形同虚设。

（四）融资能力差、风险大

创业期企业在融资上面临的主要问题固然有缺乏政府支持造成融资渠道单一的原因，但与成熟期企业相比，创业期企业具有其自身融资的局限性。有数据表明，近80%的创业期中小企业会计报表不真实或根本就没有会计报表。此外，由于一些企业存在逃避银行债务、多头抵押等情况，因而其资信等级不高。由于银行对其缺乏足够的信心，为保证信贷资金的安全，降低成本和提高经济效益，银行不愿冒险向创业期企业发放贷款。

（五）投资决策盲目

项目投资决策分析不是创业期企业日常财务管理活动最经常的部分，但它却是企业财务管理活动中最重要的部分。因为项目投资的金额大，影响时间长，风险大，一旦决策失误，就难以改变或补救。创业期企业投资决策往往是由创业者自己做出，缺乏科学的决策程序，决策时又很少运用各种定量的分析方法，往往凭借自身的经验进行判断，投资行为常常表现为：注重短期利益的实现，缺乏长远规划；投资决策失误，给本来就“脆弱”的创业期企业造成重大损失，制约其发展，危及其生存。

（六）现金管理不到位

现金是创业期企业的血液，是一个企业存续能力强弱的重要标志。保持适量的现金，为公司可能出现的各种情况做准备，不仅是谨慎的表现，而且是今天这个充满不确定性的时代的必然要求。

从日常经营活动看，只有提供足够的现金，企业才能生存。没有充裕的现金，必将影响企业的赢利能力和偿债能力，从而影响企业的市场信誉和资金周转，甚至资不抵债，走向破产。企业在创业期阶段，在其产品（或服务）受到市场广泛认可而能产生利润之前，产品（或服务）销售极不稳定，而各种费用却必须支付，经营风险是很大的，一旦出现资金的短缺，又难以筹集到新的资金的话，将直接导致创业失败。

二、创业企业财务管理策略

初创期企业就像一个初生的婴儿，抵抗力很弱，随时都有生病的可能，因此这一阶段的企业应努力实现其首要目标——生存。管理各项财务活动、处理各种财务关系应以稳健、谨慎为原则。

（一）筹资管理

初创阶段的企业要想求生存、谋发展，必须要获得充足的资金支持。筹资管理要解决以何种形式、何种渠道、什么时机筹集经营所需资金的问题，重点把握各种资金的结构、资金成本等问题。

创业投资是创业期企业主要的资金来源，吸引风险投资是创业期企业的主要筹资渠道，创业者应注意寻找适合自己的风险投资商。一般来说，大企业及其所属的风险投资机构等战略投资者，通常能为创业企业提供一些技术支持、甚至是共享其已有宝贵的客户资源，如 360 安全卫士借助卡巴斯基迅速崛起；而纯粹的风险投资公司有良好的培育创业企业的经验和声誉，有广泛的网络关系，能够及时发现创业企业成长中的问题，并帮助解决这些问题；投资银行则能够帮助企业改善管理、为企业发行股票并上市，实现更大范围的融资提供市场运作的专业服务。

（二）投资管理

投资管理要解决做什么（投资方向），做多少（投资金额），何时做（投资时机），怎么做（资金来源与运用）等问题。由于企业在初创阶段需要大量的资金，而且市场具有很大的不确定性，因此这个阶段要处理好投资所面临的风险和收益问题。建立投资的可行性分析制度，在充分收集信息的基础上，进行深入细致的市场调查和充分的可行性研究，通过审慎的研究评估，科学预测企业的投资价值和可能出现的风险，事先防范，将投资风险降到最低。创业期企业一般采用集中化投资战略，利用有限资金投资于某个特定市场，最大限度发挥资金使用效率。

（三）营运资金管理

营运资金管理是财务管理活动的重要环节。按月编制营运资金分析表可以有效地控制营运资金。企业可通过下面的公式实施营运资金的动态管理。

资金获得量－资金占用量＝营运资金不足量

发现营运资金不足时，应立即采取相应的措施来弥补不足。

（四）利润分配

企业进行股利分配时，要从企业战略的角度出发，根据企业自身的情况选择适宜的股利分配政策，使股利分配既能满足企业发展的需要，又能满足投资者的需要。股利分配关系到企业战略资金能否得到有效的保障，因为股利发放的多少决定着企业内部资金来源的多寡，关系到企业财务战略的成败。如果企业的留存收益水平较高，那么意味着企业发放的股利较少，企业留存收益较高，这些留存收益可以给企业发展提供资金保障。

初创期企业收益水平低且现金流量不稳定，因此低股利政策或零股利政策往往是较明智的选择。

（五）财务控制

要解决创业期企业财务管理上存在的问题，完善内部控制成为创业期企业财务管理的基础工作，只有完善内部控制，才能发挥财务管理的应有职能，实现财务管理的目标。

创业期企业在加强财务控制的过程中，应该重视下面几个方面：

(1) 学习必要的财务知识，聘请专业的财务人员，加强财务部门的力量。

(2) 保持会计记录的准确完整。建立必要的会计制度，加强对员工的专业培训和后续教育，防止出现会计记录混乱、错误或不完整，这是财务管理其他职能发挥的最基本前提。

(3) 建立健全职务分离制度。对于记账、出纳、保管等不相容职务实行分离，应尽量由不同人员担任，避免一个人从头到尾处理一项业务，减少错误和舞弊出现的可能性。根据分工原则，尽量将不同功能的工作由不同的人来完成。

(4) 避免任人唯亲。特定的亲属关系会弱化企业内部的互相制约关系，使内部控制制度的作用得不到充分发挥，容易产生不公平现象，影响企业的整体激励制度，有时还存在着难于管理的问题。

(5) 建立完善的资产管理制度，合理保证资产的安全与完整。首先，要建立健全财产物资购、销的内控制度，在物资采购、领用、销售，以及样品管理上建立合适的操作程序，从制度上保证操作规范，堵住漏洞，维护安全。其次，做到不相容职责分离。资产管理和凭证记录一定要分开，形成有力的内部牵制。再次，要建立实物资产的盘存制度。

【扩展阅读】

几个重要的财务报表

资产负债表、利润表和现金流量表反映出来的情况就好像是有关企业的血压、脉搏等各种与生命运行特征相关的指标。创业者完全搞懂了这三张表，就可以轻松地知晓企业自身的健康情况和生命成长趋势。

资产负债表反映出来的是一家公司资产和负债的情况。在一般正常运转的公司中，各种资产和相应负债的比例应该保持在2∶1左右。如果远远超过这个比例，那么公司应该有很多冗余的资产没有发挥应有的作用。如果远远低于这个比例，特别是公司短时间内应该偿还的债务超过公司现有能够灵活掌握的资产，那么这家公司的财务风险将处于很高的水平，如果不能偿还即期债务，离倒闭就不远了。

利润表反映的是公司收入和支出的情况。正常情况下，公司每个经营周期的收入都应该大于支出，这时候我们就可以知道公司是赢利的。反之，公司就是处于亏损状态中。

现金流量表是以收付实现为编制基础，反映企业在一定时期内现金收入和现金支出情况的报表。现金流量表显示的是公司目前现金流的情况。发展势头良好的企业，创造现金流的能力较强；现金流动的情况越畅快，表明这个企业抵抗风险的能力就越强，企业也就越有活力。

第四节 创业风险管理

一、创业风险类型

创业环境的不确定性，创业机会与创业企业的复杂性，创业者、创业团队与创业投资者的能力与实力的有限性，是创业风险的根本来源。

（一）创建阶段

在这一阶段，高科技企业所存在的风险体现在技术、资金、管理等方面，产品可能仅有构想、概念或很原始的原型，但能否完成、效果是否令人满意却很难保证；企业基本上由创办者或技术人员构成，没有管理人员的参与；未进行正式的市场研究，企业规划未完成；此外还有企业研究调查所必需的资金的引入。

因此，在实施相应的风险控制时，一方面要确保企业资金的到位，这是产品、技术开发成功的前提，另一方面要注意高级经营管理者的培养和引进，帮助企业的建立，并制定详实可行的企业发展规划。总的来说，这一阶段所需资金量较小，但是存在因产品原型无法完成，潜在市场不够大、技术进步与市场改变等因素使产品构想过时、构想不够好，无法吸引再次投资等原因所导致的巨大风险，一般损失的风险在70%左右。至于资金的来源主要为个人储蓄、家庭财产、朋友借款、申请科学基金或者专门的风险投资机构。

（二）成长阶段

这一阶段企业已完成组织规划与市场分析，并组成相应的管理机构。在这期间，企业需要制造少量产品，一方面要进一步解决技术问题，尤其是通过中试排除技术风险，另一方面要进入市场试销、听取市场意见。企业资金需求量显著增加，主要来源于风险投资机构。企业所存在的风险仍然较大，主要来自这样一些原因：原型中试不满意；创办人无法有效管理，无法吸引优秀经理人；生产技术不稳或成本居高，致使产品缺乏市场竞争力；潜在市场占有率无法达到预期水平；非预期的竞争加剧等，由于这些原因造成损失的风险在50%左右。因此，本阶段除了继续提供给企业较创建阶段更多的营运资金，完善第一代产品外，还应注重市场研究与开拓，建立销售团队及销售网络，避免管理因素成为企业创业发展阶段的制约瓶颈。同时，密切关注本行业相关技术的最新进展，根据实际情况调整技术与产品的开发。

（三）扩张阶段

这一阶段企业管理机制趋于完善，产品发展成熟，企业致力于市场开拓与第二代产品的开发，销售市场处于快速增长之中，企业赢利能力增强。此时，技术风险已不是主要风险，而市场风险和管理风险加大。由于技术已成熟，竞争者开始仿效，会夺走一部分市场；企业领导多是技术背景出身，对市场营销不熟悉，同时企业规模扩大，会对原有组织结构提出挑战。但与前两阶段相比，损失的风险已降低25%左右。为扩大生产和开拓市场，资金需求量相对前两阶段又有增长，主要来源于原有风险投资机构的增资和新风险投资的加入，银行贷款等稳健资金也会择机进入。因此，企业应一方面坚持市场开发，解决好生产增长而市场占有率停滞不前的矛盾，同时保障资金回收渠道的畅通，另一方面抓紧组织建设，尤其要做好组织更新与变革、管理监控和战略定位等工作，确保企业的正常发展。

（四）成熟阶段

这一阶段企业经营规模稳定成长，产品已拥有相当的市场，具有竞争力，建立了良好的市场形象并产生明显的利润，同时企业的经营管理团队亦趋于成熟。企业需要大量的资金投入来进行大工业生产，并已有足够的资信能力去吸引银行贷款、发行债券或发行股票。但与此同时，企业面临着产品技术过时，无法进行有效的新产品新技术开发的巨大潜在威胁，甚至出现产品市场恶化、企业赢利滑坡的情况。许多企业在这时出现“大企业病”，组织管理缺乏效率的概率明显增大。因此，企业除了继续加强对各种风险的管理和控制外，实现企业的公开上市或企业间并购、重组也是减小企业经营风险的有效途径之一。

二、初创企业的常见风险

（一）大学生创业产生风险的原因

1. 社会资源贫乏

由于长期身处校园，大学生掌握的社会资源非常有限，而企业创建、市场开拓、产品推介等工作都需要调动社会资源，大学生在这方面会感到非常吃力。

2. 缺乏创业技能

很多大学生创业者眼高手低，既不了解创业的相关政策法规，也没有在相关企业的工作、实践经历，缺乏能力和经验，却对创业的期望值非常高。当创业计划转变为实际操作时，才发现自己根本不具备解决问题的能力，这样的创业无异于纸上谈兵。

3. 管理不够规范

由于长期接受应试教育，不熟悉经营“游戏规则”，一些大学生创业者虽然在技术上出类拔萃，但理财、营销、沟通、管理方面的能力普遍不足。此外，一些人存在一定的性格缺陷，如自以为是、刚愎自用等，这些都会影响创业成功率。

4. 项目选择太盲目

目前，大学生创业的项目选择多集中在高科技领域和智力服务领域，如软件开发、网络服务、网页制作、家教中介、设计工作室等。此外，快餐、零售等连锁加盟店也是大学生青睐的创业项目。但是，大学生并不了解市场，如果缺乏前期的市场调研和论证，只是凭自己的兴趣和想象来决定投资方向，甚至仅凭一时心血来潮就决定干哪一行，一定会碰得头破血流。

5. 融资渠道单一

资金难筹几乎是每一个大学生创业者都会遇到的难题。银行贷款申请难、手续复杂，如果没有更广阔的融资渠道，创业计划只能是一纸空谈。

（二）大学生创业的常见风险

1. 管理风险

创业失败者，基本上都是管理方面出了问题，其中包括：决策随意、信息不通、理念不清、患得患失、用人不当、忽视创新、急功近利、盲目跟风、意志薄弱等。特别是大学生知识单一、经验不足、资金实力和心理素质明显不足，更会增加在管理上的风险。

2. 资金风险

资金风险在创业初期会一直伴随在创业者的左右。是否有足够的资金创办企业是创业者遇到的第一个问题。企业创办起来后，就必须考虑是否有足够的资金支持企业的日常运作。对于初创企业来说，如果连续几个月入不敷出或者因为其他原因导致企业的现金流中断，都会给企业带来极大的威胁。相当多的企业会在创办初期因资金紧缺而严重影响业务的拓展，甚至错失商机而不得不关门大吉。

3. 竞争风险

寻找蓝海（指一种没有恶性竞争，充满利润和诱惑的新兴市场）是创业的良好开端，但并非所有的新创企业都能找到蓝海。更何况，蓝海也只是暂时的，所以，竞争是必然的。如何面对竞争是每个企业都要随时考虑的事，而对新创企业更是如此。如果创业者选择的行业是一个竞争非常激烈的领域，那么在创业之初极有可能受到同行的强烈排挤。一些大企业为了把小企业吞并或挤垮，常会采用低价销售的手段。对于大企业来说，由于规模效益或实力雄厚，短时间的降价并不会对它造成致命的伤害，而对初创企业则可能意味着彻底毁灭的危险。因此，考虑好如何应对来自同行的残酷竞争是创业企业生存的必要准备。

4. 团队分歧的风险

现代企业越来越重视团队的力量。创业企业在诞生或成长过程中最主要的力量来源一般都是创业团队，一个优秀的创业团队能使创业企业迅速地发展起来。但与此同时，风险也就蕴涵在其中，团队的力量越大，产生的风险也就越大。一旦创业团队的核心成员在某些问题上产生分歧不能达到统一时，极有可能会对企业造成强烈的冲击。

事实上，做好团队的协作并非易事。特别是与股权、利益相关联时，很多初创时很好的伙伴都会闹得不欢而散。

5. 核心竞争力缺乏的风险

对于具有长远发展目标的创业者来说，他们的目标是不断地发展壮大企业，因此，企业是否具有自己的核心竞争力就是最主要的风险。一个依赖别人的产品或市场来打天下的企业是永远不会成长为优秀企业的。核心竞争力在创业之初可能不是最重要的问题，但要谋求长远的发展，就是最不可忽视的问题。没有核心竞争力的企业终究会被淘汰出局。

6. 人力资源流失风险

一些研发、生产或经营性企业需要面向市场，大量的高素质专业人才或业务队伍是这类企业成长的重要基础。防止专业人才及业务骨干流失应当是创业者时刻注意的问题，在那些依靠某种技术或专利创业的企业中，拥有或掌握这一关键技术的业务骨干的流失是创业失败的最主要风险源。

7. 意识上的风险

意识上的风险是创业团队最内在的风险。这种风险来自于无形，却有强大的毁灭力。风险性较大的意识有：投机的心态、侥幸心理、试试看的心态、过分依赖他人、回本的心理等。

三、创业企业的风险控制

风险控制是根据风险分析的结果，为实现创业风险管理目标，选择风险管理技术并加以实施。通常采用几种管理技术进行优化组合，使风险管理达到最佳状态。选择风险管理技术不但要考虑该项技术的经济效益状况，还要考虑与创业战略目标的一致性，以及具体实施的可行性、可操作性和有效性。常用的风险控制技术如下：

1. 风险回避

创业企业在既不能有效降低风险发生的概率，又无法降低风险损失，更无法直接承担该风险时，只有采取回避的策略主动放弃、中止或者是调整创业方案，如将经营方向从高科技领域转向常规技术领域，或采取迂回的策略等。

2. 风险预防

即事先采取相应的措施以预防和阻止风险损失的发生，防患于未然，如重视信息收集，减少信息不对称性，实行民主化决策等。

3. 风险转移

即创业企业将自己不能承担或不愿承担的，以及超过自身财务能力的风险损失或损失的经济补偿责任以某种方式转移给其他单位或个人。它可以通过如下三种途径实现转移：一是以合同的形式向其他主体转移，如业务外包和工程承包等；二是以投保的形式把风险全部或部分转移给保险公司；三是利用各种风险交易工具转嫁风险，如利用外汇期货、期权或利率期货及期权工具转嫁汇率风险和利率风险等金融风险。

4. 风险分散

创业主体通过多元化经营，使风险在不同经营活动中分散化。主要策略如下：一是多项目投资，这是风险分散通常采用的方法；二是产品多样化；三是策略组合，即同时采取多种创业策略，如联合投资、合资合营和兼并扩张等。

5. 风险利用

在风险已经出现、风险损失已经发生的情况下，积极采取措施，抑制风险的进一步扩大，变被动为主动；或者当风险后果较严重时，尽量通过各种手段减少风险所造成的损失。

【扩展阅读】

管理风险的应对策略

第一，注意培养和引进高级经营管理者，优化管理团队的组织结构。合理的管理团队应该包括具有技术开发、企业管理、财务运作及市场营销等各种专业特长且经验丰富的人士。这就要求企业的创立者在努力提高自身素质的同时，注意引进各种专业人才，形成健全的组织结构，从而使各项决策都建立在对方方面面进行科学分析的基础之上，规避“拍脑袋”盲目决策所带来的巨大风险。

第二，强化企业的会计基础工作，建立并完善企业的财务管理制度。健全的会计基础工作和完善的财务管理制度是企业正常运行的重要保障。初创期的高科技企业管理层要想及时、准确地获取企业的运营信息，有效规避风险，就必须注意强化企业的会计基础工作，及时建立并完善企业的财务管理制度，加强内部控制。

第三，加强企业文化建设，塑造核心理念。企业文化可以说是企业家文化的化身。一方面，企业文化建设依赖于企业家的认识水平和重视程度，企业文化的优劣取决于企业家素质的高低；另一方面，企业文化建设依赖于企业家的率先垂范。初创阶段的高科技企业人员较少，组织结构尚不健全，企业创立者的人格魅力就起着至关重要的作用。要注重发挥企业创立者的主导和示范作用，将员工凝聚在一起，塑造团队协作精神，构建勇于创新、敢于承担风险的文化氛围。

实践练习

管理能力测试

1. 测试说明

以下15道题，表示“肯定”的计“1”分，表示“否定”的计“0”分。做完后将总分与结果对照。

2. 测试题目

(1) 习惯于行动之前制订计划?

(2) 经常出于效率上的考虑而更改计划?

(3) 能经常收集他人的各种反映?

(4) 实现目标是解决问题的继续?

(5) 临睡前思考筹划明天要做的事情?

(6) 事务上的联系、指令常常是一丝不苟?

(7) 有经常记录自己行动的习惯?

(8) 能严格制约自己的行动?

(9) 无论何时何地，都能有目的地行动?

(10) 能经常思考对策，扫除实现目标中的障碍?

(11) 能每天检查自己当天的行动效率?

(12) 经常严格查对预定目标和实际成绩?

(13) 对工作的成果非常敏感?

(14) 今天预先安排的工作决不拖延到明天?

(15) 习惯于在掌握有关信息基础上制订目标和计划?

3. 测验结果分析

0—5分：管理能力很差。但你具有较高的艺术创造力，适合从事与艺术有关的具体工作。

6—9分：管理能力较差。这可能与你言行自由、不服约束有关。

10—12分：管理能力一般，对专业方面的事务性管理尚可。管理方法经常受到情绪的干扰是最大的遗憾。

13—14分：管理能力较强。能稳重、扎实地做好工作，很少出现意外或有损组织发展的失误。

15分：管理能力很强。擅长有计划地工作和学习，尤其适合管理公司组织。

案例思考

潮阳有一家民营企业，老板姓刘。刘老板18岁那年，就开始帮人家送货，后来慢慢做起小生意，适逢潮阳内衣制造业迅猛发展，他就选择了做内衣加工。于是，家里的亲朋好友前来帮忙打理，工厂越做越大，工人数达500多人。刘老板本应该开心，但又犯愁了：

工厂应该赚钱才对，如果除去银行还贷，除去开支，每年银行的存款所剩无几，并且自己每天都是忙忙碌碌地工作，工厂却好像未有任何进步，企业要做大，他就更没信心了！

他经常到车间巡视：每天安排四个搬运工，搬运车间的半成品，车间主任还说杂工太少，应该更多一点，有道理，但人工成本又增加，这如何是好？

各车间的良品、不良品、半成品及原料到处乱放，无标志，无区分，有时候出货时少数量，找不到；出货后又冒了出来，让人哭笑不得！机修师傅的工具和员工的工具随地置放，常常遗失，又申请购买。有时工人常常吵架，怀疑有人偷窃。机台有时候突然损坏，一修就是半天，还缺少零部件。在车间现场，私人物品到处乱放，衣服、雨伞、梳子等有的放在机器内，有的放在窗台上。在车间里，有的工人打电话，有的听收音机，有的干脆就把耳机插在耳朵内，不取下来。地面很脏，天花板上的蜘蛛网连成一片，出货的电梯门敞开，曾经还发生过事故。员工士气不振，管理人员都说管理太难，员工太刁！现在招工难，人员不好处理。

许多管理人员说，这些都是小问题，能出货，客户的钱能收回就好！

更让人心烦的是，出货老是延期，产品质量无法控制，客户抱怨加大，成本增加，产品价格又下降。

……

刘老板可真不知道如何处理是好？他心里也明白，这样下去，企业肯定无法经营。

思考并讨论以下问题：

1. 阅读案例，分析上述企业管理中存在哪些问题。
2. 如果你是刘老板，面对这些问题，会怎样解决？
3. 大学生创业管理中，应注意哪些问题？
4. 如果你现在是一位创业企业的管理者，你会如何制定企业管理方案？

参考文献

[1] 李德全．大学生就业指导实用教程 [M]．北京：中国文史出版社，2005.

[2] 许明．激发你的梦想——大学生就业指导 [M]．北京：清华大学出版社，2006.

[3] 卡耐基．成功之路 [M]．北京：中国文联出版公司，1995.

[4] 易发久．成功一定有办法 [M]．北京：世界图书出版公司，2002.

[5] 胡解旺．大学生就业报告 [M]．北京：中央编译出版社，2004.

[6] 孙长缨．当代大学生就业研究 [M]．北京：高等教育出版社，2008.

[7] 黄敬宝．就业能力与大学生就业：人力资本理论的视角 [M]．北京：经济管理出版社，2008.

[8] 曲振国．大学生就业指导与职业生涯规划 [M]．北京：清华大学出版社，2008.

[9] 李树森．大学生就业与创业指导 [M]．沈阳：辽宁教育出版社，2004.

[10] 张天桥，侯全生，李朝晖．大学生创业第一步 [M]．北京：清华大学出版社，2008.

[11] 毛文学．大学生创业 100 例 [M]．北京：长征出版社，2007.

[12] 李学东，潘玉香．大学生创业实务教程 [M]．北京：经济科学出版社，2006.

[13] 陈敏．大学生创业设计 [M]．上海：上海中医药大学出版社，2008.

[14] 傅洪涛，陶桓祥．大学生职业规划与创业指导 [M]．北京：中国财政经济出版社，2006.

[15] 张子睿．大学生创新与创业能力提升 [M]．北京：科学出版社，2008.

[16] 杜汇良，刘宏，薛徽．高校辅导员九项知能教程 [M]．北京：高等教育出版社，2009.

[17] 罗明辉，姚江林，王燕．大学毕业生就业指南（第二版）[M]．武汉：华中师范大学出版社，2005.

[18] 王豫．大学生职业生涯规划和就业指导 [M]．重庆：西南师范大学出版社，2009.

[19] 就业与创业指导课题研究组．大学生就业与创业指导教程 [M]．北京：北京出版社，2008.

[20] 杨军．大学生全程就业指导教程 [M]．北京：北京师范大学出版社，2009.

[21] 徐振轩，廖忠明．职业规划与就业指导［M］．重庆：西南师范大学出版社，2008.

[22] 谢守成．大学生职业生涯发展与规划［M］．武汉：华中师范大学出版社，2009.

[23] 陈德明，祁金利．大学生生涯规划与管理［M］．北京：高等教育出版社，2008.

[24] 李家华，黄天贵．职业指导［M］．北京：高等教育出版社，2005.

[25] 曲振国．大学生就业指导与职业生涯规划［M］．北京：清华大学出版社，2008.

[26] 罗双平．职业选择与事业导航——职业生涯规划技术［M］．北京：机械工业出版社，2007.

[27] 刘秀琴，奚巧媛．高等教育大众化形势下大学生就业难的现状与原因分析［J］．武汉科技学院学报，2005（12）.

[28] 高桥，刘春阳，刘敏．高等教育大众化背景下大学生就业权益保护问题研究［J］．教育与职业，2007（15）.

[29] 李家智．高校如何以就业为导向提升大学生就业核心竞争力［J］．社科纵横，2008（4）.

[30] 张松仪．求职技巧训练与指导［J］．职业教育研究，2009（5）.

[31] 孙恒有，郭文理．大学生适应职场应该具备的关键能力［J］．魅力中国，2008（24）.

[32] 宋花妮．新人如何度过职场“磨合期”［J］．成才与就业，2008（20）.

[33] 程基伟．从校园人到职场人的转变［J］．科技导报，2008（12）.

[34] 王岩．大学生创业全攻略［J］．职业，2009（16）.

[35] 韩玉．论大学生就业能力的培养．沈阳师范大学学报（社会科学版），2005（4）.

[36] 熊书银，黄登婕．大学生就业与就业能力培养［J］．重庆工业高等专科学校学报，2005（2）.

[37] 陈莉，李东福．创业期科技型中小企业人力资源管理困境分析［J］．人口学刊，2009（6）.

[38] 戴志杰．我国中小企业财务管理存在的主要问题及对策［D］．2006.

[39] 姚峰，鲁明私．企业创业阶段的经营管理［J］．南京社会科学，2004（9）.

[40] 周可可．浅析大学生创业团队的建设与管理［J］．知识经济，2010（3）.

[41] 陈亚荣，汤兵勇．小企业生存基础的综合评价指标体系探讨［J］．东华大学学报（自然科学版），2001（4）.

[42] 杨贞．创业型营销与传统营销的比较及启示［J］．企业活力，2006（10）.

[43] 钟玉泉，彭健伯．大学生创业精神和创业能力培养研究［J］．科技进步与对策，2009（15）.

[44] 郑强．大学生创业的精神核心要素［J］．创新与创业教育，2010（1）.

[45] 王璜．大学生创业精神的重要性及培养途径［J］．现代经济信息，2008（10）.

[46] 李雪灵，万妮娜．基于 Timmons 创业要素模型的创业经验作用研究［J］．管理

世界，2009 (8).
[47] 刘霞．新企业创业要素体系的构建研究 [J]. 科技管理研究，2010 (18).
[48] 林芳，段小斌，林雯．大学生创业能力培养研究 [J]. 职业时空，2010 (4).
[49] 殷宝双，洪宝玲．大学生创业能力培养与促进就业研究 [J]. 中国成人教育，2010 (3).
[50] 邹钰红．大学生自主创业能力培养初探 [J]. 黑龙江科技信息，2010 (7).
[51] 李济安．提升创业能力之二：自我管理的能力 [J]. 现代营销（创富信息版），2010 (2).
[52] 郑伟．当代大学生自主创业能力培养研究 [J]. 中小企业管理与科技，2010 (11).
[53] 蒋璟萍．论大学生创业环境 [J]. 湖南社会科学，2003 (2).
[54] 林莉．大学生创业环境分析 [J]. 经济师，2010 (9).
[55] 陈德波，符惠明．基于生态学的大学生创业环境探析 [J]. 江南论坛，2010 (5).
[56] 朱颖．创业准备中的信息搜集 [J]. 职业技术教育研究，2003 (5).
[57] 朱颖．创业准备的条件分析 [J]. 职业技术教育研究，2004 (8).
[58] 刘培．大学生创业准备工作探讨 [J]. 现代商贸工业，2009 (2).
[59] 王卓勤．学生创业准备 [J]. 经营管理者，2010 (10).
[60] 谢志辉．大学生创业准备教育研究 [D]. 2009.
[61] 刘万利，胡培，许昆鹏．创业机会识别研究评述 [J]. 中国科技论坛，2010 (9).
[62] 王伟，朱燕空．创业机会评价指标体系构建 [J]. 商业时代，2010 (2).
[63] 王朝云．创业机会的内涵和外延辨析．外国经济与管理，2010 (6).
[64] 陆淳鸿．创业机会识别与开发探讨 [J]. 现代企业教育，2009 (22).
[65] 刘明霞，魏珊．创业机会的识别及其所需的条件 [J]. 职业技术，2009 (8).
[66] 史丹丹．什么是好的商业机会 [J]. 中国电子商务，2008 (z1).
[67] 顾雄声．商业机会的发现与把握方法 [J]. 恩施职业技术学院学报（综合版），2004 (4).
[68] 雷明．如何撰写创业计划书 [J]. 华章，2010 (26).
[69] 刘磊，张涛．提高大学生创业计划可操作性研究 [J]. 科技创业月刊，2009 (5).
[70] 刘晓璐．论创业计划大赛中的财务分析 [J]. 现代商贸工业，2008 (13).
[71] 王恒．成功的起点——创业计划书 [J]. 现代家电，2009 (18).
[72] 莫及．如何制定创业计划 [J]. 科技资讯，2004 (1).
[73] 李凯．创业资源整合与创业企业核心竞争力 [J]. 现代商业，2008 (9).
[74] 陈震红，董俊武．成功创业的关键——如何获取创业资源 [J]. 科技创业月刊，

2003 (9).

[75] 宋学宝．创业营销 [J]. IT 经理世界，2002 (22).

[76] 陈寒松．创业营销与杠杆效应 [J]. 现代企业教育，2006 (4).

[77] 李晓冉．大学生创业的 SWOT 分析及对策研究 [J]. 中国建设教育，2010 (4).

[78] 郭可义，傅学强．新经济形势下大学生创业的分析与探究 [J]. 青年文学家，2010 (15).

[79] 唐汝山，张静，刘英．大学生创业意识的培养途径 [J]. 唐山职业技术学院学报，2010 (3).

[80] 粘永昌．大学生创业动机与创业模式探析 [J]. 法制与社会，2009 (15).

[81] 严艳远，章炜．浅析大学生创业环境 [J]. 经济研究导刊，2010 (29).

[82] 陈瑜．提高大学生创业成功率的策略分析 [J]. 科技创新导报，2010 (29).

[83] 刘立立，赵慧君，李妍．大学生创业问题调查 [J]. 吉林省教育学院学报，2010 (11).

[84] 张利君．我国大学生创业实践模式的探索与构建 [J]. 国家教育行政学院学报，2010 (9).

[85] 全裕吉．创业风险及对策 [J]. 中国国情国力，2009 (6).

[86] 姜明超．浅析大学生创业风险及其控制 [J]. 魅力中国，2010 (11).

[87] 赵卫冲．大学生创业风险规避 [J]. 经营管理者，2010 (11).

[88] 覃翠玲．大学生创业风险以及预防对策探微 [J]. 法制与社会，2010 (5).

郑重声明